KB138107

데일 카네기의
인간관계론

데일 카네기 시리즈 1
데일 카네기의 인간관계론

1판 1쇄 펴냄 2015년 1월 15일

지은이 데일 카네기
옮긴이 바른번역
펴낸이 하진석
펴낸곳 코너스톤
주소 서울시 마포구 독막로 15길 3-13
전화 02-518-3919
ISBN 979-11-85546-12-4 14320

데일 카네기의

인간관계론

데일 카네기 지음 바른번역 옮김

By Dale Carnegie

코너스톤
Cornerstone

시대의 변화를 이겨낸
고전 중의 고전

　모든 것이 워낙 빨리 변화하는 요즘은 불과 한두 해 전의 상품이나 기술, 노하우 등도 시대에 뒤떨어진 퇴물이 되기 십상이다. 이러한 시대상에 맞춰 성공의 방법, 대화의 기술, 인맥을 잘 형성할 수 있는 비법을 가르쳐준다는 책들 역시 하루가 멀다 하고 쏟아져나오고 있는 실정이다. 하지만 그럼에도 불구하고 약 60년 전 세상을 뜬 데일 카네기의 저서들은 아직도 많은 사람들의 사랑을 받으며, 스테디셀러 목록에 굳건히 자리를 잡고 있다. 데일 카네기가 왕성하게 활동하던 시기는 벌써 한 세기가 다 되어가는 오래전인데도 말이다. 그의 조언이 시대를 뛰어넘어 계속 사랑받는 이유는 무엇일까?

　아무리 시간이 흐르고 사회가 변한다 하더라도 인간의 기본적이고 핵심적인 자질은 변하지 않는다. 카네기가 쓴 책들은 학계의 연구자들이 쓴 책처럼 과학적 방법론에 따른 이론 전개나 학문적 성과를 주 내용으로 하고 있지는 않다. 그보다는 카네기 자신이 오랫동안 직장인, 경영자, 주부 등 많은 성인들에게 효과적인 커뮤니케이션 방법과 인간관계를 개선하는 방법을 가르쳐오면서 직접 경험으로 체득한 효과적인 기술에 대해 이야기하고 있다. 따라서 연역적이라기보다는 귀납적이고, 이론적이라기보다는 실증적이라는 특색 때문에 책을 읽는 독자들이 보다 쉽게 공감하게 된다.

카네기가 주목하고 연구한 수많은 사람 가운데는 유명 인사도 있지만, 널리 알려지진 않았더라도 자기 방면에서 성공을 거두며 행복하게 살아가는 사람도 많다. 카네기가 여러 책에서 자주 언급할 정도로 존경하던 인물은 링컨 대통령이다. 링컨 대통령은 부유한 가문 출신도 아니고, 외모가 좋았던 것도 아니었으며, 훌륭한 교육을 받은 것은 더더욱 아니었다. 상류사회 출신이 아닌지라 도움을 받을 별다른 인맥도 없었다. 대통령이 된 다음에도 많이 배우고 많이 가진 사람들로부터 무시당하기 일쑤였고, 원치 않은 결혼으로 인해 가정생활도 불행했다. 하지만 링컨은 여러 가지 불리한 점을 오히려 성공을 위한 원동력으로 삼았으며, 힘으로 밀어붙일 수 없는 약한 처지였기 때문에 매사에 정치력을 발휘할 수 있었다.

링컨 이외에도 카네기는 1세기 전 세계 각지에서 성공을 일구어낸 여러 유명 인사들에 관해 조사했다. 그러고는 그들이 성공을 일구어낼 수 있었던 작은 차이가 무엇인지에 집중했다. 카네기 스쿨을 통해 수많은 수강생들의 삶을 개선시키면서, 그들이 변화해간 드라마틱한 사례들 역시 책에 수록해놓았다.

고전이란 오랜 시간에 걸쳐 많은 사람들에게 널리 읽히면서 검증된 작품을 말한다. 고전은 시대의 변화를 이기며, 변치 않는 가치를 가진다. 아무리 시대가 급변한다 하더라도 인간사에는 변치 않는 가치, 불변의 원칙이 있기 마련이다. 그런 면에서 인간과 인간 사이의 관계에 집중한 데일 카네기의 저서들은 고전의 반열에 오른 것이 아닌가 생각된다.

수많은 고전들은 계속해서 새로 번역되곤 한다. 사실 시대적 차이 때문에 고전의 번역은 현대 저작물에 비해 녹록치 않다. 하지만 새로이 번역될 때마다 현대의 독자들이 빠르고 정확하게 이해할 수 있도록 대부분 개선되어간다. 데일 카네기의 책 역시 이미 여러 차례 번역되어 우리나라에 소개된 바 있지만, 당시의 시대상을 제대로 이해하지 못한 관계로 어이없는 오역이 심심치 않게 발견되곤 했다. 물론 이 번역본 역시 아무런 흠 없이 완벽하다고 할 수는 없겠지만, 가독성을 높이면서 카네기의 저술 원본이 가진 분위기와 메시지를 변색시키는 일이 없도록 최대한 노력했다.

성공을 향한 자신만의 길을 찾는 가장 쉽고 효과적인 방법은 자신의 멘토를 찾고 그의 삶을 들여다보는 것이다. 카네기는 자신이 가장 존경하는 링컨은 물론이고, 우리 주변, 아니 1세기 전에 행복하고 성공한 삶을 살다 간 많은 사람들의 사례와 그들의 성공 노하우를 우리에게 전해주고 있다. 이 책을 번역하며 수많은 사람들의 삶을 변화시킨 그의 조언을 간접적으로나마 전해 들을 수 있었던 것은 나로서도 큰 행운이었다.

역자들을 대표하며

바른번역 김명철

1 사람을 다루는 기본 테크닉

2 사람의 호감을 얻는 6가지 방법

3 상대방을 설득하는 12가지 방법

4 반감이나 반발 없이 상대를 변화시키는 9가지 방법

5 기적을 일으킨 편지들

6 행복한 가정을 만드는 7가지 비결

나는 이 책을 왜,
어떻게 쓰게 되었나

　20세기 들어 지난 35년 동안 미국의 출판사들은 20만 종이 넘는 책을 펴냈다. 그중 대부분은 판매가 형편없었고, 적자를 면치 못한 책들도 상당했다. 얼마나 많은 책들이 그런 신세일까? 세계 최대 규모의 출판사 가운데 한 곳의 사장이 내게 고백하기를, 그의 회사는 출판업을 한 지 75년이나 되었지만 여전히 출간하는 책 8권 중 7권은 손해를 본다고 한다. 그렇다면 나는 왜 무모하게 또 한 권의 책을 썼을까? 그리고 당신이 이 책을 읽어야 하는 이유는 무엇일까? 두 가지 질문 모두 반드시 짚고 넘어가야 할 중요한 문제라 나는 이에 답하고자 한다.

　나는 1912년부터 뉴욕의 기업가들과 전문직 종사자들을 위한 교육과정을 시작했다. 처음에는 대중 연설 프로그램만 진행했다. 그 과정은 성인들이 비즈니스 상담을 하거나 대중 앞에서 이야기할 때 더 명확하고 효과적이며 침착하게 자신의 생각을 표현할 수 있도록 실제 체험을 통해 훈련하는 수업이었다. 하지만 시간이 지나면서 나는 이들에게 효과적으로 말하는 방법뿐만 아니라, 업무적 혹은 개인적 만남에서 타인과 좋은 관계를 맺는 기술이 필요함을 알게 되었다.

다른 한편으로는 나 역시 그런 훈련이 필요했다는 사실을 차츰 깨닫게 되었다. 지난 세월을 돌이켜보면 내게 인간관계에 대한 이해와 수완이 얼마나 부족했는지 소스라치게 놀라곤 한다. 20년 전에 내 손에 이런 책이 쥐어졌더라면 얼마나 좋았을까! 값을 매길 수 없이 귀한 선물이 되었을 것이다.

사람들을 상대하는 것은 당신이 겪어야 하는 가장 큰 문제일 것이다. 특히 사업을 한다면 더더욱 그럴 것이다. 당신이 주부, 건축가 혹은 엔지니어라도 사정은 다르지 않다. 몇 년 전 카네기 교육진흥재단의 지원으로 이루어진 연구는 아주 중요하고 의미 있는 사실을 밝혀냈다. 이 사실은 나중에 카네기 기술연구소에서 진행한 추가 연구에 의해 뒷받침되기도 했다. 이 연구에 따르면 심지어 엔지니어링 같은 기술 분야에서도 사람들의 기술적 지식이 경제적 성공에 기여하는 바는 약 15퍼센트에 불과하고, 나머지 85퍼센트는 성격과 통솔력 같은 인간관계 기술에 달려 있다고 한다.

수년 동안 나는 필라델피아 엔지니어 클럽과 미국 전기기술자협회의 뉴욕 지부에서 강연을 했다. 지금까지 내 교육과정을 들은 기술자들은 1500명이 넘는다. 그토록 많은 사람들이 내 강좌를 찾은 이유는 엔지니어링 분야의 전문 지식을 가장 많이 가진 사람이 반드시 돈을 제일 많이 버는 것은 아니라는 사실을 수년간의 관찰과 경험을 통해 알고 있기 때문이다. 예를 들면 누구나 그리 많지 않은 돈으로 엔지니어, 회계사, 건축가 혹은 다른 전문직 종사자를 고용할 수 있다. 하지만 기술적인 지식과 더불어 자신의 생각을 잘 표현하고, 리더십이 있으며, 다른 이들의 열정을 불러일으킬 수 있는 사람은 많은 보수를 받는다.

존 D. 록펠러는 왕성하게 활동하던 시절에 이렇게 말했다. "사람을 상대하는 능력은 설탕이나 커피처럼 돈으로 살 수 있는 상품이다. 그리고 나는 태양 아래 그 어떤 것보다도 그 능력에 높은 가격을 지불할 것이다."

그렇다면 세상의 모든 대학들이 태양 아래 가장 값비싼 이 능력을 키워주는 강의를 이미 하고 있을 거라는 생각이 들지 않는가? 하지만 내가 소식에 어두워서인지 몰라도 성인들을 위한 그런 실용적이고 상식적인 강의를 하는 곳이 있다는 말은 지금 이 글을 쓰고 있는 순간까지도 들어본 적이 없다.

시카고 대학과 YMCA 대학연맹은 성인들이 무엇을 배우고 싶어 하는지 알아보는 설문조사를 실시했다. 그 조사에는 2만

5000달러의 돈과 2년의 시간이 소요되었다. 조사는 마지막으로 코네티컷 주 메리덴 시에서 진행되었다. 메리덴이 전형적인 미국의 도시라고 생각했기 때문이다. 메리덴의 모든 성인들을 대상으로 면담을 한 뒤 다음과 같은 156개 항목의 설문을 진행했다. "직업은 무엇입니까? 학력은 어떻게 됩니까? 여가 시간에는 무엇을 합니까? 소득이 얼마나 됩니까? 취미가 무엇입니까? 당신의 목표는 무엇입니까? 당신이 겪고 있는 문제는 무엇입니까? 가장 공부하고 싶은 주제는 무엇입니까?"

설문조사 결과 성인들의 가장 큰 관심사는 건강이며, 그다음 관심사는 사람이라는 것이 밝혀졌다. 다른 사람을 이해하고 잘 어울리려면 어떻게 해야 하는지, 다른 사람들이 자신을 좋아하게 만드는 방법은 무엇인지, 어떻게 다른 사람들을 설득할 수 있는지 등에 관심이 많았다.

그래서 조사위원회는 메리덴의 성인들을 위해 그런 교육과 정을 만들기로 했다. 그러고는 주제에 적합한 실용적인 교재를 찾아보았지만 단 한 권도 찾지 못했다. 결국 그들은 성인교육 분야의 세계적인 권위자를 찾아가 이 사람들이 필요로 하는 책을 알고 있는지 물었다. "아니요." 그는 대답했다. "그 사람들이 무엇을 원하는지 압니다만, 그들이 필요로 하는 책은 아직 나온 적이 없습니다."

나는 그의 말이 사실이라는 것을 경험으로 알고 있었다. 나도 인간관계에 대한 실용적인 지침서를 몇 년간이나 찾고 있었는데, 그런 책은 없었기 때문이다. 결국 나는 내 강의에 사용할 용도로 직접 책을 쓰기로 했다. 이 책이 바로 그 결과물이다. 당신도 이 책이 마음에 들기 바란다.

이 책을 준비하는 과정에서 나는 신문 칼럼부터 잡지 기사, 가정법원 기록, 고대 철학자와 근대 심리학자들의 글까지 인간관계에 관해 찾을 수 있는 모든 자료를 읽었다. 또 숙달된 조사원을 고용해서 1년 반 동안 여러 도서관에서 내가 놓친 두꺼운 심리학 서적들과 수많은 전기, 잡지 기사들을 찾아서 읽었으며, 모든 시대의 위대한 리더들이 어떻게 사람들을 대했는지도 알아보았다. 나는 율리우스 카이사르부터 토머스 에디슨에 이르기까지 훌륭한 리더들의 인생 이야기를 전부 읽었다. 시어도어 루스벨트의 전기만 해도 100권 이상 읽은 것으로 기억한다.

우리는 사람들이 친구를 사귀고 다른 사람에게 영향을 끼치기 위해 사용했던, 옛날부터 현재까지의 모든 실용적인 방법을 알아내기 위해서 시간과 돈을 아끼지 않았다. 나는 수많은 성공한 사람들을 개인적으로 인터뷰하고(그중에는 마르코니와 에디슨 같은 세계적인 발명가들, 프랭클린 D. 루스벨트와 제임스 팔리 같은 정치 지도자들, 오웬 D. 영과 같은 뛰어난 기업가들과 클라크 게이블, 메리 픽포드 같은 영화배우들,

마틴 존슨 같은 모험가들도 있었다), 그들의 대인관계 기술을 알아내기 위해 노력했다.

이 모든 자료들을 바탕으로 나는 짧은 강연을 준비했다. 그 강연의 제목은 '어떻게 친구를 만들고 사람들에게 영향을 미칠 것인가'였다. 처음에는 짧게 시작했지만, 얼마 안 가 한 시간 반짜리 강연으로 확대되었다. 수년째 나는 뉴욕에 있는 카네기 연구소에서 성인들을 대상으로 이 강연을 하고 있다.

강연을 마친 후 나는 수강생들에게 배운 내용을 사업적, 사회적 교제를 할 때 실제로 해보고, 다음 수업 시간에 그 경험과 결과에 대해 이야기해달라고 요청했다. 얼마나 흥미로운 과제인가! 자기계발에 목말라 있던 사람들은 새로운 종류의 실험, 그것도 성인을 위한 최초이자 유일한 대인관계 실험에 참여한다는 사실에 매료되었다. 이 책은 보통의 다른 책들처럼 쓰인 게 아니다. 수천 명의 성인들을 대상으로 한 실험과 경험을 통해 마치 아이가 성장하듯 자라났다.

몇 년 전 우리는 딱 엽서만 한 크기의 카드에 인간관계 규칙들을 인쇄해 강의를 시작했다. 다음 학기에는 더 큰 카드에 인쇄했고, 매번 크기나 범위가 늘어나 그다음에는 책자, 그다음에는 책자 여러 권을 인쇄했다. 그리고 15년 동안의 실험과 조사 내용이 담긴 이 책이 나오게 되었다.

이 책에 쓰인 원칙들은 이론이나 짐작만으로 나온 게 아니다. 이 원칙들은 마법과 같은 효과가 있다. 믿기 어렵겠지만 나는 이 원칙들을 삶에 적용해 말 그대로 혁신을 일으킨 사람들을 많이 보았다.

내 강좌를 들은 사람 중에 314명의 직원을 둔 한 남성이 있었다. 몇 년 동안 그는 직원들을 끝없이 닦달하고 무작정 비난했다. 친절이나 감사, 격려의 말은 그에겐 낯설었다. 하지만 이 책에 나온 원칙들을 배우고 난 뒤 그는 인생철학을 바꾸었다. 이후 그의 회사는 이전에 볼 수 없었던 충성심, 열정, 팀워크로 불타오르고 있다. 314명의 적이 314명의 친구로 바뀌었다. 그는 수업 시간에 자랑스럽게 이야기했다. "예전에는 내가 지나가도 아무도 내게 인사하지 않았습니다. 직원들은 내가 오는 걸 보면 오히려 시선을 피했습니다. 하지만 이제 그들은 모두 내 친구가 되었고, 심지어 수위까지도 내 이름을 친근하게 부른답니다."

지금 그의 회사는 예전보다 더 많은 이익을 내고 있으며, 그는 더 많은 여가 시간을 즐기고 있다. 그리고 무엇보다 그는 사업과 가정에서 훨씬 더 큰 행복을 얻었다.

수많은 세일즈맨들이 이 원칙들을 활용함으로써 실적이 대폭 향상되었다. 많은 세일즈맨들이 이전에는 설득하는 데 실패했던 거래처들을 새로운 고객으로 만들었다. 임원급 인사들은 더 큰 권한과 더 많은 연봉을 받게 되었다. 한 임원은 이 원칙들을 활용한 결과 연봉이 큰 폭으로 올랐다고 알려주었다.

필라델피아 가스 웍스 컴퍼니의 한 임원은 성격이 사납고 직원들을 잘 이끌지 못한다는 이유로 65세의 나이에 직급이 강등될 처지에 있었다. 하지만 이 책에 나온 훈련을 통해 위기를 모면한 것은 물론, 승진도 하고 연봉도 더 많이 받게 되었다.

강의 마지막 날, 연회에 함께 참석한 배우자들은 자기 남편이나 부인이 이 교육을 받기 시작한 이후로 가정이 더 행복해졌다고 말하곤 한다.

수강생들은 자기가 성취한 새로운 결과를 보고 매우 놀라는 경우가 많다. 그건 마치 마법과도 같다. 어떤 수강생들은 너무 열광한 나머지, 수업하려면 48시간이나 남았는데도 미처 기다리지 못하고 일요일에 우리 집으로 전화를 걸어 결과를 알려주기까지 했다.

어떤 사람은 이 원칙들에 대한 강연에 너무 감명을 받아 수업이 끝난 후에도 다른 수강생들과 밤늦게까지 남아서 토론을 계속했다. 결국 새벽 3시가 되어서야 모두들 집으로 돌아갔다. 하지만 그는 그동안 자신의 실수를 깨닫고 큰 충격을 받았으며, 자기 앞에 펼쳐질 새롭고 풍요로운 세상에 대한 전망으로 가슴이 벅차 잠을 이룰 수가 없었다. 그는 그날 밤도, 그다음 날도,

그다음 날 밤에도 잠들지 못했다.

　그는 어떤 사람이었을까? 새로운 이론이라면 무엇이든 신나게 떠들 준비가 된 순진하고 경험이 부족한 사람이었을까? 아니다. 오히려 그 반대였다. 그는 3개 국어에 능통하고, 유럽에 있는 대학을 두 군데나 졸업한 박학다식한 미술품 딜러이자 유명한 사교가였다.

　이 서문을 쓰는 동안 나는 호엔촐레른 왕가 시절 대대로 군인 집안이었던 독일의 어느 명문 귀족으로부터 편지를 받았다. 대서양을 횡단하는 배 위에서 쓴 그의 편지는 이 원칙들을 적용한 경험에 대한 것이었는데, 거의 종교적인 열정에 가까울 정도로 흥분한 듯한 분위기가 느껴졌다.

　또 하버드대를 졸업하고, 커다란 카펫 공장을 소유하고 있는 부유한 노년의 뉴요커도 있었다. 그는 14주간의 훈련을 통해 배웠던 인간관계 기술이 대학에서 4년 동안 배운 교육보다 훨씬 많다고 단언했다. 터무니없는 이야기라고 생각하는가? 웃긴 소리 같은가? 너무 허황된 소리로 들리는가? 물론 어떻게 생각하든 그건 당신 자유다. 나는 단지 보수적이고 매우 성공한 어느 하버드대 졸업생이 1933년 2월 23일 목요일 저녁, 뉴욕의 예일대 클럽에서 600명의 청중들 앞에서 한 말을 아무런 설명도 덧붙이지 않고 전달했을 뿐이다.

하버드대 교수인 윌리엄 제임스는 말했다. "우리가 가진 잠재력에 비춰볼 때, 우리는 지금 절반만 깨어 있다. 우리는 신체적, 정신적 자원의 일부만을 사용하고 있다. 따라서 일반적으로 개개인의 인간은 자신의 한계에 한참 못 미치는 삶을 살고 있다. 인간에게는 으레 사용되지 못하고 있는 많은 능력이 있다."

당신이 '으레 사용하지 못하고 있는' 그 능력들! 이 책의 유일한 목적은 당신이 현재 사용하지 못한 채 잠자고 있는 그 자산들을 발견하고 발전시켜 이익을 얻을 수 있도록 당신을 돕는 것이다. 프린스턴 대학 총장을 지냈던 존 G. 히벤 박사는 말했다. "교육이란 살아가면서 마주치게 되는 다양한 상황에 대처하는 능력을 키워주는 것이다."

만약 당신이 이 책의 3장까지 읽었는데도 살아가면서 생기는 여러 상황들에 대처하는 능력이 조금도 나아지지 않았다면, 나는 이 책이 적어도 당신에게는 완전한 실패작이라고 생각한다. 허버트 스펜서가 말했듯이 '교육의 위대한 목적은 지식이 아닌 행동'이기 때문이다. 그리고 이 책은 행동하기 위한 책이다.

—데일 카네기

이 책으로 최대의 효과를
얻기 위한 8가지 제안

1. 이 책으로부터 최대의 효과를 얻고자 한다면 반드시 지켜야 하는 조건이 하나 있는데, 이 조건은 그 어떤 규칙이나 기술보다 훨씬 더 중요하다. 이 기본적인 조건을 지키지 못한다면 수많은 학습 규칙들은 아무런 소용이 없다. 하지만 당신에게 그 중요한 자질이 있다면, 이 책으로 최대의 효과를 얻기 위한 제안들을 굳이 읽지 않아도 기적을 일으킬 수 있다. 과연 그 마법 같은 조건은 무엇일까? 바로 배우고자 하는 강렬한 욕구와 사람을 상대하는 능력을 향상시키고자 하는 굳은 결심이다.

어떻게 하면 그런 의욕을 높일 수 있을까? 이 원칙들이 당신에게 얼마나 중요한지를 끊임없이 상기하면 된다. 이 원칙들로 인해 당신이 더 풍요롭고 풍성하고 행복하며 보람찬 인생을 사는 모습을 머릿속으로 그려보라. 그리고 스스로에게 반복해서 말하라. "나의 인기, 나의 행복, 나의 가치는 내가 사람들을 대하는 능력에 달려 있다."

2. 처음에는 큰 그림을 보기 위해 각 장을 빠르게 읽어라. 어쩌면 당신은 서둘러 다음 장으로 넘어가고 싶은 유혹을 느끼기도 할 것이다. 하지만 그저 재미로 읽는 게 아니라면 그냥 넘어가지 마라. 인간관계 기술을 발전시키기 위해 이 책을 읽는다면, 그 장의 처음으로 돌아가서 다시 한 번 꼼꼼히 읽어라. 장기적으로 볼 때 그렇게 해야 결국 시간도 절약하고 좋은 결과도 얻을 수 있다.

3. 읽는 도중에 수시로 멈춘 다음 읽고 있는 내용에 대해서 생각하라. 각각의 제안을 언제 어떻게 활용할 수 있을지 스스로에게 질문하라.

4. 손에 색연필, 연필, 펜, 매직펜 또는 형광펜을 들고 책을 읽어라. 활용할 수 있을 것 같은 규칙을 보면 옆에 표시를 해두어라. 만약 아주 중요한 규칙이라면 처음부터 끝까지 밑줄을 긋거나, 형광펜으로 칠하거나, 별 네 개로 표시를 하라. 책에 밑줄을 긋고 표시하면서 읽으면 책이 더 흥미로워지고, 나중에 빠른 속도로 복습하기도 쉬워진다.

5. 나는 대형 보험 회사 소장으로 15년간 일했던 한 여성을 알고 있다. 그녀는 매달 회사에서 발행되는 모든 보험 계약서를 읽었다. 그렇다. 그녀는 매달, 매년마다 똑같은 내용의 수많은 계약서를 읽고 또 읽었다. 왜 그랬을까? 그녀는 경험을 통해 이 방법이 계약 조항들을 명확하게 기억하는 유일한 방법임을 알았기 때문이다. 나는 예전에 2년여에 걸쳐 대중 연설에 관한 책을 썼지만, 아직도 그 책에 무슨 내용을 썼는지 기억하기 위해 때때로 그 책을 다시 읽어야 한다. 우리가 무언가를 얼마나 빨리 잊어버리는지는 정말 놀라울 정도다.

그러므로 당신이 이 책을 통해서 실제적이고 지속적인 효과를 얻고 싶다면, 이 책을 한번 훑어보는 것만으로 충분하다고 생각하지 마라. 정독을 한 다음에도 매달 몇 시간씩 시간을 내어 그 내용을 복습해야 한다. 이 책을 매일 당신 책상 위에 놓아두어라. 그리고 자주 책을 뒤적여보라. 우리의 앞날은 아직 발전할 가능성이 많다는 것을 끊임없이 자신에게 상기시켜라. 이 책에 나오는 원칙들을 습관으로 만들기 위해서는 계속해서 열심히 복습하고 활용해야만 한다는 점을 기억하라. 다른 방법은 없다.

6. 버나드 쇼는 이런 말을 한 적이 있다. "만약 당신이 어떤

사람에게 뭔가를 가르친다면 그는 절대 배우지 못할 것이다."
맞는 얘기다. 배움은 능동적인 과정이다. 우리는 행동하면서
배운다. 따라서 당신이 이 책에 나온 원칙들을 완전히 익히고
자 한다면 그 원칙들을 실행에 옮겨라. 기회가 있을 때마다 원
칙들을 활용하라. 그러지 않으면 금방 잊어버리고 만다. 사용
한 지식만이 머리에 남는다.

당신은 아마 이 원칙들을 일상생활에서 매번 적용하기는 어
렵다고 느낄지 모른다. 이 책을 쓴 나 역시 이 내용들을 일상에
서 적용하는 것이 어려울 때가 종종 있기에 그 어려움을 잘 알고
있다. 예를 들어 기분이 나쁠 때는 다른 사람의 관점을 이해하려
고 노력하기보다는 비난하고 저주하기 십상이다. 칭찬하기보다
는 트집을 잡기가 쉽다. 다른 사람이 무엇을 원하는지보다는 자
기가 무엇을 원하는지에 대해 자연스럽게 이야기하게 된다.

따라서 이 책을 읽을 때는 단지 지식을 얻으려는 게 아니라
새로운 습관을 형성하기 위한 것임을 명심하라. 그렇다. 당신
은 삶의 새로운 방식을 시도하는 것이다. 그러기 위해서는 시
간과 인내심, 그리고 매일의 연습이 필요하다.

이 책을 인간관계에 관한 기본 안내서로 삼아 자주 참고하
라. 아이를 다루거나 배우자를 내가 생각하는 방향으로 설득하
거나 짜증 내는 손님을 만족시켜야 하는 상황처럼 어떤 특정한

문제가 생겼을 때마다 이전에 자연스레 몸에 밴 행동이나 충동적인 행동을 멈춰라. 그런 행동은 잘못된 것이다. 대신 이 책을 펴고 표시해둔 문장들을 다시 살펴보라. 그리고 새로운 방법들을 시도해본 다음 마법 같은 일이 벌어지는 광경을 지켜보라.

7. 당신이 어떤 원칙이든 어기는 모습을 들킬 때마다 배우자나 자녀, 혹은 직장 동료에게 10센트나 1달러씩 주어라. 이 원칙들을 익히는 것을 즐거운 게임으로 만들어라.

8. 월스트리트에 있는 한 대형 은행의 은행장이 수업 시간에 자기계발을 위해 자신이 사용했던 아주 효과적인 방법을 발표한 적이 있다. 그는 정규교육을 받지 못했지만 미국에서 매우 영향력 있는 금융인 가운데 한 명이 되었는데, 성공할 수 있었던 가장 큰 이유는 자신이 직접 만든 방법을 끊임없이 적용했기 때문이라고 털어놓았다. 내가 기억하고 있는 수준에서 그나마 정확하게 그의 말을 옮기면 다음과 같다.

"수년 동안 나는 매일 그날 있었던 사람들과의 만남을 빠짐없이 수첩에 기록해왔습니다. 우리 가족들은 내가 매주 토요일 저녁마다 스스로를 돌아보고 평가하고 반성하는 시간을 가진다는 걸 알고 있습니다. 그래서 토요일 저녁에는 내가 참석해야 하는 약속은 절대 잡지 않았습니다. 저녁 식사 후에 나는 혼자 자리를 뜬 다음 수첩을 펴고 그 주에 있었던 모든 상담과 토론, 회의들에 대해 생각했습니다. 그리고 스스로에게 이런 질문을 했습니다.

'내가 그때 어떤 실수를 했지?'

'내가 잘한 것은 무엇이고, 어떻게 하면 더 잘할 수 있었을까?'

'나는 그 경험으로부터 무엇을 배웠나?'

이런 식으로 매주 자기반성을 하고 나면 가끔 기분이 상하기도 했습니다. 내가 저지른 실수에 깜짝 놀랄 때도 많았습니다. 물론 시간이 지나면서 실수는 점점 줄어들었고, 나 자신을 칭찬해주고 싶었던 적도 많아졌습니다. 해가 지날수록 이런 자기분석과 자기교육 시스템은 다른 어떤 시도보다 내게 많은 도움이 되었습니다. 결단력을 키워 의사 결정을 하는 데 도움이 되었고, 사람을 만나는 데도 커다란 도움이 되었습니다. 나는 이 방법을 여러분에게 진심으로 추천합니다."

이 책에 소개된 원칙들을 실생활에 적용할 때도 이와 비슷한 방식대로 검토해보는 건 어떨까? 그렇게 하면 두 가지 성과를 얻을 수 있다. 첫째, 아주 흥미롭고 귀중한 교육과정을 배우고 있음을 알게 될 것이다. 둘째, 사람을 만나고 상대하는 능력이 크게 향상될 것이다.

이 책으로 최대의 효과를 얻기 위한 8가지 제안

1. 인간관계의 원칙들을 알고 싶다는 강렬한 욕구를 마음속에 품어라.

2. 다음 장으로 넘어가기 전에 각 장을 두 번씩 읽어라.

3. 읽는 도중에 수시로 멈춰 각각의 원칙들을 어떻게 적용할 수 있을지 스스로에게 질문하라.

4. 중요한 원칙에 밑줄을 그어라.

5. 이 책을 매달 다시 읽어라.

6. 기회가 될 때마다 이 원칙들을 적용하라. 이 책을 당신의 일상적인 문제 해결의 안내서로 삼아라.

7. 원칙을 어길 때마다 친구에게 10센트나 1달러를 줘라. 배우는 과정을 활기 넘치는 게임으로 만들어라.

8. 스스로 잘하고 있는지 매주 확인하라. 어떤 실수를 했고, 어떻게 개선했으며, 미래를 위해 어떤 교훈을 얻었는지 스스로에게 물어보라.

1

사람을 다루는
기본테크닉

How to

win friends

&

influence

people

꿀을 얻으려면
벌집을 발로 차지 마라

1931년 5월 7일, 뉴욕에서 전에 없이 세상을 떠들썩하게 했던 범인 검거 작전이 절정에 달했다. 몇 주간의 수색 끝에 일명 '쌍권총 크로울리'가 웨스트엔드 가에 있는 자기 애인의 아파트에 숨어 있다 발각되어 체포되기 직전이었다. 그는 술도 마시지 않고 담배도 안 피우는 사람이었지만, 총으로 사람을 죽인 살인자였다.

150명의 경찰과 형사들이 그의 은신처인 아파트 꼭대기 층을 포위했다. 그들은 지붕에 구멍을 뚫고 최루가스를 살포해 '경찰 살해범' 크로울리가 밖으로 나오도록 유인했다. 또한 주변에 있는 건물에 기관총을 설치했는데, 뉴욕에서도 꽤 부유했던 그 동네는 한 시간 넘게 날카로운 권총 소리와 따다닥 하는 기관총 소리로 시끄러웠다. 크로울리는 두툼한 소파 뒤에 숨어 경찰을 향해 쉴 새 없이 총을 쏴댔다. 시민 1만여 명이 잔뜩 긴장한 채 이 싸움을 지켜보았다. 지금까지 뉴욕의 길거리에서는 결코 볼 수 없는 광경이었다.

크로울리가 체포됐을 때 경찰국장 E. P. 멀루니는 이 쌍권총 악당이야말로 뉴욕 역사상 가장 위험한 범죄자라고 공표했다. 그는 이렇게 말했다. "이자는 닥치는 대로 살인을 저지르는 놈입니다."

하지만 쌍권총 크로울리도 스스로를 그렇게 생각했을까? 경찰이 그의 아파트로 총을 쏴대는 와중에 그가 '관계자 여러분께'라며 쓴 편지를 보면 이를 알 수 있다. 그가 편지를 쓸 때 상처에서 흐른 피가 종이에 검붉은 자국을 남겼다. 편지에서 크로울리는 이렇게 말했다. "내 코트 안쪽에는 지쳤지만 착한 심장이, 누구에게도 해를 끼치지 않을 심장이 있다."

이 일이 있기 직전에 크로울리는 롱아일랜드의 도로에서 차를 세우고 여자 친구와 진한 애정 행각을 벌이고 있었다. 그때 갑자기 경찰관 한 명이 차로 다가와 말했다. "면허증 좀 보여주십시오."

크로울리는 아무 말 없이 총을 꺼내 경찰에게 총알 세례를 퍼부었다. 경찰이 죽어 쓰러지자, 크로울리는 차에서 나와 경찰의 권총을 집어 들고는 시체에 다시 한 발을 더 쏘았다. 그가 바로 "내 코트 안쪽에는 지쳤지만 착한 심장이, 누구에게도 해를 끼치지 않을 심장이 있다"라고 말한 그 사람이다.

크로울리는 전기의자 사형을 선고받았다. 그가 싱싱 교도소의 사형수 감방에 도착했을 때 "내가 사람을 죽인 대가를 받는구나"라고 말했을까? 아니, 그는 이렇게 말했다. "나는 정당방

위를 했을 뿐인데, 어떻게 이럴 수가 있지?"

이 이야기의 핵심은 이것이다. 쌍권총 크로울리는 자신이 잘못한 게 전혀 없다고 생각했다. 범죄자 중 이런 사고방식을 가진 사람이 드물다고 생각하는가? 만약 그렇게 생각한다면 이 말을 들어보라.

"나는 사람들에게 소소한 기쁨을 주고, 사람들이 즐거운 시간을 보낼 수 있도록 도와주면서 내 한창때를 보냈다. 하지만 내게 돌아온 것은 박해와 쫓기는 생활뿐이었다."

이는 알 카포네가 한 말이다. 그렇다. 미국에서 가장 악명 높은 공공의 적이자 시카고를 주름잡았던 가장 위협적인 조직의 두목이었던 자가 한 말이다. 그는 자신이 잘못했다고 생각하지 않았다. 오히려 자신이 인정받지 못하고 이해받지 못하는 사회의 후원자라고 여겼다.

더치 슐츠 역시 뉴어크에서 갱단에게 총을 맞고 쓰러지기 전까지 알 카포네와 비슷한 생각을 했다. 뉴욕의 가장 악명 높은 악당 중 한 명인 더치 슐츠는 신문 인터뷰에서 자신은 사회의 후원자라고 말했다. 그리고 실제로 그렇게 믿었다.

나는 뉴욕의 악명 높은 싱싱 교도소에서 수년간 소장으로 있었던 루이스 로스와 이 주제에 관한 흥미로운 편지를 주고받았는데, 그는 이렇게 말했다. "싱싱 교도소에 있는 범죄자들 중에 자신을 나쁜 사람이라고 여기는 이는 거의 없습니다. 그들도 당신이나 나와 마찬가지로 그저 인간일 뿐입니다. 그래서 합리화하고 변명을 합니다. 왜 금고를 털거나 방아쇠를 당겨야 했는지 그들은 해명할 수 있습니다. 대부분은 얼핏 논리적으로 보이는 혹은 비논리적인 이유를 대면서 자신의 반사회적인 행동을 스스로에게도 정당화하려고 애쓰고, 그래서 자신들이 절대 수감되지 말았어야 한다고 강력하게 주장합니다."

알 카포네, '쌍권총' 크로울리, 더치 슐츠, 그리고 교도소에 수감 중인 흉악한 범죄자들은 어떤 경우에도 자신의 잘못을 인정하지 않는다. 그들은 그렇다 하더라도 당신이나 내 주변에 있는 사람들은 과연 어떨까?

자신의 이름을 딴 백화점을 설립한 존 워너메이커는 이렇게 고백했다. "남을 비난하는 것이 어리석은 짓임을 나는 30년 전에 깨달았다. 신께서 지적인 능력을 공평하게 나누어주지 않았다고 불평하는 대신, 나는 내 자신의 한계를 극복하는 데 많은 노력을 기울였다."

워너메이커는 이 교훈을 일찍 깨달은 사람이다. 하지만 나는 30년 이상이나 이 세상을 헤매고 살아온 뒤에야 '사람들은 자신의 잘못이 아무리 명백해도 100번 중 99번은 절대 자신의 잘못을 인정하지 않는다'라는 사실을 깨닫게 되었다.

비난은 안 하느니만 못하다. 비난을 하면 상대는 방어 태세를 취하고 스스로를 정당화하기 때문이다. 또 비난은 위험하다. 상대의 소중한 자존심을 다치게 하고, 자존감에 상처를 줘서 분노를 일으키기 때문이다.

독일 군대는 불만스런 일이 생기더라도 병사들이 곧바로 불평하거나 비판하는 것을 금하고 있다. 우선 하룻밤 자면서 열을 식혀야 한다. 즉각적으로 불만을 제기하는 병사는 처벌 받는다. 군대가 아닌 일상에서도 비슷한 규제가 있어야 한다고 생각한다. 사사건건 나무라는 부모, 끊임없이 불평하는 아내, 잔소리하는 고용주 등 남의 결점을 들춰내는 데 몰두하는 사람 모두에게 적용하면 좋을 것이다.

역사를 살펴보면 비난이 얼마나 헛된지를 보여주는 예시가 가득하다. 한 예로 시어도어 루스벨트와 윌리엄 하워드 태프트 대통령의 논쟁을 들 수 있다. 이 논쟁으로 인해 공화당이 분열되었고, 그 결과 민주당의 우드로 윌슨이 대통령에 당선됨으로써 제1차 세계대전에 참전하게 되는 등 세계 역사의 흐름은 크게 바뀌었다.

당시의 논쟁을 간략히 되새겨보자. 1908년 시어도어 루스벨트는 대통령직에서 물러나면서 대통령으로 당선된 태프트를 지지했고, 사자 사냥을 하러 아프리카로 떠났다. 하지만 아프리카에서 돌아올 무렵, 그는 보수적인 행보를 걷고 있는 태프트를 맹렬히 비난했다. 그리고 차기 대통령 후보 지명권을 확보하기 위해 진보적인 정당인 불 무스(Bull moose, 수사슴. 혁신당의 별명—옮긴이) 당을 창당했는데, 그러면서 공화당은 거의 붕괴 수준에 이르렀다.

이후 벌어진 선거에서 태프트와 미국 공화당은 버몬트 주와 유타 주, 두 개의 주 외에서는 지지를 받지 못했다. 공화당이 창당된 이래 가장 처참한 패배였다.

루스벨트는 참패의 원인이 태프트라고 비난했다. 그렇다면 태프트 대통령도 자책했을까? 물론 아니다. 태프트는 눈물을 글 썽거리며 말했다. "내가 처한 상황에서는 그게 최선이었다."

비난받을 사람은 누구인가? 루스벨트인가, 태프트인가? 솔직 히 알 수도 없고, 누구라 하더라도 상관없다. 내가 말하고자 하는 것은 루스벨트가 그렇게 비난을 했어도 태프트가 자신의 잘못을 스스로 인정하도록 만들 수 없었다는 사실이다. 비난은 태프트가 자신을 정당화하려 애쓰고 눈물을 글썽이며 "내가 처한 상황에 서는 그게 최선이었다"라는 말만 반복하게 만들었을 뿐이었다.

또 다른 사례로 티포트 돔 유전 스캔들을 살펴보자. 1920년 대 초반, 이 사건으로 언론은 쉴 틈 없이 시끄러웠고, 온 나라는 발칵 뒤집혔다. 세상 사람들이 기억하는 한, 미국 역사상 이처럼 엄청난 사건은 거의 없었다고 해도 과언이 아니다. 사건의 전말 은 이러하다.

하딩 내각의 내무 장관이었던 앨버트 B. 폴은 미 해군용으로 엘크 힐과 티포트 돔 지역에 확보해놓은 정부 소유의 유전 지대 를 임대하는 권한을 갖게 되었다. 폴 내무 장관이 경쟁 입찰을 허용했을까? 전혀 그렇지 않았다. 그는 입찰 과정도 없이 큰 이 권이 달린 이 계약을 그의 친구인 에드워드 L. 도헤니에게 아주 유리한 조건으로 넘겨주었다.

그럼 도헤니는 어떻게 했을까? 그는 폴 내무 장관에게 10만 달러를 (그의 표현에 따르면) '빌려'주었다. 그러자 폴 내무 장관은 근처의 유정에서 석유를 채굴하고 있던 군소업자들이 엘크 힐 유전에서 나오는 기름을 약화시키고 있다며 해병대를 동원해

이들을 몰아내도록 했다. 결국 총칼의 위협에 쫓겨난 군소 석유 채굴업자들이 법정으로 달려갔고, 티포트 돔 스캔들은 세상에 알려지게 되었다.

이 사건은 비리의 정도가 너무 커서 온 국민들이 분노했다. 결국 하딩 정부는 몰락했고, 공화당은 난파 직전의 상황에 처했으며, 앨버트 폴은 감옥에 가게 되었다.

폴은 공직 사회에서 유례가 없을 만큼 맹렬한 비난을 받았다. 그렇다면 그는 과연 뉘우쳤을까? 절대 그렇지 않다! 몇 년 뒤 허버트 후버는 하딩 대통령이 죽은 이유가 친구의 배신으로 인한 정신적 불안과 걱정 때문이었다고 공개 연설에서 말했다. 그 말을 들은 폴의 부인은 주먹을 불끈 쥐고 의자에서 벌떡 일어나 흐느끼며 소리를 질렀다. "뭐! 폴이 하딩을 배신했다고? 아니야! 내 남편은 아무도 배신한 적 없어. 남편은 이 집을 금덩이로 가득 채워준다고 해도 나쁜 짓을 하지 않을 사람이야. 배신당하고 도살장에 끌려가 처벌을 받은 건 바로 그이라고."

바로 이런 게 인간의 본성이다. 잘못을 저질러놓고도 자신을 제외한 모든 사람들을 비난한다. 우리 모두가 그렇다. 그러므로 우리가 훗날 누군가를 비난하고 싶어질 때, 알 카포네와 '쌍권총' 크로울리, 그리고 앨버트 폴을 기억하자.

비난은 통신용 비둘기와 같아 언제나 원래 있던 곳으로 돌아온다. 우리가 비난하고 바로잡으려는 사람은 아마 스스로를 정당화하고, 대신 우리를 비난할 것이다. 아니면 온화한 태프트처럼 이렇게 말할 것이다. "내가 처한 상황에서는 그게 최선이었다."

1865년 4월 15일 토요일 아침, 에이브러햄 링컨은 존 윌크스 부스에게 저격당한 뒤 포드 극장 바로 맞은편에 있는 싸구려 하숙집의 문간방에서 죽음을 맞고 있었다. 링컨의 긴 몸은 그에게는 너무 짧은, 푹 꺼진 침대에 가로질러 비스듬하게 눕혀 있었다. 로사 보뇌르의 유명한 그림 〈말 시장〉의 싸구려 복제품이 침대 위에 걸려 있고, 낡은 가스등의 노란 불빛이 희미하게 흔들리고 있었다.

링컨의 임종을 지켜보면서 국방 장관 스탠턴은 이렇게 말했다. "이 세상에서 인간의 마음을 가장 잘 움직인 사람이 여기 누워 있다."

사람들의 마음을 움직이는 데 뛰어났던 링컨의 비결은 무엇이었을까? 나는 10여 년 동안 링컨의 삶을 연구했고,《데일 카네기의 링컨 이야기》라는 제목의 책을 쓰고 수정하는 데 꼬박 3년을 바쳤다. 그렇기에 링컨의 성격과 가정생활을 그 누구보다도 자세하고 철저하게 연구했다고 믿고 있다. 그중에서도 나는 링컨이 사람들을 대하는 방법에 특별한 관심을 기울였다.

링컨도 내키는 대로 비난을 했을까? 사실 그렇다. 인디애나 주의 피전 크리크 밸리에서 젊은 시절을 보낸 링컨은 남을 비난했을 뿐 아니라 다른 사람을 조롱하는 편지와 시를 써서 사람들의 눈에 잘 띄는 길거리에 뿌리고 다녔다. 그 편지 때문에 누군가는 평생 동안 링컨에 대해 반감을 가질 정도였다.

링컨은 일리노이 주 스프링필드에서 개업 변호사가 되고 나서도 반대파 인사들에 대한 비판을 신문에 기고하곤 했는데, 한

번은 도가 지나쳐서 큰 말썽을 일으켰다.

1842년 가을, 그는 제임스 쉴즈라는 이름의 자만심이 강하고 호전적인 정치가를 조롱했다. 링컨은 〈스프링필드 저널〉에 익명의 편지를 실어 그를 놀렸다. 마을 사람들은 웃음을 터뜨렸고, 예민하고 자존심이 강한 쉴즈는 화가 머리끝까지 났다. 그는 누가 그 편지를 썼는지 알아내고는 곧장 말을 타고 링컨을 찾아가 결투를 신청했다. 링컨은 싸우고 싶지 않았다. 그는 결투에 반대했지만, 명예를 지키면서 그 상황에서 빠져나올 방법은 없었다.

그에게 무기 선택권이 주어졌다. 그는 팔이 길었으므로 기병이 사용하는 날이 넓은 칼을 택했고, 웨스트포인트 사관학교 졸업생에게 칼싸움을 배웠다. 그리고 약속한 날, 그와 쉴즈는 미시시피 강의 모래사장에서 만났다. 그들은 죽을 때까지 싸울 각오가 되어 있었지만, 막판에 그들의 입회인들이 끼어들어 결투는 중지되었다.

이 사건은 링컨의 인생에서 가장 충격적인 일이었다. 그 일로 그는 사람을 대하는 기술에 관한 아주 귀중한 교훈을 배웠다. 두 번 다시 그는 남을 모욕하는 편지를 쓰지 않았다. 다시는 누군가를 조롱하지도 않았다. 그리고 그때 이후로는 그 어떤 이유로도 남을 절대 비난하지 않았다.

시간이 흘러 미국 남북전쟁 때 링컨은 포토맥 부대의 지휘자로 계속해서 새 장군들을 임명해야 했다. 매클레런, 포프, 번사이드, 후커, 미드 등 새로 임명된 장군들이 번번이 참패하는 바람에 링컨은 매우 힘든 상황이었다. 북부의 사람들이 무능한 장군들을 거칠게 비난했다. 하지만 링컨은 "아무도 미워하지 말고, 모두를 사랑하라"라며 침묵했다. 그가 좋아하는 인용구 중 하나는 "비판을 받지 아니하려거든 비판하지 말라"였다.

그리고 자신의 부인과 다른 이들이 남부 사람들에 대해 나쁘게 말할 때면 링컨은 이렇게 말했다. "그들을 비난하지 마시오. 우리도 그런 처지에 있었다면 그들처럼 행동했을지 모르는 일이오."

사실 링컨에게는 누군가를 비난할 만한 일들이 많았다. 다음 일화를 한번 보자.

1863년 7월 1일에 시작한 게티즈버그 전투는 3일간이나 계속되었다. 7월 4일 밤, 리 장군은 남쪽으로 후퇴하기 시작했고, 그 무렵 폭우를 동반한 먹구름이 전국을 뒤덮고 있었다. 패배한 부대를 이끌고 리 장군은 포토맥 강에 다다랐다. 그런데 강은 이미 물이 불어나 도저히 건널 수 없을 정도였고, 뒤에는 기세가 오른 북군이 바짝 추격해오고 있었다. 리 장군은 궁지에 몰려 도망칠 수 없었으며, 링컨은 그런 상황을 알고 있었다. 그 상황은 리 장군의 군대를 포로로 붙잡고 즉시 전쟁을 끝낼 수 있는 하늘이 준 황금 같은 기회였다. 희망에 부푼 링컨은 미드 장군에게 작전 회의를 하느라 지체하지 말고 즉시 공격하라고 명령했다. 링컨은 자신의 명령을 전보로 보내고, 즉시 실행할 것을 요구하는 특별 전령도 보냈다.

그런데 미드 장군은 어떻게 했을까? 그는 링컨의 명령과는 정반대로 행동했다. 미드 장군은 링컨의 명령을 정면으로 어기고 작전 회의를 열었다. 그러고는 망설였다. 미드 장군은 전보로 온갖 변명을 보내며 시간을 지체하면서 노골적으로 공격을 거부했다. 마침내 강물이 빠지자, 리 장군은 군대를 이끌고 강을 건너 달아나 버렸다.

링컨은 격노해 아들 로버트에게 울분을 토했다. "어떻게 이럴 수 있단 말이냐. 제기랄! 이게 도대체 무슨 일이야. 그들이 우리의 손아귀 안에 있었는데, 손을 뻗기만 하면 잡을 수 있었는데, 내 말이나 어떤 행동도 군대를 움직이게 할 수 없었다니. 그런 상황에서는 어떤 장군이라도 리의 부대를 무찌를 수 있었을 거야. 내가 그곳에 있었다면 직접 잡을 수 있었을 거라고."

몹시도 실망한 링컨은 자리에 앉아 미드 장군에게 편지를 썼다. 그 당시의 링컨은 표현이 극도로 신중하고 억제되어 있었다는 것을 기억하길 바란다. 1863년에 링컨이 쓴 다음의 편지는 그가 할 수 있는 가장 혹독한 비난이나 마찬가지였다.

친애하는 미드 장군

장군은 리 장군과 그의 부대를 놓친 것이 얼마나 중대하고 큰 불행인지 제대로 모르고 있는 것 같소. 그는 궁지에 몰려 있었고, 그동안 승리한 기세를 몰아 조금만 더 밀어붙여 그를 잡았더라면 전쟁은 끝났을 것이오. 하지만 이제는 전쟁이 얼마나 더 계속될지 알 수 없게 되었소. 장군이 지난 월요일에 유리한 상황에서 리 장군을 잡을 수 있었음에도 공격하지 못했는데, 강의 남쪽으로 지금의 3분의 2도 안 되는 적은 병력만으로 어떻게 공격을 하겠소? 그런 기대는 말도 안 되고, 난 이제 장군이 어떤 성과를 낼지 기대하지도 않소. 그대는 황금 같은 기회를 날려버렸고, 나는 그 때문에 헤아릴 수 없이 괴롭소.

이 편지를 읽고 미드 장군은 어떻게 했을 거라고 생각하는가? 미드 장군은 편지를 선혀 보지 못했다. 링컨이 그 편지를 보내지 않았기 때문이다. 그 편지는 링컨이 죽은 뒤 서류함 속에서 발견되었다. 이건 추측일 뿐이지만, 그 편지를 쓴 뒤 링컨은 창밖을 내다보며 스스로에게 이렇게 말했을 것이다.

"잠깐. 너무 성급하게 굴지 말자. 내가 여기 조용한 백악관에 앉아서 미드 장군에게 공격 명령을 내리는 건 아주 쉬운 일이야. 하지만 내가 게티즈버그에 있었다면, 그래서 지난주 내내 미드 장군처럼 많은 피를 보았다면, 또 다치고 죽어가는 병사들의 절규와 비명 소리를 직접 들었다면, 아마 나 역시 선뜻 공격 명령을 내리지 못했을지 몰라. 내가 미드 장군처럼 소심한 성격이었다면 아마 그와 똑같이 행동했겠지. 어쨌거나 이미 지나간 일이야. 내가 이 편지를 보내면 내 기분은 나아지겠지. 하지만 미드 장군은 자신을 정당화하려고 애쓸 테고, 결국 나를 비난하겠지. 그러면 악감정이 생기고, 지휘관으로서 그의 우수한 능력도 손상되고, 어쩌면 군에서 물러나게 될 수도 있어."

이런 생각으로 링컨은 결국 편지를 보내지 않았다. 날카로운 비난과 질책은 대부분 아무 소용이 없다는 것을 쓰라린 경험을 통해 알고 있었기 때문이다.

시어도어 루스벨트는 대통령 시절에 복잡한 문제가 생기면 상체를 뒤로 기대고 백악관 책상 위에 걸린 링컨의 커다란 초상화를 올려다보며 스스로에게 이렇게 물었다고 한다. "링컨이 내 입장이었다면 어떻게 했을까? 그는 이 문제를 어떻게 해결했을까?"

다음에 우리가 누군가를 비난하고 싶어지면, 주머니에서 5달러짜리 지폐를 꺼내 지폐에 있는 링컨의 얼굴을 보고 스스로에게 물어보자. "링컨이라면 이 문제를 어떻게 해결했을까?"

당신은 남을 바꾸고 개선시키고 싶은가? 좋다! 괜찮다. 나도 찬성이다. 하지만 당신 자신부터 바꾸기 시작하는 건 어떨까? 순전히 이기적인 관점에서 보더라도 다른 사람을 바꾸려고 노력하는 것보다 자기 자신부터 바뀌는 것이 훨씬 이득이고, 당연히 훨씬 덜 위험하다.

브라우닝은 "사람은 자기 자신과의 싸움을 시작할 때 비로소 가치 있는 사람이 된다"라고 말했다. 자신을 완성하는 데는 오랜 시간이 걸린다. 설령 남을 비난하고 싶더라도 모든 것은 자신을 완성한 다음의 일이라는 것을 명심해야 한다.

공자도 말했다. "네 집 앞이 지저분한데, 이웃의 지붕에 눈이 쌓였다고 불평하지 마라."

젊은 시절에 나는 철없이 사람들에게 깊은 인상을 남기고 싶어 했다. 그래서 작가 리처드 하딩 데이비스에게 바보 같은 편지를 쓴 적이 있다. 당시 그는 미국 문학계의 떠오르는 작가였다. 나는 작가들을 소개하는 잡지 기사를 쓰고 있던 터라 데이비스에게 그의 작업 방법에 대해 말해달라고 요청했다.

그런데 그 편지를 쓰기 몇 주 전, 나는 누군가로부터 편지 한 통을 받은 적이 있었다. 그 편지 끝에는 이런 글귀가 있었다. '비서에게 받아쓰게 하고 읽어보지는 않음.' 나는 그 문구가 인상적이었다. 그 사람이 꽤나 바쁘고 중요한 인물이라는 느낌이 들었다. 그래서 전혀 바쁘지 않은데도 데이비스에게 똑같은 인상을 남기고 싶어 같은 문구를 써서 마무리했다. '비서에게 받아쓰게 하고 읽어보지는 않음.'

데이비스는 애써 내 편지에 답장하지 않았다. 대신 내가 보낸 편지 위에 이렇게 휘갈겨 써서 다시 돌려보냈다. '당신의 무례함은 따를 자가 없소이다.'

맞다! 그건 내 실수였고, 그런 비난을 받아 마땅했다. 하지만 나도 인간이라 그 편지를 받고 분개했다. 어찌나 분한 마음이 깊었는지 10년 후 데이비스가 죽었다는 기사를 읽었을 때, 부끄럽지만 내 머릿속에 가장 먼저 떠오른 것은 그가 내게 주었던 상처였다.

수십 년 동안, 아니 죽을 때까지 남의 가슴에 맺힐 분노를 불러일으키고 싶다면, 비난이 얼마나 정당한지 개의치 말고 신랄하게 비난을 퍼부어라. 하지만 사람을 대할 때는 그들이 결코 이성적 동물이 아니라는 사실을 명심하자. 상대는 감정적 동물이고, 편견으로 가득 차 있으며, 자부심과 허영심으로 움직이는 존재다.

또한 비난은 위험한 불씨다. 비난은 자존심이라는 화약고에 폭발을 일으켜, 때로는 수명을 단축시키기도 한다. 예를 들어 레너드 우드 장군은 군대를 이끌고 프랑스로 출정하는 것을 거부했는데, 수많은 사람들의 비난을 받았다. 그로 인한 자존심의 상처는 그의 죽음을 앞당겼던 것으로 보인다.

그리고 영국 문학을 풍요롭게 만든 훌륭한 소설가 토머스 하디는 혹평 때문에 영원히 펜을 놓았다. 또 영국 시인 토머스 채터턴은 혹평을 받고 자살하고 말았다.

젊은 시절 요령이 없었던 벤저민 프랭클린은 훗날 뛰어난 외교적 수완을 배우고 사람들을 능숙히 다루게 되면서 프랑스 주재 미국 대사가 되었다. 그 성공의 비밀은 무엇일까? 프랭클린은 이렇게 말했다. "나는 누군가의 나쁜 점은 말하지 않습니다. 대신 내가 아는 좋은 점은 전부 다 말합니다."

어리석은 사람은 대부분 비판하고, 비난하고, 불평한다. 하지만 이해하고 용서하려면 인격과 자제력이 필요하다. 칼라일은 이렇게 말했다. "위인은 사람을 다루는 태도에서 그 위대함이 드러난다."

다른 사람을 비난하는 대신에 그를 이해하려고 노력해보자. 그가 왜 그런 행동을 하는지 그의 입장에서 생각해보자. 그런 행동이 비난보다 훨씬 더 유익하고 흥미로우며, 동정심과 인내, 그리고 친절을 싹트게 한다. "이해하면 모든 것을 용서할 수 있다."

존슨 박사는 이렇게 말했다. "신은 인간이 죽기 전까지는 심판하지 않는다."

그런데 우리는 왜 남을 심판하려 하는가?

 사람을 다루는 기본 테크닉 1

사람들에 대한 비판, 비난, 불평을 삼가라.

사람을 다루는 비결

　누군가에게 어떤 일을 하도록 만드는 방법은 이 세상에 단하나뿐이다. 그 방법이 무엇인지 혹시 생각해본 적 있는가? 그렇다. 단 한 가지 방법뿐이다. 그 방법은 바로 그 사람이 그 일을 하고 싶게 만드는 것이다.

　기억하라. 다른 방법은 없다.

　물론 당신이 어떤 사람의 옆구리에 총을 들이대고 손목시계를 빼앗을 수는 있다. 직원들을 해고하겠다며 겁을 줘서 적어도 당신이 보는 앞에서는 직원들이 협조하도록 만들 수 있다. 회초리를 들거나 화를 냄으로써 아이가 당신이 원하는 일을 하도록 만들 수 있다. 하지만 이런 강제적인 방법들은 꼭 원치 않는 반발을 불러일으킨다.

　사람을 움직이려면 상대가 원하는 것을 해주는 것이 유일한방법이다.

　당신이 원하는 것은 무엇인가?

정신분석학자인 지그문트 프로이트는 사람들의 모든 행동은 성적인 욕망과 위대해지고 싶은 욕망, 이 두 가지 동기에서 일어난다고 말했다.

미국에서 가장 영향력 있는 철학자 중 한 명인 존 듀이는 이 말을 조금 다르게 표현했다. 듀이 박사는 인간의 본성 중에 가장 강한 충동은 '중요한 사람이 되고자 하는 욕망(to desire to be important)'이라고 했다. '중요한 사람이 되고자 하는 욕망'이라는 말을 잘 기억해야 한다. 이 책에서 여러 번 접하게 될 것이기 때문이다.

당신은 무엇을 원하는가? 당신이 무엇보다 간절히 바라고 갈망하는 것은 그리 많지 않다. 대부분의 사람들이 정말로 원하는 욕구에는 다음과 같은 것들이 있다.

1. 건강과 장수
2. 음식
3. 잠
4. 돈과 돈으로 살 수 있는 것들
5. 내세의 삶
6. 성적 만족
7. 자녀들의 행복
8. 자신이 중요한 사람이라는 느낌

이상의 욕구들은 대부분 충족될 수 있지만 한 가지 예외가 있다. 음식이나 잠에 대한 욕구만큼이나 강하고 절실하지만 좀처럼 충족되지 않는 욕구가 있다는 말이다. 프로이트는 이를 '위대해지려는 욕망'이라고 불렀고, 듀이의 표현으로는 '중요한 사람이 되고자 하는 욕망'과 같은 것이다.

링컨은 언젠가 "모든 사람은 칭찬받고 싶어 한다"라는 구절로 시작되는 편지를 쓴 적이 있었다. 윌리엄 제임스는 "인간 본성에서 가장 기본적인 원리는 인정받고 싶어 하는 갈망이다"라고 말했다. 그가 인정받기를 바라는 '소망' 혹은 '욕구' '바람'이라는 정도로 표현하지 않았다는 것에 주목하기 바란다. 그는 인정받기를 바라는 '갈망'이라고 표현했다.

이것이야말로 결코 참을 수 없는, 그리고 절대 사라지지 않는 타는 듯한 갈증이다. 이러한 타인의 갈증을 제대로 충족시켜줄 수 있는 사람은 아주 드물다. 하지만 그런 사람들이야말로 다른 사람을 마음대로 움직일 수 있으며, 심지어 장의사조차도 그의 죽음을 슬퍼할 것이다.

중요한 존재가 되고자 하는 욕구는 인간과 동물을 구분해주는 가장 중요한 차이 중 하나다. 어렸을 때 나는 미주리 주 외곽에 있는 농장에서 자랐다. 그때 아버지는 좋은 품종의 두록저지 종의 돼지와 혈통 있는 헤리퍼드 종의 소를 키웠다. 우리는 중서부 지역 각지의 시골 행사와 가축 쇼에 우리 돼지들과 소를 참가시켜 최우수 점수를 받기도 했다. 아버지는 그때 1등 상으로 받은 파란 리본들을 하얀 모슬린 천에 핀으로 꽂아놓고 친구들이나 손님들이 집으로 올 때면 그 긴 모슬린 천을 꺼내 자랑하곤 했다. 파란색 리본들을 보여주는 동안 아버지는 한쪽 끝을 잡고 나는 다른 쪽 끝을 잡고 있었다.

돼지들은 자기들이 받은 파란색 리본에 관심이 없었지만 아버지는 달랐다. 아버지는 그 상들 때문에 자신이 중요한 사람이 된 것 같은 기분이 들었을 것이다.

만약 우리 선조들에게 중요한 사람이 되고자 하는 간절한 욕구가 없었다면 문명은 불가능했을지 모른다. 그런 욕구가 없었다면 우리는 동물과 다를 바 없었을 것이다.

중요한 사람이 되고자 하는 이 욕망 때문에 무지하고 가난에 시달렸던 식료품점 점원은 집안 잡동사니를 보관하는 통 밑바닥에서 발견한 법률 서적을 공부하게 되었다. 아마도 당신은 이 식료품점 점원의 이야기를 들은 적이 있을 것이다. 그의 이름은 링컨이었다.

찰스 디킨슨이 불멸의 소설을 쓰게 만든 것도 중요한 사람이 되고자 하는 이 욕망 때문이었다. 19세기 영국의 건축가 크리스토퍼 랜 경이 위대한 석조 건축물을 만들고, 록펠러가 죽을 때까지 쓰고도 남을 만큼의 어마어마한 돈을 벌게 만든 것도 이 욕망이었다. 또한 당신의 마을에서 가장 부유한 가족이 필요 이상의 큰 저택을 짓는 것도, 사람들이 최신 유행의 옷을 입고, 새 차를 몰고, 똑똑한 자식들에 대해서 이야기하는 것도 모두 이 욕망 때문이다.

많은 젊은이들이 이 욕망 때문에 갱단에 가입하고 범죄 활동에 가담한다. 뉴욕 주의 경찰국장을 지냈던 E. P. 멀루니에 따르면, 어린 범죄자는 보통 자존심으로 가득 차 있기 때문에 체포된 후에 자신을 영웅처럼 보도한 소름끼치는 신문을 가장 먼저 달라고 한다는 것이다. 그들은 유명 스포츠 선수, 영화나 TV 스타, 정치인들의 사진과 함께 실려 있는 자신의 사진을 보고 흐뭇해하면서, 앞으로 있을 유쾌하지 않은 수감 생활 따위는 먼 세상의 일처럼 생각한다.

당신이 어떤 경우에 자신의 존재 가치를 느끼는지 말해준다면, 나는 당신이 어떤 사람인지 알 수 있다. 그것이 당신이란 사람을 결정하는 것이며, 당신을 이해하는 데 가장 중요한 것이다. 예를 들어 존 록펠러는 자신이 본 적도 없고, 또 볼 일도 없는 수백만 명의 가난한 사람들을 위해 중국 북경에 현대식 병원을 세우는 데 돈을 기부하면서 자신의 존재 가치를 느꼈다.

반면 딜린저는 노상강도, 은행털이범, 그리고 살인자가 되어 자신의 존재 가치를 느꼈다. FBI 요원이 추격하고 있을 때, 그는 미네소타의 농가로 쳐들어가서 "내가 딜린저다!"라고 외쳤다. 그는 자신이 공공의 적 1호(FBI의 흉악범 리스트에 오른 범죄자―옮긴이)라는 사실이 자랑스러웠던 것이다. 그는 "당신들을 해칠 생각은 없어. 하지만 내가 딜린저란 말이야!"라고 자랑스레 말했다.

그렇다. 딜린저와 록펠러 사이의 가장 중요한 차이는 자신의 존재 가치를 어디에서 느꼈느냐 하는 점이다.

유명한 사람들조차 자신의 존재 가치를 느끼고 싶어 했던 재미있는 예들이 역사 곳곳에 가득하다. 조지 워싱턴조차 '미합 중국 대통령 각하'라고 불리길 원했고, 콜럼버스는 '해군 제독 겸 인도 총독'이라는 칭호를 탐냈다. 제정 러시아 시대의 왕후이자 여제인 예카테리나 2세는 '황제 폐하께'라고 쓰여 있지 않은 편지는 뜯어보지도 않았다. 또한 영부인 시절의 링컨 여사는 백악관에서 당시 미 연방 육군 총사령관이었던 그랜트 장군 부인에게 "감히 내가 앉으라고 말하기도 전에 앉다니!"라고 사나운 암호랑이처럼 으르렁거린 적이 있다.

1928년 버드 제독이 남극 탐험에 나설 때 미국의 백만장자들은 빙하 산맥에 자신들의 이름을 붙여준다는 말에 자금을 지원해주었고, 빅토르 위고는 자신의 이름을 따서 '파리'라는 도시 이름을 바꾸어보려는 야심을 품기도 했다. 위대한 작가 셰익스피어조차도 자기 가문이 사용할 수 있는 문장(紋章)을 획득함으로써 자신의 이름에 영광을 더하려 했다.

다른 사람들의 동정과 관심을 끌어서 중요한 사람이 된 듯한 기분을 느끼려고 기꺼이 스스로 환자가 되는 사람도 있다. 예를 들어 매킨리 부인은 당시 미국의 대통령이었던 남편이 중요한 국정을 소홀히 하면서까지 자신을 위해 몇 시간씩 침대 옆에 누워 팔베개를 해주고 잠을 재워줄 것을 강요했다. 또 그녀는 자신이 치과 치료를 다 받을 때까지 남편이 자기 옆에 있도록 하는 등 관심받고 싶은 자신의 강렬한 욕구를 충족시켰다. 어느 날 자신의 남편이 당시 국무 장관이었던 존 해이와의 약속 때문에 그녀를 치과에 혼자 남겨두고 가자 큰 소동을 일으키기도 했다.

소설가인 메리 로버츠 라인하트는 똑똑하고 활달했던 젊은 여성이 인정받는 기분을 느끼고 싶어 환자가 된 사연을 이야기 해준 적이 있었다.

"어느 날 이 여성에게 문제가 생겼어요. 아마도 나이 문제였 겠죠. 혼기를 놓치는 바람에 앞으로 외롭게 지내야 할 날들이 많았고, 그녀가 기대할 만한 것은 거의 없었어요. 그녀는 자리 에 누워버렸고, 어머니는 그녀를 돌봐 주느라 먹을 것을 들고 10년 동안 3층 계단을 오르락내리락했어요. 그러던 어느 날, 그녀의 어머니가 간병에 지쳐 쓰러지더니 그만 돌아가시고 말 았어요. 몇 주 동안 그녀는 슬픔에 잠겨 있다가, 결국 침대에서 일어나 전과 다름없는 생활을 시작했다고 해요."

전문가들의 의견에 따르면, 사람들은 냉정한 현실에서 자신 의 존재 가치가 거부당하면 망상의 세계에서라도 인정받기 위 해 실제로 미칠 수도 있다고 한다. 미국에서는 모든 질병을 다 합한 숫자보다 더 많은 사람이 정신병으로 고통받고 있다.

이러한 망상의 원인은 무엇일까? 아무도 이런 포괄적인 질 문에 간단히 대답하긴 어렵지만, 우리는 매독 같은 특정 질병 이 뇌세포를 망가뜨려 망상에 이르게 한다는 사실을 알고 있 다. 결국 모든 정신 질환의 절반 정도는 뇌 조직 장애, 알코올, 약물, 그리고 외상과 같은 물리적 원인에서 비롯된다. 하지만 오싹하게도 미친 사람들의 나머지 절반은 그들의 뇌세포에 아 무런 이상이 없다. 사후에 부검을 통해 뇌 조직을 최고 성능의 현미경으로 관찰해봐도 이들의 뇌 조직은 건강한 것으로 나타났다.

그렇다면 이 사람들은 무엇 때문에 미쳤을까?

나는 가장 유명한 정신병원 중 한 곳의 원장에게 이에 대해 물어보았다. 그 분야에서 최고의 영예와 학위를 받은 그 의사는 나에게 사람들이 왜 미치는지 자신도 모르겠다고 말했다. 아무도 확실하게 알지는 못하지만, 미친 사람들 중 대다수는 현실 세계에서 얻을 수 없었던 자신의 존재 가치를 망상 속에서 찾았다고 말했다. 그러고 난 후 그는 나에게 다음과 같은 이야기를 들려주었다.

"현재 제 환자 중에 결혼 생활에 실패한 환자가 있습니다. 그녀는 사랑, 성적 만족, 아이들, 그리고 사회적 특권을 원했지만 실제 삶에서는 모든 희망이 날아가 버렸죠. 남편은 그녀를 사랑하지 않았어요. 심지어 같이 밥 먹는 것조차 거부하고, 위층에 있는 남편의 방에 식사를 가져오라고 시키기까지 했어요. 그녀는 아이들도 없었고, 사회적 지위도 없었습니다. 결국 그녀는 미쳐버렸고, 자신의 상상 속에서 남편과 이혼하고 자신의 결혼 전 이름을 다시 사용했죠. 현재 그녀는 자신이 영국 귀족과 결혼했다고 믿고, 자신을 레이디 스미스로 불러달라고 주장하고 있습니다.

그리고 자신이 매일 밤마다 새 아기를 낳았다고 상상합니다. 제가 방문할 때마다 그녀는 '의사 선생님, 제가 어젯밤 아기를 낳았어요'라고 말합니다."

실제 인생에서는 그녀의 꿈을 실은 배가 현실이라는 날카로운 바위에 부딪혀 산산조각 나버렸지만, 따뜻하고 환상적인 망상의 섬에서는 그녀의 꿈을 실은 범선들이 돛대 사이로 들려오는 바람의 노래에 돛을 휘날리며 순항하고 있다.

"비극적이라고요? 글쎄요, 잘 모르겠어요. 혹여 제가 그녀의 정신 상태를 원래대로 돌려놓을 수 있을 정도로 뛰어난 능력이 있다 해도 저는 그렇게 하지 않겠어요. 그녀는 지금이 훨씬 더 행복하니까요."

자신이 중요한 사람이라는 느낌을 너무도 갈망한 나머지 정신이상이 되는 사람이 있을 정도라면, 사람들을 솔직하게 칭찬하면 어떤 기적을 이룰 수 있을지 상상해보라.

찰스 슈왑은 소득세도 없고 주급으로 잘 받으면 50달러를 받던 시절에 미국 기업 역사상 최초로 연봉 100만 달러 이상을 받았던 사람이다. 그는 서른아홉 살밖에 되지 않았던 1921년에 철강 왕 앤드류 카네기에 의해 채용되어 US스틸의 초대 사장이 되었다(후에 슈왑은 US스틸을 떠나 위기에 처한 베들레헴스틸을 인수한 뒤, 그 회사를 미국에서 가장 수익을 많이 내는 기업 중의 하나로 부활시켰다).

왜 앤드류 카네기는 찰스 슈왑에게 연봉 100만 달러, 즉 하루에 3000달러 이상의 급여를 지급했을까? 과연 무슨 이유였을까? 슈왑이 천재였기 때문에? 아니다. 그가 다른 사람보다 철강 생산에 대해 더 많이 알고 있었기 때문에? 그것도 아니다. 찰스 슈왑은 자기 밑의 직원들이 자신보다 철강 생산에 대해 더 잘 안다고 내게 말했다.

슈왑은 자신이 그렇게 많은 급여를 받았던 이유는 사람을 다루는 능력이 있었기 때문이라고 말한다. 나는 그에게 사람들을 어떻게 다루는지 물어보았다. 그리고 여기에 그 비밀을 그의 표현대로 옮겨놓고자 한다. 그 비밀은 영원히 변하지 않을 동판에 새겨 넣어 미국의 모든 가정, 학교, 가게, 사무실에 걸어 놓아야 할 것이다. 아이들은 라틴어 동사의 활용이나 브라질의 연 강수량을 외우며 시간을 낭비하는 대신 이 말을 기억해야 할 것이다. 이 비결을 제대로 지키고 활용한다면 우리의 인생은 통째로 변화할 것이기 때문이다. 그는 이렇게 말했다.

"나의 능력은 직원들 안의 열정을 깨워주는 것이라고 생각합니다. 사람들이야말로 제가 가진 가장 훌륭한 자산이고, 그들이 가진 최고의 능력을 계발시켜주는 것은 칭찬과 격려입니다. 상급자로부터 비난을 받는 것만큼 의욕을 해치는 것도 없습니다. 저는 단 한 번도 누구를 비난한 적이 없습니다. 격려가 사람을 일하게 만든다고 저는 믿습니다. 그렇기 때문에 저는 항상 칭찬하려 하고, 단점 찾아내기를 싫어합니다. 만약 누군가가 한 일이 마음에 들면, 저는 열렬히 찬성해주고 칭찬을 아끼지 않습니다."

슈왑은 실제로 그렇게 했다. 하지만 보통 사람들은 어떻게 할까? 정확히 반대로 한다. 그들은 하나라도 마음에 들지 않으면 자신의 하급자에게 소리를 지르고, 마음에 들면 아무런 말도 하지 않는다. 슈왑은 이렇게 말했다.

"저는 평생 세계 여러 나라의 훌륭한 사람들을 많이 만나며 넓은 유대 관계를 맺고 있습니다. 하지만 지금껏 아무리 대단하고 높은 지위에 있는 사람이라 하더라도 인정받기보다 비판을 받을 때 일을 더 잘하거나 더 열심히 노력하는 사람을 본 적이 없습니다."

사실 앤드류 카네기가 큰 성공을 할 수 있었던 비결이 바로 여기에 있었다. 카네기는 공석에서나 사석에서 그의 동료들에 대한 칭찬을 아끼지 않았다. 카네기는 자신의 묘비에서조차 동료들을 칭찬했다. 그는 자신의 묘비명에 이렇게 썼다.

"자기 자신보다 더 현명한 사람들과 잘 지내는 법을 알았던 사람, 이곳에 잠들다."

진심으로 칭찬하는 것은 존 D. 록펠러가 사람들을 다루는 데 성공한 비결이기도 했다. 한번은 그의 파트너 중 한 명이었던 에드워드 T. 베드포드가 남미 지역에 잘못 투자해 회사에 100만 달러의 손해를 끼쳤다. 록펠러가 베드포드를 비난해도 아무도 이의를 제기할 수 없는 상황이었지만, 록펠러는 그가 최선을 다했다는 걸 알았기에 그 일을 덮어주었다. 대신 자신이 투자한 돈 60퍼센트를 베드포드가 회수한 것을 칭찬해주었다. 록펠러는 이렇게 말했다. "정말 훌륭하군. 우리가 항상 신처럼 잘할 수는 없는 거지."

플로렌즈 지그펠드는 눈부신 브로드웨이를 만든 가장 훌륭한 제작자 중 한 사람이었다. 그는 '평범한 소녀를 스타로 만드는' 뛰어난 능력으로 명성을 얻었다. 아무도 다시 쳐다볼 것 같지 않은 평범한 소녀를 뽑아 무대 위에서 신비롭고, 유혹적이며, 화려한 미의 화신으로 탈바꿈시켰다. 지그펠드는 칭찬과 자신감의 가치를 알았기 때문에 여배우들은 그의 관심과 배려만으로도 스스로를 아름답다고 느끼게 되었다. 그는 30달러에 불과하던 코러스 걸의 주급을 175달러로 올려주었다. 그리고 개막 첫날 밤 배우들에게 축하 전보를 보냈고, 쇼에 참여한 모든 코러스 걸에게 값비싼 장미꽃을 선사했다.

나는 한때 단식 유행에 휩쓸려 6일 밤낮을 먹지 않았던 적이 있다. 별로 힘들지는 않았다. 둘째 날 지녁보다 여섯째 날 저녁에 오히려 배가 덜 고팠다. 우리는 자신의 가족이나 직원들에게 6일 동안 먹을 것을 아무것도 주지 않으면 심한 죄책감에 시달린다. 그런데도 그들이 음식만큼 갈망하는 따뜻한 칭찬을 6일이나 6주, 때로는 6년 동안이나 해주지 않는다.

〈비엔나에서의 재회〉라는 영화에서 주인공을 맡았던 당대 최고의 배우 알프레드 런트는 이렇게 말했다. "나에게 가장 필요한 것은, 내가 중요한 사람이라는 생각이 들도록 만들어주는 격려의 말이다."

우리는 아이들이나 친구들, 그리고 직원들의 육체에 영양분을 주지만 그들의 자부심은 얼마나 채워주고 있는가? 우리는 그들에게 에너지를 공급해주기 위해 구운 쇠고기와 감자를 주지만, 그들의 기억 속에서 몇 년 동안 샛별처럼 빛날 따뜻한 칭찬의 말을 해주지는 않는다.

여기까지 읽은 당신은 지금쯤 이렇게 말하고 있을지도 모른다. "이런 뻔한 이야기나 하다니. 결국 아첨을 하란 말 아니야? 나도 해봤는데 별 소용이 없더라고. 적어도 똑똑한 사람에게는 말이야."

　물론 아부는 어느 정도 분별력이 있는 사람들에게 별 효과가 없다. 왜냐하면 아부는 얄팍하고, 이기적이고, 진정성이 없기 때문이다. 효과가 없는 게 당연하고, 또 실제로 대개 실패한다. 하지만 어떤 사람들은 칭찬을 너무나 원하고 갈망하기 때문에 굶주린 사람이 풀이든 지렁이든 가리지 않고 아무것이나 삼켜버리듯 무조건 좋아하는 사람이 있는 것도 사실이다.

　예를 들어보자. 결혼 전적이 화려한 엠디바니 형제가 그렇게 인기가 있었던 이유는 무엇이었을까? 소위 '왕자들'이라고 불렸던 이들은 어떻게 두 명의 미인과 유명 여배우들, 세계적인 성악 가수, 그리고 유명한 저가 상품 체인점을 가진 백만장자 바버라 허튼 같은 여자들과 결혼할 수 있었을까? 도대체 이유가 뭘까? 그들은 어떻게 했던 것일까? 유명한 여성 기자 아델라 로저스 세인트 존이 쓴 〈리버티〉지의 기사에는 이렇게 나와 있다.

　"엠디바니 형제가 여자들에게 매력을 끄는 이유가 무엇인지는 오랫동안 많은 사람들에게 수수께끼였다. 위대한 예술가이자 사교계에 정통하고, 남자들을 잘 이해하는 여성인 폴라 네그리는 언젠가 이렇게 말했다. '그들은 내가 아는 남자들 가운데 아부하는 기술을 가장 잘 이해하고 있더군요. 아부하는 기술은 요즘처럼 현실적이고 유머가 넘치는 시대에는 거의 사라진 기술이지요. 제가 보기에는 그게 여자들이 엠디바니에게 끌리는 매력임이 확실해요.'"

심지어 빅토리아 여왕조차도 아부에 약했다. 당시 총리였던 벤저민 디즈레일리도 여왕을 대할 때면 과장하며 아부를 했다고 고백했다. 그의 표현을 빌리자면 "칭찬으로 도배를 해줬지요"라고 말했다. 하지만 디즈레일리는 거대한 대영제국을 이끌었던 총리 중에 가장 기품 있고 능숙하며 노련한 사람이었다. 그는 자기 방식을 활용하는 데 천재였다. 그에게 효과적이었던 방법이 꼭 당신이나 나에게도 효과적이란 법은 없다. 멀리 보면 아부는 당신에게 이익보다 해를 더 많이 끼치게 될 것이다. 아부는 위조화폐처럼 가짜고, 다른 사람에게 건넸을 경우 결국 그로 인해 피해를 입게 될 것이다.

그럼 칭찬과 아부의 차이점은 무엇일까? 간단하다. 칭찬은 진정성이 있고, 아부는 그렇지 않다. 칭찬은 마음에서 나오고, 아부는 입에서 나온다. 칭찬은 이기적이지 않고, 아부는 이기적이다. 칭찬은 어디서나 존중받는 것이고, 아부는 어디서나 지탄받는 것이다.

나는 최근에 멕시코시티의 차풀테펙 왕궁에서 멕시코의 영웅인 알바로 오브레곤 장군의 흉상을 보았다. 그 흉상에는 오브레곤 장군의 철학이 담긴 글귀가 새겨져 있었다. "당신을 공격하는 적들을 두려워 마라. 당신에게 아부하는 벗들을 두려워하라."

아니다! 아니다! 아니다! 나는 아부를 하라는 것이 아니다! 오히려 그 반대. 삶의 새로운 방식에 대해서 얘기를 하고 있는 것이다. 다시 한 번 말하지만, 나는 삶의 새로운 방식에 대해서 얘기하고 있다.

국왕 조지 5세는 버킹엄 궁전에 있는 자신의 서재 벽면에 여섯 개의 격언을 걸어두었다. 그중 하나는 이것이다. "싸구려 칭찬을 하는 법도, 받는 법도 배우지 마라." 아부는 바로 싸구려 칭찬이다. 언젠가 나는 아부를 제대로 정의한 글귀를 읽은 적이 있다. "아부란 상대의 자기평가와 일치하는 말을 해주는 것이다."

미국의 사상가 랠프 왈도 에머슨은 이렇게 말했다. "당신이 무슨 말을 하든지 간에 그 말이 곧 당신의 모습이다."

만약 아부가 능사라면 누구나 아부를 따라 할 것이며, 누구나 인간관계의 전문가가 될 것이다.

특별히 생각해야 할 문제가 있지 않다면, 우리는 시간의 95퍼센트가량을 자신에 대해 생각하는 데 사용한다. 당장 자신에 대해 생각하는 것을 멈추고 다른 사람들의 장점에 대해 생각해보자. 그러면 입에서 아부가 나오는 순간 스스로 거짓임을 바로 알아차릴 수 있기 때문에 싸구려 아부는 더 이상 하지 않게 될 것이다.

에머슨은 이렇게 말했다. "내가 만나는 사람은 누구나 어떤 면에서 나의 스승이다. 나는 그들로부터 깨달음을 얻는다."

에머슨처럼 대단한 사상가가 이렇다면, 우리에게는 훨씬 더 당연한 진실이 아닐까? 자신의 장점이나 자신이 원하는 것에 대한 생각을 멈추고, 다른 사람의 장점을 생각해내려고 노력해보자. 그리고 아부는 잊자. 솔직하고 진심 어린 칭찬을 해주

자. "진심으로 찬성해주고 칭찬을 아끼지 말자." 그러면 사람들은 당신이 했던 말을 소중한 보물처럼 여겨서, 비록 당신은 기억하지 못한다 해도 당신이 해주었던 칭찬과 격려의 말들을 두고두고 되뇔 것이다.

 사람을 다루는 기본 테크닉 2

솔직하고 진심 어린 칭찬을 하라.

상대방의 관점에서 보지 못하면
혼자 외로운 길을 갈 것이다

나는 여름이면 메인 주에 낚시를 하러 간다. 개인적으로 나는 딸기크림을 정말 좋아하지만, 물고기들은 특이하게도 지렁이를 더 좋아한다. 그래서 낚시를 가면 내가 좋아하는 것을 생각하지 않고 물고기들이 좋아하는 것을 생각한다. 내가 좋아하는 딸기크림을 미끼로 쓰는 대신, 물고기 앞에 지렁이나 메뚜기 미끼를 흔들어 보이며 이렇게 말한다. "이거 먹고 싶지 않니?"

그런데 왜 우리는 사람을 낚을 때 이와 똑같은 상식을 사용하지 않을까?

제1차 세계대전 기간 중에 대영제국의 총리를 지낸 로이드 조지는 바로 이런 방법을 사용했다. 어떤 사람이 조지에게 전쟁을 이끈 다른 지도자들(윌슨, 올랜도, 클레망소)은 사람들의 기억 속에서 사라졌는데, 어떻게 조지는 지금까지 권력을 유지하고 있는지 물었다. 그는 자신이 여전히 최고의 위치에 있다면, 자신이 물고기에 맞는 미끼를 사용하는 법을 배웠다는 단 하나의 이유 때문이라고 대답했다.

왜 우리는 자신이 원하는 것만 이야기할까? 정말 유치하고 우스꽝스럽게도 당신은 자신이 원하는 것에만 관심을 갖는다. 영원히 그럴 것이다. 하지만 다른 사람은 어느 누구도 당신이 원하는 것에 관심이 없다. 이 사실은 영원히 변하지 않는 진리다. 모든 사람이 다 똑같다. 우리는 오직 자신이 원하는 것에만 관심이 있다.

그러므로 이 세상에서 다른 사람에게 영향을 줄 수 있는 단 한 가지 방법은 상대가 원하는 것을 이야기하고, 그것을 얻는 방법을 그 사람에게 보여주는 것이다. 내일부터 누군가에게 무엇을 시키고 싶다면 이 사실을 꼭 기억하라. 만약 아이들이 담배를 피우지 않게 하려면, 설교를 하거나 당신이 원하는 것만 말해서는 안 된다. 담배를 피우게 되면 농구팀에 못 들어간다거나 달리기 경기에서 우승하지 못할 거라고 이야기하라.

이는 당신이 아이들을 다루든 송아지나 침팬지를 다루든 간에 유용한 방법이다. 어느 날 랠프 왈도 에머슨과 그의 아들이 송아지 한 마리를 우리에 넣으려고 애쓰고 있었다. 그런데 그들은 모두 오직 자신들이 원하는 것만 생각하는 실수를 저지르고 있었다. 에머슨은 송아지를 밀고, 그의 아들은 잡아당겼다. 하지만 송아지도 에머슨과 그의 아들이 하는 일과 똑같이 하고 있었다. 송아지도 자기가 원하는 것만 생각하고 있었다. 즉 다리에 힘을 주고 풀밭을 떠나지 않으려고 완강하게 버티고 있었던 것이다. 이때 아일랜드에서 온 가정부가 그들이 이러지도 저러지도 못하는 상황을 보았다. 그녀는 에머슨처럼 에세이나 책을 쓸 줄은 몰랐지만, 최소한 그 상황에서는 에머슨보다 더 지혜롭게 행동했다. 그녀는 송아지가 원하는 것을 생각했다. 그러더니 자신의 엄지손가락을 송아지에게 물려 손가락을 빨게 해주면서 송아지를 우리로 데리고 갔다.

당신이 이 세상에 태어나서 어떤 일을 한 이유는 당신이 그일을 원했기 때문이다. 적십자사에 100달러를 기부했을 때는 어떠한가? 역시 마찬가지다. 적십자에 100달러를 기부한 이유는 당신 스스로 도움을 주고 싶었기 때문이다. 아름답고, 이타적이며, 숭고한 일을 당신이 원했기 때문이다. '너희가 내형제 중에 지극히 작은 자 하나에게 한 것이 곧 내게 한 것이니라.'(마태복음 25장 40절)

만약 선행하는 마음보다 100달러가 아깝다는 생각이 더 크다면 당신은 기부를 하지 않았을 것이다. 어쩌면 거절하는 것을 부끄러워했거나 부탁 때문에 어쩔 수 없이 기부했을 수도 있다. 하지만 그런 경우에도 한 가지는 분명하다. 당신이 기부행위를 한 것은 무엇인가를 원했기 때문이다.

해리 A. 오버스트리트는《인간 행동에 영향을 미치는 법》이라는 책에서 이렇게 말했다.

"인간의 행동은 우리가 원하는 근본적인 욕구에서 비롯된다. 그리고 기업, 가정, 학교, 정계 등 어느 분야에서든 누군가를 설득하려는 사람에게 해줄 수 있는 최선의 조언은 이것이다. 우선 상대방의 마음속에 간절한 욕구를 불러일으켜라. 이일을 할 수 있는 사람은 온 세상을 얻을 것이고, 그렇지 못한 사람은 혼자 외로운 길을 가야 할 것이다."

스코틀랜드 출신의 가난한 청년이었던 앤드류 카네기는 시간당 2센트를 받는 일부터 시작해 마침내 3억 6500만 달러를 기부할 정도로 거부가 되었다. 그는 일찍이 다른 사람에게 영향을 주려면 상대가 원하는 것을 말해야 한다는 사실을 깨달았다. 그는 학교를 4년밖에 다니지 못했지만 사람을 다루는 방법을 이미 알고 있었다.

또 다른 예를 보자. 카네기의 형수는 두 아들 때문에 걱정이 매우 많았다. 예일대에 다니는 두 아들은 자신의 일 때문에 바빠서 집에 도통 편지를 쓰지 않았고, 어머니가 걱정 어린 편지를 보내도 답장을 하는 법이 없었다. 그 모습을 본 카네기는 자신이라면 답장을 받을 수 있다고 장담했다. 더구나 답장을 보내란 소리를 굳이 하지 않아도 답장을 받을 수 있다며 100달러 내기를 하자고 제안했다. 누군가 그의 내기에 응하자, 카네기는 별로 중요하지 않은 잡담을 적은 뒤 조카들에게 편지를 보냈다. 그리고 추신에 두 사람에게 각각 5달러를 동봉한다고 썼다. 하지만 돈을 실제로 넣지는 않았다.

그러자 곧바로 답장이 왔다. '보고 싶은 앤드류 삼촌에게'란 문장으로 시작하는 그들의 편지 내용은 얘기하지 않아도 알 수 있을 것이다.

내일 당장 당신은 누군가에게 무엇을 하라고 설득해야 할지도 모른다. 그러면 상대방에게 말하기 전에 잠시 멈춰서 스스로에게 물어보자. "어떻게 하면 상대가 그 일을 하고 싶도록 만들 수 있을까?"

이 질문 덕분에 당신은 상대를 만나 당신이 원하는 것에 대해서만 열심히 이야기하다가 결국 아무런 소득도 얻지 못하고 끝나는 상황을 피할 수 있을 것이다.

나는 매 시즌마다 강의를 위해 20일 동안 뉴욕의 한 호텔 연회장을 빌린다. 그런데 첫 번째 시즌이 시작될 무렵, 호텔 측으로부터 갑자기 임대료를 거의 세 배나 올리겠다는 통보를 받은 적이 있었다. 이 소식을 들었을 때는 이미 표를 인쇄해 배포했고, 모든 공고가 나간 뒤였다.

당연히 나는 인상분을 지불하고 싶지 않았지만, 호텔에 내 요구 사항을 말하는 게 무슨 소용이 있겠는가? 호텔은 오직 자신들이 원하는 것에만 관심이 있을 것이다. 그래서 나는 이틀 후 호텔 매니저를 만나러 갔다.

"당신의 편지를 받고 좀 충격을 받았습니다. 하지만 당신을 비난하지는 않겠습니다. 내가 당신 입장이었어도 그와 비슷한 편지를 썼을 겁니다. 호텔 매니저의 임무는 최대한 많은 이익을 올리는 것이고, 그렇지 않으면 해고될 테니까요. 이제 임대료를 올릴 경우 당신이 얻게 될 이익과 손해를 종이 위에 적어 봅시다."

그리고 종이를 꺼내 가운데에 줄을 긋고 한쪽에는 '이익', 다른 한쪽에는 '손해'라고 썼다. 나는 '이익'이라는 제목 아래에

'연회장 비었음'이라고 쓰고 이렇게 말했다.

"연회장이 비었으니 당신은 댄스파티나 친목 모임을 열고 자 하는 사람들에게 연회장을 자유롭게 임대할 수 있게 되었 습니다. 이 점은 이익입니다. 강좌보다는 많은 돈을 낼 테니 큰 이익이죠. 따라서 만약 시즌 동안 내가 20일씩 대연회장을 차지하고 있으면 당신은 상당히 높은 이익을 올릴 수 있는 거 래를 잃게 되는 겁니다.

그렇다면 이제 손해를 생각해봅시다. 첫째, 나로 인해 발 생하는 수입이 늘어나는 대신 줄어들 겁니다. 아니, 나는 당 신이 요구하는 임대료를 지불할 생각이 없으니 이익이 완전 히 없어지는 셈이죠. 할 수 없이 나는 다른 장소에서 이 강좌 를 해야 합니다. 손해는 또 있어요. 이 강좌 때문에 수많은 지 식인과 교양인들이 이 호텔로 몰려옵니다. 그 부분이 당신에 게는 훌륭한 광고 아닌가요? 당신이 신문에 광고를 내기 위해 5000달러를 투자한다고 해도, 내가 이 강좌로 그 사람들을 모 이게 하는 만큼 많은 사람들을 호텔로 불러들일 수는 없을 겁 니다. 호텔로서는 매우 가치 있는 일 아닌가요?"

계속 이야기하는 중에 나는 '손해'라는 제목 아래 두 가지 사항을 기록했다. 그리고 매니저에게 종이를 건네며 말했다. "앞으로 당신이 얻을 이익과 손해를 잘 생각해보신 후에 최종 결정을 제게 알려주시기 바랍니다."

다음 날 나는 편지 한 통을 받았다. 편지에는 임대료를 300퍼 센트가 아니라 50퍼센트만 올리겠다고 쓰여 있었다. 내가 원하는 것은 한마디도 안 하고 임대료를 깎았다는 사실을 기억하라. 나는 계속 상대가 원하는 것과 그것을 어떻게 얻을 것인지에 관해 이야기했다.

반대로 내가 사람들이 흔히 했을 법한 행동을 했다고 상상해보자. 호텔 매니저의 사무실에 쳐들어가 이런 말을 했다고 가정해보자. "표도 인쇄해 모두 팔렸고 최종 공지도 나갔는데, 임대료를 300퍼센트나 인상한다니 도대체 무슨 말이오? 300퍼센트 인상이라니요! 바보 같은 소리죠. 말도 안 됩니다. 난 돈을 낼 수 없소!"

그러고 나면 다음엔 어떤 일이 벌어질까? 대화가 거칠어지고 언성이 높아져서 결국 심한 말이 오갈 것이다. 이런 식의 논쟁이 어떻게 끝날지는 당신도 잘 알 것이다. 내가 그 매니저가 틀렸다는 것을 증명했다고 하더라도, 그는 자신의 자존심 때문에 물러나거나 양보하기는 쉽지 않았을 것이다.

여기 인간관계의 섬세한 기술에 대한 최선의 조언이 있다. 헨리 포드가 한 말이다. "만약 성공의 비결이 존재한다면, 그 비결은 상대방의 관점을 이해하고 자신의 관점뿐 아니라 상대방의 관점으로 상황을 바라보는 능력이다."

매우 훌륭한 말이므로 다시 반복하겠다. "만약 성공의 비결이 존재한다면, 그 비결은 상대방의 관점을 이해하고 자신의 관점뿐 아니라 상대방의 관점으로 상황을 바라보는 능력이다."

이 말은 누구나 한번에 핵심을 파악할 수 있는 매우 단순하고 명확한 충고지만, 세상 사람 열 명 중 아홉 명은 열 번 중 아홉 번 이 진리를 무시해버린다.

사례를 원하는가? 내일 아침 당신의 책상 위에 놓여 있을 편지들을 살펴보라. 대부분은 상식이나 다름없는 이 중대한 원칙을 어기고 있음을 알 수 있을 것이다. 전국적으로 지사를 두고 있는 어느 광고 회사에서 라디오 광고 책임자로 일하고 있는 사람의 편지를 보자. 그는 전국의 지방 라디오 방송국 책임자들에게 이런 편지를 보냈다(각 구절마다 예상되는 상대의 반응을 괄호 안에 넣었다).

○○ 국장 귀하

당사는 라디오 광고대행사로 선두자리를 유지하기 위해 노력하고 있습니다.

(당신 회사가 뭘 원하는지 누가 관심이나 있나? 나는 내 문제만으로도 걱정이 가득하다고. 은행이 우리 집 대출금을 빨리 갚으라고 난리고, 접시꽃은 벌레 때문에 죽어가고, 어제는 주식시장이 폭락했어. 오늘 아침 8시 15분에 오는 차를 놓쳤고, 어젯밤 존스의 댄스파티에 초대받지 못했지. 의사는 나한테 고혈압, 신경통에 비듬이 있다고 말했어. 그리고 무슨 일이 벌어졌더라? 오늘 아침 걱정스러운 마음으로 출근해 메일을 열어봤더니 어떤 애송이가 자기 회사가 원하는 것들을 혼자서 잔뜩 지껄이고 있네. 흥! 본인이 쓴 편지가 어떤 인상을 주는지 안다면 광고계를 떠나 양모용 세제나 만드는 게 훨씬 나을 거야.)

당사는 전국에 걸쳐 광범위한 광고주 고객 네트워크를 보유하고 있습니다. 지역 광고 시간대 집계에서도 매년 최고의 자리를 놓치지 않고 있습니다.

(당신네 회사가 크고 돈 많고 최고다. 그건가? 그런데 그게 어떻다는 거야? 당신 회사가 제너럴모터스, 제너럴일렉트릭, 미 육군 사령부를 합친만큼 크다고 해도 전혀 상관없거든. 당신이 미련한 벌새만큼만 생각이 있었다면, 내가 관심이 있는 건 당신 회사가 얼마나 대단한지가 아니라 내가 얼마나 대단한 사람인지라는 걸 눈치챘을 텐데 말이야. 당신의 그런 엄청난 성공 스토리를 듣고 있으면 내가 한없이 작고 쓸모없는 인물이라는 느낌이 들어.)

당사는 광고주들에게 라디오 방송편성에 관한 최신 정보를 제공하기를 원합니다.

(우리는 원합니다! 우리는 원합니다! 당신은 완전히 바보군. 당신이 뭘 원하든, 무솔리니가 뭘 원하든 난 관심 없어. 내가 흥미 있어 하는 것은 오직 내가 바라는 것뿐이야. 그런데 당신의 엉터리 같은 편지에는 그에 대해선 전혀 언급이 없군.)

따라서 귀사의 특별 관리 대상에 당사를 포함시켜주십시오. 그 정보는 당사가 주간 편성표와 함께, 광고대행사가 광고 시간을 예약하는 데 유용하게 사용될 것입니다.

(특별 관리 대상이라니, 참 뻔뻔하군! 당신이 회사 자랑만 하는 통에 나는 한없이 쓸모없는 존재처럼 느껴졌다고. 당신 회사를 특별 관리 대상에 올려달라면서 '부탁합니다'라는 정중한 말 한마디조차 안 하다니.)

신속한 답장과 더불어 귀사의 최신 방송 정보를 함께 보내주시면 양사 간에 많은 도움이 될 것이라 믿습니다.

(정말 바보군. 가을 낙엽처럼 어디에나 널려 있는 싸구려 용지에 인쇄해 보내고는 대출금과 접시꽃, 고혈압 때문에 걱정하고 있는 내게 자기 편지를 잘 받았다고 신속하게 답장을 쓰라니, 참 뻔뻔해. 내가 당신 못지않게 바쁜 사람이라는 사실을, 적어도 그렇게 생각하고 싶다는 사실을 모른다는 거야? 그리고 누가 니한테 명령할 엄청난 권한을 당신한테 주었지? 양사 간에 많은 도움이 될 거라고? 이제야 내 입장에 관심을 보이는군. 그래도 여전히 내게 어떤 이익이 될지 뚜렷하게 얘기하지는 못하고 있어.)

라디오 광고국장
존 ○○ 올림

추신: 관심 있어 하실 것 같아 〈블랭크빌 저널〉 사본을 같이 동봉합니다. 필요하시면 방송에 활용하시기 바랍니다.

(추신에서야 나한테 도움이 될 만한 이야기를 하는군. 왜 처음부터 말하지 않았지? 결국 아무 소용도 없지만 말이야. 이런 이상한 짓이나 하는 광고장이들은 갑상선에 이상이 있을 거야. 당신에게 필요한 건 최신 방송 정보가 아니라 당신의 갑상선에 부을 요오드 1리터야.)

평생을 광고업계에 종사하면서 물건을 사라고 설득하는 전문가라는 사람이 이 정도라면, 정육점 주인, 빵집 주인, 또는 자동차 수리공에게는 과연 무엇을 기대할 수 있을까?

여기 어떤 대형 화물 터미널 소장이 우리 강좌에 참가했던 에드워드 버밀렌에게 쓴 편지를 보자. 이 편지는 수신인에게 어떤 영향을 주었을까? 먼저 편지를 소개하고 그의 이야기를 전하겠다.

뉴욕 시 브루클린 프론트 가 28번지
A. 제레가즈 선즈 주식 회사

수신: 에드워드 버밀렌 귀하

귀사의 전체 화물 물량 가운데 대부분이 오후 늦게 도착해 우리 회사의 사외 발송 업무가 원활하게 진행되지 못했습니다. 이 때문에 업무 정체, 직원의 연장 근무, 하역 지연, 그리고 어떤 경우에는 화물 운송의 지연 사태가 발생하고 있습니다. 11월 10일 우리는 귀사로부터 510개에 이르는 대량의 화물을 인수했는데, 화물이 이곳에 도착한 시간은 오후 4시 20분이었습니다. 늦은 시간에 화물을 접수해 발생하는 피해를 막기 위해 귀사에 협조를 요청드립니다. 이번에 접수했던 것처럼 많은 물량을 배송하시려면 트럭의 도착 시간을 앞당겨주시거나 오전 중에 일부 화물을 먼저 보내주시면 어떨까요? 그렇게 해주신다면 귀사의 화물을 신속하게 하역하고, 접수한 당일 발송할 수 있기 때문에 귀사에 이익이 될 것입니다.

J. B. 감독 올림

이 편지를 받고 A. 제레가즈 선즈 사의 영업부장인 버밀렌은 다음과 같은 편지를 내게 보내왔다.

"이 편지는 원래 생각했던 것과는 완전히 반대 결과를 가져왔습니다. 처음부터 우리에게는 전혀 관심이 없는 터미널 측의 문제를 말했죠. 우리 불편은 생각하지도 않고 우리에게 협조를 요청한 다음, 마지막 문단에 가서야 우리가 협조한다면 화물을 신속하게 처리하겠으며 접수 당일 발송하겠다고 이야기했습니다. 즉 우리가 가장 관심 있는 문제는 마지막에 이야기했기 때문에 협조하고자 하는 마음보다는 반감만 불러일으켰습니다."

우리가 이 편지를 수정해서 개선시킬 수 없을지 생각해보자. 자신의 문제를 이야기하느라 시간을 낭비하지 말자. 헨리 포드가 조언했듯 상대방의 입장을 이해하고 당신의 관점은 물론 상대방의 관점으로 상황을 바라보자. 여기 다시 편지를 고쳐 써보았다. 비록 최선은 아닐지라도 개선되지 않았는가?

뉴욕 시 브루클린 프론트 가 28번지

A. 제레가즈 선즈 주식 회사

친애하는 에드워드 버밀렌 씨

지난 14년 동안 저희 회사의 훌륭한 고객으로 변함없는 성원을 보내주셔서 감사합니다. 저희는 성원에 보답하고자 언제나 신속하고 효율적인 서비스를 제공하기 위해 노력하고 있습니다. 하지만 유감스럽게도 지난 11월 10일의 경우처럼 귀사의 대량 화물을 배송하는 트럭이 오후 늦게 도착하면 신속하고 효율적인 서비스를 제공하기 어렵습니다. 왜냐하면 귀사 이외에도 오후 늦게 화물을 배송하는 고객사가 많기 때문입니다. 그렇게 되면 업무가 원활히 이루어지지 못하고, 트럭이 부득이하게 부두에서 꼼짝하지 못하는 상황이 생겨 귀사의 화물 운송이 지연되기도 합니다. 좋지 않은 일이지요. 하지만 이런 사태를 예방할 수 있는 방법이 있습니다. 만약 화물이 오전에 도착하면 저희가 신속하게 하역할 수 있습니다. 그러면 귀사의 화물을 바로 처리하고 저희 회사 직원들도 일찍 퇴근하여, 귀사에서 만든 맛있는 마카로니와 국수로 만든 저녁 식사를 먹을 수 있을 것입니다.

이 제안을 불평이나 귀사의 운영 방침에 대한 간섭으로 여기지 않으셨으면 합니다. 이 편지는 전적으로 귀사에게 더 효율적인 서비스를 제공하려는 의도에서 작성되었습니다.

귀사의 화물이 도착하는 시간과 관계없이 귀사에 언제나 신속한 서비스를 제공하기 위해 우리가 할 수 있는 모든 일을 기꺼이 하겠습니다.

시간 내어 읽어주셔서 감사합니다. 바쁘실 테니 답장은 하지 않으셔도 무방합니다.

J. B. 감독 올림

오늘도 수천 명의 세일즈맨들이 피곤에 찌들고, 낙담하며, 적절한 보상도 받지 못한 채 거리를 헤매고 있다. 왜 그럴까? 그들은 언제나 자기가 원하는 것만 생각하고 있기 때문이다. 그들은 당신이나 내가 아무것도 사고 싶지 않다는 사실을 깨닫지 못한다. 만일 우리가 무언가 사고 싶다면 알아서 밖으로 나가서 사면 그만이다. 우리의 영원한 관심사는 자기 자신의 문제를 해결하는 것이다. 그리고 그들의 서비스나 상품이 우리의 문제를 해결하는 데 도움이 된다는 사실을 입증하기만 한다면 세일즈맨들은 굳이 우리에게 판매하려고 애쓸 필요가 없다. 고객은 억지로 구입하기보다는 자기가 스스로 구매하고 있다는 느낌을 원한다.

그런데도 고객 관점에서 상황을 보지 못하고 평생 고생만 하는 세일즈맨들이 많다. 예를 들어보자. 나는 수년간 뉴욕 중심부에 있는 소규모 개인 주택단지인 포레스트 힐즈에 살았다. 어느 날 바삐 역으로 가던 중, 그 지역에서 오랫동안 일해온 부동산 중개업자를 우연히 만났다. 그는 포레스트 힐즈의 집들에 대해 잘 알고 있었다. 그래서 나는 그 중개업자에게 우리 집 벽이 안에 철망을 넣어 지은 것인지 아니면 속이 빈 타일인지를 물어보았다. 중개업자는 자기도 잘 모른다면서 포레스트 힐즈 조경협회에 전화하면 알 수 있다고 말했는데, 나도 그 정도는 알고 있었다.

다음 날 아침, 나는 그 중개업자의 편지를 한 통 받았다. 내가 원하는 정보가 담겨 있었을까? 그는 전화 한 통만 걸면 1분 안에 그 정보를 알아낼 수 있었다. 하지만 그렇게 하지 않았다. 대신 편지에 전화를 걸면 정보를 얻을 수 있다는 말만 되풀이하는 한편, 내 보험 관리를 자기에게 맡겨달라고 부탁했다. 나를 돕는 일에는 관심이 없었고, 오직 자기 일에만 관심이 있었던 것이다.

나는 그에게 바쉬 영이 쓴 《나누는 삶》,《나누는 행운》이라는 책을 선물했다. 그가 그 책들을 읽고 그 안에 있는 내용대로 실천한다면, 내게 보험을 들게 하는 것보다 수천 배는 더 많은 이익을 얻게 될 것이다.

전문 직업인들도 똑같은 실수를 저지른다. 몇 년 전 나는 필라델피아에서 유명한 이비인후과 의사에게 진료를 받으러 간 적이 있었다. 그는 내 입 안을 살펴보기도 전에 내 직업이 무엇이냐고 물었다. 내 편도선 상태에는 관심이 없고, 내 수입에만 관심이 있었다. 그의 주된 관심은 나를 어떻게 도와줄 것인가가 아니라 내게서 얼마나 뜯어낼 수 있는가 하는 것이었다. 그 결과 그는 한 푼도 벌지 못했다. 나는 그의 인간성을 혐오하며 병원 문을 박차고 나와버렸다.

세상은 탐욕스럽고 이기적인 사람으로 가득 차 있다. 따라서 이타적으로 다른 사람에게 봉사하려고 노력하는 몇 안 되는 사람에게는 엄청난 이익이 따른다. 경쟁자도 거의 없다. 유명한 변호사이자 위대한 미국의 사업가인 오웬 D. 영은 이렇게 말했다. "다른 사람의 입장에서 생각하고, 그들의 사고방식을 이해하는 사람은 미래를 걱정할 필요가 없다."

당신이 이 책을 읽고 얻을 수 있는 장점 가운데 군이 딱 한 가지를 고르라면, 다른 사람들의 시각에서 생각하고 그들의 관점에서 보려는 태도를 꼽을 수 있다. 그리고 그러한 태도는 분명 당신의 경력을 성공적으로 만들어나가는 토대가 될 것이다.

대부분의 사람들은 대학에 가서 고대 로마 최고의 시인이었던 베르길리우스의 시를 읽고, 어려운 미적분학을 배우면서도 정작 자신의 마음이 어떻게 움직이는지는 깨닫지 못한다. 언젠가 나는 캐리어 사에 입사 예정인 대학 졸업생들에게 '효과적인 말하기'에 관한 강의를 한 적이 있다. 이 회사는 뉴저지 주의 뉴어크에서 에어컨을 생산하는 대기업이다. 한 수강생이 휴식 시간에 농구를 하자고 사람들을 설득하면서 이렇게 말했다.

"저랑 같이 농구 하러 가지 않을래요? 저는 농구 경기 하는 것을 좋아합니다. 그런데 최근 몇 차례 체육관을 둘러봤지만 농구 경기를 할 만큼 사람이 많지 않더군요. 며칠 전에는 밤에 두세 사람이 공을 던지며 놀다가 눈에 멍이 들었습니다. 내일 밤에 몇 명 나와주었으면 좋겠어요. 저는 정말 농구를 하고 싶거든요."

그는 당신이 원하는 것을 말했는가? 당신은 아무도 가지 않는 체육관엔 가고 싶지 않을 것이다. 안 그런가? 당신은 그가 원하는 것에 전혀 관심이 없다. 어느 누구도 눈에 멍이 들기를 원하지 않는다. 그가 운동을 하면서 당신이 원하는 것을 얻을 방법을 보여줄 수 있었을까? 물론 가능하다. 활력이 생긴다, 식욕이 왕성해진다, 머리가 맑아진다, 재미있다, 승부를 즐긴다, 농구를 한다 등을 제시할 수 있다.

오버스트리트 교수의 현명한 충고를 다시 생각해보자. "우선 상대방의 마음속에 간절한 욕구를 불러일으켜라. 이 일을 할 수 있는 사람은 온 세상을 얻을 것이고, 그렇지 못한 사람은 혼자 외로운 길을 가야 할 것이다."

내 교육 프로그램에 참여했던 어떤 사람은 어린 아들 때문에 고민이었다. 아들은 저체중인데다 제대로 먹으려 하지 않았다. 부모는 흔히 볼 수 있는 방법을 택했다. 아이를 꾸짖고 잔소리를 했다. "엄마는 네가 이것저것을 먹었으면 좋겠다." "아빠는 네가 건강하게 자랐으면 좋겠구나."

아이가 부모의 간청을 들어주었을까? 아주 조금은 그랬을 것이다.

상식적인 사람이라면 세 살짜리 어린아이가 서른 살인 아빠의 생각을 이해하고 따를 거라고 기대하지 않는다. 하지만 아빠는 기대했다. 어처구니없는 일이었다. 아빠는 한참 후에서야 그 사실을 깨닫고 혼자 이렇게 중얼거렸다. "아들이 원하는 게 뭘까? 어떻게 하면 내가 원하는 것과 아이가 원하는 것을 연결시킬 수 있을까?"

아이가 원하는 것을 생각하자 문제를 해결하기가 쉬워졌다. 아들은 브루클린의 집 앞의 길에서 세발자전거를 타고 왔다 갔다 하는 것을 좋아했다. 그런데 그 근처에는 골목대장인 심술궂은 소년이 살고 있었고, 아들보다 덩치가 더 컸던 그 아이는 가끔 아들의 세발자전거를 빼앗아 타곤 했다. 당연히 어린 아들은 소리를 지르며 엄마에게 달려갔고, 그러면 엄마가 나와서 그 덩치 큰 아이에게서 세발자전거를 빼앗아 아들을 다시 태우는 일이 다반사였다.

아들이 원하는 것은 무엇일까? 셜록 홈즈가 아니더라도 이 질문에 쉽게 답할 수 있을 것이다. 아들의 자존심, 분노, 중요한 사람이 되고 싶은 열망과 같은 내면의 강렬한 모든 감정들이 복수를 하라고, 그 심술쟁이에게 한 방 먹이라고 아들을 자극했다. 그래서 아빠는 엄마가 주는 음식을 먹기만 하면 언젠가 덩치 큰 그 아이를 실컷 혼내줄 수 있다고 말했다. 반드시 그럴 수 있다는 아빠의 약속 덕분에 편식 문제는 사라졌다. 아이는 툭하면 자기를 창피하게 했던 심술쟁이에게 덤빌 수 있을 만큼 자라려면 시금치, 피클, 자반고등어 등 무엇이든 마다하지 않고 먹었을 것이다.

그 문제를 해결한 다음 아빠는 다른 문제를 해결하는 데도 도전했다. 어린 아들은 자면서 오줌을 싸는 자랑스럽지 못한 버릇이 있었다. 아이는 할머니와 한 침대에서 잤는데, 아침이면 할머니가 일어나서 침대를 만지며 이렇게 말했다. "조니. 네가 지난밤에 한 일을 보렴." 그러면 아이는 이렇게 답했다. "아니에요. 제가 안 그랬어요. 할머니가 그랬어요."

꾸짖고, 엉덩이를 때리고, 창피를 주고, 다신 그러지 말라고 반복해서 이야기했지만 어떤 방법도 소용없었다. 그래서 부모는 '어떻게 하면 아이가 침대에 오줌을 싸지 않도록 할 수 있을까?'에 대해 고민했다.

아들이 원하는 것은 무엇이었을까? 첫째, 아이는 할머니처럼 나이트가운이 아니라 아빠처럼 파자마를 입고 싶었다. 손자의 한밤중 실수에 지친 할머니는 아이가 습관을 고칠 수 있다면 기꺼이 파자마를 사주겠다고 말했다. 둘째, 아이는 자신의 침대를 원했다. 할머니는 반대하지 않았다. 소년의 엄마는 브루클린의 한 백화점으로 아들을 데리고 가서 매장 아가씨에게 눈을 찡긋하며 말했다. "여기 이 어린 신사가 쇼핑을 하고 싶으시대요."

점원은 "젊은 신사분, 무엇을 도와드릴까요?"라는 말로 아이가 중요한 사람이라고 느끼도록 해주었다. 아이는 5~6센티미터 정도 뒤꿈치를 들고는 이렇게 말했다. "내 침대를 갖고 싶어요." 엄마는 자기 마음에 드는 침대를 점원이 아들에게 보여주자 눈을 찡긋해보였다. 엄마의 뜻을 알아차린 점원은 소년에게 그 침대를 사라고 설득했다. 다음 날 침대가 배달되었다. 그리고 그날 저녁, 아빠가 퇴근했을 때 소년은 소리치며 현관까지 달려 나갔다. "아빠! 아빠! 위층으로 올라가서 내가 고른 침대 좀 보세요!"

아빠는 "이제 자면서 오줌 싸지 않겠네. 그렇지?"라고 말을 건넸다. 아들은 "아, 그럼요! 그럼요! 이 침대를 적시지 않을 거예요"라며 다시 한 번 약속했다. 소년의 자존심이 걸린 문제였다. 그 침대는 자신이 직접 고른 것이었다. 그리고 어른처럼 파자마도 입고 있었다. 그는 어른처럼 행동하고 싶었다. 그리고 실제 그렇게 했다.

내 강의에 참석한 또 다른 아빠인 엔지니어 K. T. 더치만은 세 살 된 딸이 아침 식사를 하지 않으려 한다고 걱정했다. 부모들이 흔히 그러듯 꾸중도 하고, 간청도 하고, 달래도 보았지만 아무 소용이 없었다. 그래서 부모 스스로에게 물었다. 어떻게 해야 딸아이가 아침 식사를 먹고 싶어 하게 할 수 있을까?

딸은 엄마 흉내를 내서 어른이 된 것 같은 기분을 느끼고 싶어 했다. 그래서 어느 날 아침, 엄마는 딸을 부엌에 데리고 가서 아침 식사를 준비하게 했다. 그리고 아이의 기분이 최고조에 달했을 때 아빠가 부엌에 나타났다. 그러자 시리얼을 젓던 딸은 "아빠, 보세요. 오늘 아침은 제가 시리얼을 만들고 있어요"라고 소리쳤다.

그날 아무도 시키지 않았는데 아이는 시리얼을 두 그릇이나 먹었다. 아침 식사에 관심을 갖게 되었기 때문이다. 아이는 자기가 중요한 사람이라는 느낌을 받았다. 아침 음식을 준비하는 데서 자신을 표현할 수 있는 방법을 발견한 것이다.

윌리엄 윈터는 이런 말을 한 적이 있다. "자기표현의 욕구는 인간의 중요한 욕구 중 하나다." 이런 심리를 사업상 거래에 적용하지 못할 이유가 없지 않은가? 기발한 아이디어가 있을 때 다른 사람에게 그건 자신의 아이디어라고 강조하기보다는, 그들이 그 아이디어를 요리하고 휘젓도록 기회를 주면 어떨까? 그러면 그들은 자신의 아이디어라고 여기고 좋아할 것이다. 그리고 아마도 두 그릇을 먹을 수도 있다.

명심하라. "우선 상대방의 마음속에 간절한 욕구를 불러일으켜라. 이 일을 할 수 있는 사람은 온 세상을 얻을 것이고, 그렇지 못한 사람은 혼자 외로운 길을 가야 할 것이다."

 사람을 다루는 기본 테크닉 3

상대방의 마음속에 간절한 욕구를 불러일으켜라.

사람을 다루는
3가지 기본 테크닉

1. 사람들에 대한 비판, 비난, 불평을 삼가라.

2. 솔직하고 진심 어린 칭찬을 하라.

3. 상대방의 마음속에 간절한 욕구를 불러일으켜라.

2

사람의 호감을 얻는
6가지 방법

How to

win friends

&

influence

people

어디서나 환영받는 사람이
되는 비결

친구를 사귀는 방법을 알고 싶어 이 책을 읽고 있는가? 그렇다면 이 세상에서 친구를 가장 잘 사귀는 사람의 기술을 배우면 어떨까? 과연 그는 누구일까? 당신은 내일 길에서 그를 만나게 될지도 모른다. 당신이 3미터 내로 접근하면 그는 꼬리를 흔들기 시작한다. 멈춰 서서 쓰다듬으면 좋아서 펄쩍펄쩍 뛰면서 얼마나 당신을 좋아하는지 표현할 것이다. 그리고 당신은 그의 이런 애정 표현이 부동산을 팔고 싶다거나 당신과 결혼하고 싶어서 그러는 게 아니라는 걸 알고 있다.

생존을 위해 일할 필요가 없는 유일한 동물이 개라는 사실을 생각해본 적 있는가? 닭은 달걀을 낳아야 하고, 젖소는 우유를 생산해야 하며, 카나리아는 노래를 불러야 한다. 하지만 개는 사람에게 오직 사랑만 주며 살아간다.

내가 다섯 살 때, 아버지는 50센트를 주고 노란 강아지를 사왔다. 그 강아지는 내 유년 시절의 행복이요, 기쁨이었다. 매일 오후 4시 반쯤이면 강아지는 앞마당에 앉아 예쁜 눈으로 거리를 지켜보고 있었다. 그러다가 내 목소리가 들리거나 도시락통을 휘두르는 내 모습이 보이기만 하면 숨도 쉬지 않고 총알같이 언덕을 달려와 나를 반기며 펄쩍펄쩍 뛰어오르고 너무나 기뻐 짖어대곤 했다.

내 강아지 티피는 5년간 변함없는 내 단짝 친구였다. 그리고 아직도 잊을 수 없는 비극적인 그날 밤, 티피는 내게서 몇 발짝 떨어지지 않은 곳에서 벼락을 맞고 죽었다. 티피의 죽음은 내 어린 시절의 비극이었다.

티피는 심리학에 관한 책을 읽은 적이 없다. 그럴 필요도 없었다. 티피는 다른 사람에게 진심으로 관심을 가지면, 다른 사람의 관심을 끌려고 2년 동안 노력한 것보다 더 많은 친구를 두 달 안에 사귈 수 있다는 사실을 본능적으로 알고 있었다.

이 부분을 반복해 살펴보자. 다른 사람에게 진심으로 관심을 가지면, 다른 사람의 관심을 끌려고 2년 동안 노력한 것보다 더 많은 친구를 두 달 안에 사귈 수 있다.

하지만 누구나 알고 있듯이, 평생 다른 사람의 관심을 받기 위해 노력하는 어리석은 실수를 하는 사람들이 있다. 물론 효과가 있을 리 없다. 사람들은 당신이나 내게 관심이 없다. 그들은 아침에도, 점심에도, 저녁에도 자기 자신에게만 관심이 있을 뿐이다.

뉴욕 전화 회사에서는 전화 통화에서 가장 많이 사용하는 단어가 무엇인지 알아보는 연구를 진행했다. 아마 눈치챘겠지만 인칭대명사 '나(I)'였다. 이 단어는 500건의 통화에서 3900번이나 사용되었다. '나', '나', '나', '나'.

당신은 여럿이서 함께 찍은 단체 사진을 볼 때 누구의 얼굴을 가장 먼저 찾는가? 만일 다른 사람이 당신에게 관심 있다고 생각한다면 다음 질문에 답해보라. 오늘 밤 당신이 죽는다면 장례식에 몇 명이나 올 것 같은가?

당신이 먼저 다른 사람에게 관심을 갖지 않는데, 그 사람이 당신에게 관심을 가져야 할 이유가 무엇인가? 연필을 들고 아래에 답을 적어보라.

(   )

다른 사람의 관심을 받기 위해 깊은 인상을 남길 생각만 한다면, 절대 진정한 친구를 사귈 수 없을 것이다. 친구, 진정한 친구는 그런 식으로 생기지 않는다.

나폴레옹은 그런 식으로 다른 사람의 관심을 얻으려고 했다. 눈을 감기 전 그는 황후 조세핀에게 이렇게 말했다. "조세핀, 나는 이 세상 그 누구보다도 운이 좋은 사람이었다고 생각하오. 하지만 지금 이 순간 세상에서 내가 믿을 수 있는 사람은 당신밖에 없소." 그런데 역사학자들은 나폴레옹이 조세핀을 믿었는지에 대해서도 의문을 가지고 있다.

유명한 오스트리아의 심리학자 알프레드 아들러는 《우리에게 인생이란 무엇인가》이라는 책에서 이렇게 말했다. "다른 사람에게 관심이 없는 사람이야말로 인생에서 가장 큰 어려움을 겪고, 다른 사람들에게 가장 큰 상처를 주는 사람이다. 인간이 겪는 모든 실패는 이런 유형의 사람들로부터 발생한다."

다른 심리학 전문 서적 수십 권을 통틀어도 이보다 더 중요한 말을 발견하기는 쉽지 않다. 아들러의 문장은 너무나 심오한 의미를 가지고 있기 때문에 다시 한 번 반복하려 한다.

"다른 사람에게 관심이 없는 사람이야말로 인생에서 가장 큰 어려움을 겪고, 다른 사람들에게 가장 큰 상처를 주는 사람이다. 인간이 겪는 모든 실패는 이런 유형의 사람들로부터 발생한다."

나는 뉴욕 대학에서 단편소설 창작 강의를 들은 적이 있는데, 한번은 꽤 유명한 잡지의 편집장이 강의를 하러 왔다. 그는 편집실로 매일 밀려들어 오는 수십 편의 소설 중에 아무거나 골라 몇 문단만 읽어봐도 그 작가가 사람들에 대한 애정이 있는지 아닌지를 알 수 있다고 했다. 그러고는 이렇게 말했다. "작가가 사람들에 대해 애정을 갖고 있지 않으면 사람들도 그의 소설을 좋아하지 않아요."

이 완고한 편집장은 소설 창작 강의 중에 수업을 두 번이나 멈추고는 설교를 늘어놓는 것 같아 미안하다면서 이렇게 말했다. "내가 지금 하고 있는 이야기는 목사들이 설교 시간에 하는 이야기와 똑같아요. 하지만 이걸 반드시 기억해야 돼요. 성공적인 소설가가 되고 싶다면 사람들에게 관심을 가져야만 합니다." 이것이 소설을 쓸 때 맞는 말이라면, 사람을 다룰 때는 더

더욱 맞는 말이다.

나는 마술사들 가운데 최고로 인정받는 하워드 서스턴이 마지막 브로드웨이 공연을 하는 날 저녁, 그의 분장실에서 시간을 보냈다. 그는 40년간 여러 차례 전 세계를 여행하며 환상적인 무대를 만들어내 관객들을 현혹시키고, 숨이 막힐 정도로 놀라운 장면을 연출했다. 6000만 명 이상이 그의 쇼 입장권을 샀으며, 그는 200만 달러 가까이 수익을 남겼다.

나는 서스턴에게 성공의 비밀을 알려달라고 말했다. 그는 어릴 때 가출해 떠돌이 일꾼으로 살았다. 기차 화물칸을 타고 다니며 건초 더미에서 자고, 집집마다 음식을 구걸하며, 화물차에서 선로 표지판을 보며 글을 배웠다. 그래서 그의 성공은 학교 교육과는 아무 상관이 없었다.

그에게 마술에 대한 뛰어난 지식이 있었던 걸까? 아니다. 그는 이 세상에 마술에 대한 책이 수백 권 있을 뿐 아니라, 자기만큼 마술을 잘 아는 사람도 수십 명에 달한다고 했다. 하지만 그는 다른 사람이 가지지 못한 두 가지 능력을 갖고 있었다.

첫째, 그는 무대에서 스스로를 드러내는 능력이 있었다. 그는 쇼맨십이 탁월했다. 둘째, 그는 인간의 본성을 잘 알고 있었다. 모든 행동이나 몸짓, 목소리의 억양, 심지어 눈썹을 치켜 올리는 것 하나까지도 사전에 신중하게 연습했고, 행동을 초 단위로 계획했다.

그러나 이 두 가지 능력에 더해 서스턴은 다른 사람에게 진정한 관심을 갖고 있었다. 그의 말에 따르면, 많은 마술사가 관객을 보고 이렇게 혼잣말을 한다고 한다. "저기 또 어수룩한 놈들이 우글우글하군. 전부 시골뜨기들이야. 문제없이 속일 수 있겠어." 그러나 서스턴은 완전히 달랐다. 그는 무대에 오를 때마다 이렇게 말한다고 한다. "이 사람들이 나를 보러 와줘서 너무나 고마워. 이 사람들 덕분에 나는 편안하게 살 수 있는 거야. 내가 할 수 있는 최고의 것을 보여주겠어."

그는 무대에 오르기 전에 몇 번이고 이렇게 되뇐다고 했다. "나는 관객을 사랑한다. 나는 관객을 사랑한다." 우스꽝스럽다고? 말도 안 된다고? 마음대로 생각해도 좋다. 나는 단지 역대 최고의 유명 마술사 중 한 명의 비법을 그대로 전할 뿐이다.

슈만 하인크 부인도 비슷한 이야기를 해주었다. 그녀는 배고픔과 슬픔에 아이들과 동반 자살을 하려고 했을 정도로 비극적인 삶을 살았다. 그럼에도 불구하고 그녀는 노래를 계속했고, 마침내 청중에게 감동을 선사하는 최고의 바그너 가수가 되었다. 그녀 또한 자신에게 성공의 비결이 있다면, 그 비결은 사람들에 대한 깊은 관심이라고 말했다.

시어도어 루스벨트의 놀라운 인기 비결 중 하나도 마찬가지였다. 심지어 하인들도 그를 사랑했다. 루스벨트의 집사였던 제임스 E. 아모스는 《언제 어디서나 영웅, 시어도어 루스벨트》라는 책에서 다음과 같은 일화를 들려주고 있다.

"제 아내는 대통령에게 메추라기에 대해 여쭤본 적이 있습니다. 대통령은 메추라기를 한번도 보지 못한 제 아내에게 자세히 설명해주셨습니다. 그로부터 시간이 지난 어느 날, 우리가 살던 오두막으로 전화가 왔습니다(아모스와 그의 아내는 오이스터 베이에 있는 대통령 관저 내의 오두막에 살고 있었다). 아내가 전화를 받았는데, 대통령이 직접 전화하셨답니다. 우리 집 창밖에 메추라기가 있으니 내다보면 볼 수 있을 거라고 말해주셨다는군요. 대통령은 그렇게 세심하게 관심을 가져주는 분이셨습니다. 우리 오두막을 지나가실 때마다 우리가 보이지 않아도 '안녕, 애니?' '안녕, 제임스?' 하며 인사하는 소리가 들리곤 했습니다. 지날 때마다 이렇게 친근하게 인사를 건네시는 겁니다."

어찌 고용인들이 이런 사람을 좋아하지 않을 수 있을까? 어떤 사람이 그를 좋아하지 않을 수 있겠는가? 루스벨트는 하워드 태프트 대통령 재임 시절 백악관에 들렀는데, 때마침 대통령 부부가 자리에 없었다. 그는 예전에 자기를 모시던 백악관 고용인 모두에게, 심지어 설거지를 하는 하녀에게도 이름을 부르며 인사했다. 평범한 시민들에 대한 그의 정직한 사랑이 드러나는 대목이다. 루스벨트 대통령과 하워드 대통령의 군사 보좌관이었던 아치 버트는 당시의 일을 다음과 같이 기록했다.

"루스벨트 전 대통령은 주방 하녀인 앨리스를 보고 아직도 옥수수 빵을 만드느냐고 물었다. 앨리스는 하인들을 위해서라면 가끔 만들지만, 모시는 분들은 드시지 않는다고 대답했다. 루스벨트는 굵은 목소리로 '입맛들이 형편없군. 다음에 대통령을 만나면 직접 말해줘야겠어'라고 했다. 앨리스는 옥수수 빵한 조각을 대접했고, 그는 빵을 먹으며 사무실로 걸어가던 도중 정원사와 일꾼들에게도 인사를 건넸다.

루스벨트는 재임 기간에 그랬던 것처럼 그들의 이름을 불러 주었다. 백악관에서 40년간 수석 안내인으로 근무한 아이크 후버는 눈물을 글썽이며 말했다. '최근 2년 동안에 유일하게 행복한 날이었습니다. 100달러를 준다고 해도 그날과 바꿀 사람은 아무도 없을 겁니다.'"

찰스 W. 엘리엇 박사를 역사상 가장 성공한 대학 총장으로 만든 것도 다른 사람의 문제에 대한 깊은 관심이었다. 그는 남북전쟁이 끝난 지 4년째 되던 1869년부터 제1차 세계대전이 일어나기 5년 전인 1909년까지 하버드대 총장을 지냈다. 그가 어떤 방식을 사용했는지 예를 한번 살펴보자. 언젠가 L. R. G. 크랜던이란 신입생이 학자금 50달러를 대출받기 위해 총장실을 찾아온 적이 있었다. 대출은 승인되었다. 크랜던의 말을 전하면 다음과 같다.

"저는 진심으로 감사하다는 말씀을 드리고 나서 일어서려 했습니다. 그런데 총장님이 '잠깐 앉아보게'라고 하시더군요. 그러더니 놀랍게도 이런 말씀을 해주셨습니다. '자네가 혼자 자취한다고 들었네. 끼니를 잘 챙겨 먹는다면 그것도 나쁜 일은 아니지. 나도 대학 다닐 때 자취를 했다네. 혹시 송아지 고기를 요리해본 적 있나? 충분히 숙성된 고기를 사다가 제대로 요리를 하면 최고의 요리가 될 거야. 하나도 버릴 게 없거든. 내가 요리하던 방법을 가르쳐주지.' 그러더니 총장님은 고기를 잘 골라야 한다, 국물을 졸여서 젤리가 될 정도로 천천히 요리해야 한다, 고기를 잘게 자르려면 어떻게 해라, 누를 때는 냄비 안에 작은 냄비를 넣고 눌러라, 그리고 식혀서 먹어라 등등의 얘기를 해주셨습니다."

나는 누군가에게 진심으로 관심을 가진다면, 그의 관심과 시간, 협력을 얻어낼 수 있다는 사실을 개인적인 경험을 통해서 깨달았다. 심지어 그가 엄청난 유명 인사라 하더라도 말이다. 실제로 이런 일이 있었다.

몇 년 전에 나는 브루클린 예술과학재단에서 문학 창작 수업을 맡은 적이 있었다. 나와 학생들은 캐서린 노리스, 패니 허스트, 아이다 타벨, 앨버트 페이슨 터훈, 루퍼트 휴즈 등 많은 유명 작가들이 수업에 와서 그들의 경험을 들려주길 원했다. 그래서 우리는 그들의 작품을 존경하며, 조언을 듣고 성공의 비결을 배우고 싶다는 서신을 그들에게 보냈다.

150명의 학생들이 편지마다 서명했다. 우리는 그들이 바빠서 강의를 준비하기 힘들다는 점을 알고 있다고 했다. 그래서 작가들이 자기 자신이나 또는 자신의 작업 방식에 대해 대답할 수 있는 질문 목록을 같이 보냈다. 작가들은 이 점을 마음에 들어 했다. 누가 좋아하지 않겠는가? 이렇게 해서 그들은 멀리 브루클린까지 와서 직접 강의에 응해주었다.

같은 방법으로 시어도어 루스벨트 대통령 아래서 재무 장관을 지낸 레슬리 M. 쇼, 태프트 대통령 시절 법무 장관이던 조지 W. 위커샴, 윌리엄 제닝스 브라이언, 프랭클린 D. 루스벨트를 비롯한 여러 유명 인사들을 설득해 내 교육과정에 초청해 강연을 하도록 했다.

공장 노동자든, 사무직 직원이든, 왕좌에 앉아 있는 왕이든 누구나 자신을 존경해주는 사람을 좋아한다. 독일 황제 빌헬름의 예를 들어보자. 제1차 세계대전이 끝나면서 그는 이 세상에서 가장 경멸받는 인물이었을 것이다. 그가 목숨을 보존하려고 네덜란드로 망명했을 때 조국마저 그에게 등을 돌렸다. 그에 대한 증오가 너무나 강렬해서, 그의 팔다리를 갈가리 찢어놓거나 화형을 시켜야 마땅하다고 생각하는 사람이 수백만이었다.

산불처럼 분노가 치솟는 가운데 한 어린 소년이 친절과 존경이 가득한, 단순하지만 진심이 담긴 편지를 황제에게 보냈다. 이 소년은 다른 사람이 뭐라고 생각하든, 그는 빌헬름을 언제나 황제로서 사랑할 거라고 했다. 황제는 이 편지에 깊이 감동받아 소년을 자신의 집에 초대했다. 소년은 엄마와 함께 방문했고, 황제는 후에 소년의 엄마와 결혼했다. 이 소년은 어떻게 친구를 사귀고 사람들에게 영향력을 미칠 것인지에 관한 책을 읽을 필요가 없었다. 소년은 본능적으로 그 방법을 알고 있었다.

친구를 만들고 싶다면 다른 사람을 위해 뭔가를 해주려고 노력하자. 이를 위해서는 시간과 노력, 이타심과 배려가 필요하다. 윈저 공이 영국의 왕세자였을 때, 그는 남아메리카를 돌아볼 기회가 있었다. 그는 출발하기 몇 달 전부터 스페인어를 공부해서 스페인어로 연설했고, 그 이후 남아메리카 사람들은 그를 좋아하게 되었다.

나는 친구들의 생일을 알아내기 위해 수년간 노력했다. 어떻게 했을까? 나는 점성학에 관해 아는 바가 거의 없지만, 생일이 성격이나 기질과 관련이 있다는 걸 믿느냐고 친구들에게 물어보았다. 그리고 생일을 말해달라고 했다. 만약 친구가 11월 24일이라고 말하면 마음속으로 '11월 24일, 11월 24일' 하고 되뇌었다. 그러다가 친구가 한눈파는 사이에 이름과 생일을 적어두었다가 나중에 생일 기록장에 옮겨 적었다. 그리고 매년 초, 이 생일을 달력에 표시해두기 때문에 생일이 다가오면 금방 알 수 있었다. 친구의 생일이 다가오면 나는 편지나 전보를 보냈다. 이 작전은 대성공이었다! 내가 생일을 기억해준 유일한 사람인 경우도 많았다.

친구를 만들고 싶다면 활기차고 적극적인 태도로 사람을 맞이하라. 전화를 받을 때도 같은 심리를 활용할 수 있다. "여보세요"라는 한마디에 상대의 전화를 받았다는 사실이 얼마나 기쁜지 드러나도록 하자. 뉴욕 전화 회사는 교환원들이 "번호를 말씀해주세요"라는 말을 할 때, 마치 "안녕하세요. 전화 주셔서 감사합니다"라는 어감을 느낄 수 있도록 훈련시키고 있다. 이처럼 많은 기업들이 전화 상담원에게 모든 고객을 관심과 열정이 느껴지는 목소리 톤으로 대하도록 교육시킨다. 그러면 전화한 사람은 그 회사가 자신에게 관심을 가진다고 느끼게 된다. 내일 전화를 받을 때는 이 사실을 기억하자.

뉴욕 시에 있는 대형 은행에서 일하는 찰스 R. 월터스는 특정 기업에 대한 비밀 보고서를 준비하라는 업무를 지시받았다. 그가 알기로 그 당시 이런 긴급하게 필요한 정보를 가지고 있는 사람은 딱 한 사람뿐이었다. 월터스가 사장실로 안내되었을 때, 비서가 문틈으로 머리를 들이밀더니 사장에게 그날은 우표가 없다고 이야기했다.

"열두 살 된 아들을 위해서 우표를 모으고 있습니다." 사장은 월터스에게 설명했다. 월터스는 찾아온 용건을 설명한 다음 몇 가지 질문을 했다. 사장은 애매하고 일반적이고 모호한 태도로 일관했다. 그는 이야기하고 싶어 하지 않았고, 어떤 수를 써도 말문을 열지 않을 것 같았다. 인터뷰는 짧고 성과도 없었다. 후에 월터스는 내 강좌에서 이렇게 이야기했다.

"솔직히 말하면 어떻게 해야 할지 모르겠더라고요. 그런데 사장의 비서가 한 이야기가 문득 떠오르더군요. 우표, 열두 살 난 아들… 그리고 우리 은행의 해외 부서에서도 우표를 수집한다는 사실이 떠올랐죠. 세계 7대양을 건너 서로 다른 대륙에서 쏟아져 들어오는 우편물, 거기서 떼어낸 우표 말이에요. 그 다음 날 오후에 다시 방문해서 아들에게 줄 우표를 가져왔다는 말을 전해달라고 했어요. 사장이 날 반갑게 맞아주었냐고요? 당연하죠. 대선에 출마한 후보라도 그보다 더 열정적으로 악수하지는 못할걸요. 그는 미소를 띠며 무엇이든 해주려 하더군요. 우표를 소중한 보물이라도 다루듯 만지며 거듭 말했죠. '우리 아들 조지가 정말 좋아하겠는걸. 이것 좀 봐요! 이건 정말 보물이에요.'

우리는 우표 이야기를 하고, 그의 아들 사진도 함께 보면서 30분 정도를 보냈습니다. 이후 그는 한 시간 이상을 나와 함께 하면서 내가 원하는 정보를 모두 줬어요. 심지어 내가 그렇게 해달라고 말한 것도 아니었는데 말이에요. 그는 자기가 알고 있는 걸 전부 말해주고, 부하 직원들까지 불러 물어보기도 했지요. 동료들한테 전화하기도 했고요. 심지어 나에게 사실들, 수치, 다양한 기록과 보고서를 넘겨주었어요. 언론계 용어로 말하자면 제대로 특종을 잡은 셈이죠."

또 다른 예를 보자. 필라델피아의 C. M. 크나플 주니어는 대형 체인점에 연료를 공급하기 위해 수년 동안 애를 썼다. 하지만 그 회사는 계속해서 타 지역 공급처로부터 연료를 구입했고, 보란 듯이 크나플의 사무실 바로 앞 도로로 운반해가곤 했다. 내 교육 프로그램을 수강하던 크나플은 어느 날 저녁, 다른 수강생들 앞에서 대형 체인점에 대한 분노를 쏟아내며 국가적인 재앙이라며 낙인찍어 말했다. 그러면서도 그는 왜 자신이 대형 체인점에 연료를 공급하지 못하는지 모르고 있었다.

나는 그에게 다른 전략을 제안했다. 간단히 말하자면 이렇다. 우리는 수강생들끼리 '대형 체인점의 성장이 국가적으로 이득보다는 손해가 크다'라는 주제로 토론을 벌이기로 했다.

크나플은 내 제안에 따라 반대 측에 섰다. 그는 대형 체인점을 옹호하는 편에 서기로 했고, 그가 그렇게 싫어하던 대형 체인점의 임원에게 직접 찾아가서 말했다. "나는 연료를 구매해달라고 여기 온 게 아닙니다. 부탁을 하나 하러 왔습니다." 그는 토론에 대해서 설명했다. "내가 원하는 사실을 당신만큼 잘 아는 사람이 없어서 도움을 청하러 온 겁니다. 이번 토론에서 꼭 이기고 싶습니다. 어떤 도움이라도 주신다면 정말 감사하겠습니다."

나머지 이야기는 크나플에게 직접 듣도록 하자.

"저는 정확히 1분만 시간을 내달라고 했어요. 그가 저를 만나준 것도 그런 조건 때문이었습니다. 제 사정을 이야기하자, 그는 의자를 가리키며 앉으라고 하더니 정확히 1시간 47분 동안 이야기를 했습니다. 그는 대형 체인점에 대한 책을 쓴 또 다른 임원을 불렀어요. 또 전국대형체인점협회에 연락해서 이 주제에 대한 토론 기록을 저에게 보내라고 했습니다. 그는 체인점이 사람들에게 진정한 서비스를 제공한다고 생각하고 있었어요. 자신이 수백 개 지역사회에 기여하고 있다는 걸 자랑스러워했고요. 이야기를 하는 동안 그의 눈은 반짝였고, 고백하건대 제가 전혀 생각해보지 못했던 부분에 대해 알게 해주었습니다. 그는 제 정신과 태도를 완전히 바꾸어놓았죠.

제가 자리에서 일어설 때쯤 그는 문까지 배웅하면서 제 어깨에 손을 올리더니 토론을 잘 마치면 다시 찾아와 잘해냈는지 말해달라고 하더군요. 그러고는 마지막으로 이렇게 말했습니다. '나중에 봄이 되면 다시 찾아와요. 연료를 구매하게 될지도 모르겠습니다.'

그건 저에게 기적과 같은 일이었습니다. 제가 제안을 하지도 않았는데 그가 먼저 연료를 사고 싶다고 했거든요. 지난 10년 동안 나와 내 상품에 대해 그가 관심을 갖게 하려고 노력했던들, 두 시간 동안 그와 그가 가진 문제에 진심으로 관심을 보인 것보다 더 큰 진전을 이끌어낼 수는 없었을 겁니다."

크나플은 새로운 진실을 발견한 것이 아니다. 오래전, 즉 예수가 태어나기 100여 년 전에 유명한 고대 로마의 시인 푸블릴리우스 시루스는 이렇게 말했다. "우리는 다른 사람이 우리에게 관심을 가질 때 그들에게 관심을 가지게 된다."

그러므로 다른 사람들의 호감을 사고 싶다면, 다음과 같이 해보라.

 사람의 호감을 얻는 방법 1

다른 사람들에게 진정으로 관심을 가져라.

다른 사람에게 더 관심을 받고 싶고 인간관계에서 더 뛰어난 기술을 갖고 싶다면, 헨리 C. 링크 박사의 책《종교로의 귀환》를 읽어보라. 제목에 겁먹지 마라. 이 책은 그저 그런 종교 서적이 아니다. 링크 박사는 성격에 문제가 있는 3000명 이상의 사람들과 상담을 해온 아주 유명한 심리학자다. 박사는 책 제목을 '성격을 개선하는 방법'이라고 해도 좋았을 것이라고 내게 말했다. 주제가 그렇기 때문이다. 이 책은 흥미로우면서도 깨우침을 준다. 이 책을 읽고 그의 제안대로 한다면, 당신이 사람을 다루는 기술은 틀림없이 나아질 것이다.

좋은 인상을 주는
아주 간단한 방법

최근에 나는 뉴욕에서 열린 한 디너파티에 초대받았다. 손님 중에는 꽤 많은 재산을 물려받은 한 상속녀가 있었는데, 그녀는 모든 사람들에게 좋은 인상을 남기고 싶어 했다. 그녀는 상당한 돈을 낭비하며 모피코트와 다이아몬드, 진주 등으로 온몸을 휘감고 있었다. 하지만 정작 얼굴은 전혀 신경을 쓰지 않은 것 같았다. 그녀의 얼굴은 심술과 이기심으로 번들거렸다. 그녀는 모두가 알고 있는 중요한 사실을 혼자만 모르고 있었는데, 그건 바로 한 사람의 얼굴에 드러난 표정이 그가 걸친 옷보다 훨씬 더 중요하다는 사실이다(우스갯소리지만, 이 말을 잘 기억했다가 당신의 부인이 모피코트를 사달라고 할 때 써먹을 수도 있다).

찰스 슈왑은 자신의 미소가 100만 달러의 가치가 있다고 내게 말한 적이 있다. 아마도 그는 이 중요한 사실을 이해하고 있었을 것이다. 그의 성격과 매력, 다른 사람의 호감을 얻는 능력 덕분에 슈왑은 놀라운 성공을 거둘 수 있었기 때문이다. 특히 그의 성격 중에서도 가장 호감 가는 부분은 매력적인 미소였다.

언젠가 인기 가수 겸 배우인 모리스 슈발리에와 만난 적이 있었는데, 솔직히 좀 실망했다. 침울하고 뚱한 그의 모습은 평소 기대했던 모습과 너무도 달랐기 때문이다. 하지만 그가 미소를 짓자 모든 것이 달라졌다. 마치 구름이 걷히고 햇살이 비추는 것 같았다. 그 미소가 없었더라면, 그는 아버지나 다른 형제들처럼 파리에서 가구 만드는 신세를 면하지 못했을 것이다.

백 마디 말보다 행동이 훨씬 더 강력하다. 그리고 미소는 '나는 당신이 좋습니다. 당신을 보면 행복합니다. 당신을 만나서 기쁩니다'와 같은 표현이다.

이것이 바로 강아지가 사람에게 그토록 사랑받는 이유다. 개는 사람을 보면 정말 좋아서 어쩔 줄 몰라 한다. 그래서 그런 개들을 보면 우리도 저절로 기분이 좋아진다.

가식적인 미소? 그걸로는 안 된다. 아무도 속지 않는다. 우리 모두 가식이라는 것을 알고 불쾌해한다. 나는 진짜 웃음, 훈훈한 미소, 진심에서 우러나는 웃음, 그리고 시장에서 값을 좋게 받을 수 있는 종류의 미소에 관해 얘기하고 있다.

뉴욕의 대형 백화점에서 근무하는 한 인사 담당자가 내게 말하기를, 뚱한 표정의 철학 박사보다는 비록 초등학교도 못 나온 판매 여사원이라도 아름다운 미소를 지녔다면 그녀를 채용하겠다고 했다.

미국 내 최대의 고무 제조 회사 회장은 자신의 경험상 어떤 분야든지 즐기지 못하면 성공하기가 어렵다고 말했다. 그 분야의 선구자인 그는 성실함만이 원하는 것을 거머쥘 수 있는 유일한 열쇠라는 오래된 격언을 그다지 신뢰하지 않았다. 그는 이렇게 말했다. "내가 성공한 사람들을 쭉 지켜봐 왔는데, 그들이 성공한 이유는 사업하는 것 자체를 굉장히 즐겼기 때문이에요. 나중에 즐겁게 하던 것들이 점점 일이 되어버리자 그들도 변하더군요. 그러면 사업은 성장이 둔화되기 시작하고, 모든 즐거움을 잃어버리고 나면 결국엔 실패하더군요."

다른 사람들이 당신을 만나서 좋은 시간을 보내기를 원한다면, 당신도 사람들을 만나면서 좋은 시간을 보내야 한다.

나는 수천 명의 기업가들에게 일주일 동안 매일 누군가에게 미소를 지은 후, 그 결과가 어땠는지 수업 시간에 함께 공유하게 한 적이 있었다. 어떤 일들이 있었을까? 우선 뉴욕에서 주식 브로커로 일하는 윌리엄 B. 스타인하트의 편지를 보자. 그의 경우가 딱히 별난 사례는 아니다. 오히려 수백 가지의 경우를 대표하는 전형적 사례다. 스타인하트는 이렇게 적었다.

"아내와 결혼한 지 18년이 지났습니다. 그리고 그 긴 시간 동안 저는 아침에 일어나서 출근하기 전까지 아내에게 웃어 보이거나 길게 말한 적이 거의 없었습니다. 저는 브로드웨이 최악의 불평꾼 중 하나였죠.

웃음에 관한 제 경험을 이야기해달라는 당신의 요청에, 저는 일주일 동안 한번 도전해보자고 생각했습니다. 그래서 다음 날 아침, 머리를 빗으면서 거울에 비친 우울한 표정의 제 자신에게 말했죠. '빌, 오늘부터는 아내와 멀어지게 한 그 찡그린 표정을 지워버리는 거다. 이제부터 웃는 거야. 바로 지금 당장 시작하는 거야.' 저는 그날 아침 식탁에 앉으면서 아내에게 '좋은 아침이야, 자기'라고 미소 지으며 인사했습니다.

당신은 제 아내가 놀랄 수도 있을 거라고 귀띔했었죠? 음, 그런데 제 아내의 반응을 과소평가하신 겁니다. 아내가 너무나 당황하더군요. 충격을 받은 거죠. 저는 아내에게 언젠가 오늘 아침 같은 상황이 일상이 되는 날이 올 거라고 말하고는, 매일 아침마다 웃으며 인사를 계속했어요.

이렇게 변화된 제 태도 덕분에 지난 두 달간 우리 집은 작년보다 훨씬 더 행복해졌습니다. 이제 출근할 때 아파트 엘리베이터를 작동하는 사람에게도 '좋은 아침입니다'라고 웃으며 인사합니다. 수위 아저씨에게도 미소로 인사하죠. 지하철 매표소 직원에게 잔돈을 거슬러 받을 때도 웃습니다. 증권거래소에 있을 때도 최근에야 제가 웃는 것을 보게 된 사람들에게 미소를 지어 보입니다.

저는 곧 모두가 저를 보며 웃어준다는 것을 알게 되었습니다. 그리고 저에게 불평불만을 토로하는 사람들을 밝게 대하고, 그들의 불만 사항을 들으며 미소를 지으면 문제를 훨씬 쉽게 조정할 수 있다는 것도 알았습니다. 웃음이 돈을 벌어다 준다는 걸 깨달았어요. 그것도 매일, 아주 많은 돈을요.

저는 다른 중개인과 사무실을 같이 사용합니다. 그 중개인의 사무직원 중 하나는 호감형의 젊은 친구인데, 최근에 제가 변한 걸 보고는 무척 들떠 있습니다. 얼마 전에는 인간관계에 대한 저의 새로운 철학에 대해 그와 이야기를 나눴습니다. 그러자 그가 고백하기를, 처음에 제가 자기 회사와 같은 사무실을 쓰기로 했을 때 그는 제가 아주 끔찍한 불평꾼이라고 생각했다고 하더군요. 그런데 얼마 전부터 생각이 바뀌었다고 했습니다. 제가 웃을 때 굉장히 인간미 있어 보인다고 하더군요.

저는 제 안에서 일어나는 비난의 마음도 없애버렸습니다. 이제는 비난하기보다는 감사하고 또 칭찬합니다. 제가 원하는 것을 말하기보다 다른 사람의 관점에서 보려고 노력합니다. 이런 것들이 정말이지 제 인생을 완전히 바꿔놓았습니다. 저는 이전과는 완전히 달라졌습니다. 훨씬 더 행복해지고, 친구들도 더 많아졌습니다. 살아가는 데 중요한 건 바로 그거잖아요."

이 편지를 쓴 사람은 뉴욕 증권시장에서 주식을 거래하는, 세상 물정에 밝은 주식 중개인이라는 점에 주목하기 바란다. 주식 중개업은 100명 중 99명은 실패하는 어려운 직업에 속한다.

지금은 웃을 기분이 아니라고? 그럴 땐 어떻게 할 것인가? 두 가지 방법이 있다. 첫째, 억지로라도 웃는 것이다. 혼자 있을 때 휘파람을 불거나 노래를 흥얼거려보라. 둘째, 마치 당신이 이미 행복한 사람인 것처럼 행동하라. 그러면 정말로 기분이 좋아진다. 이에 대해 하버드대 교수인 윌리엄 제임스는 이렇게 말했다.

"행동은 감정의 결과물처럼 보이지만, 실제로 행동과 감정은 함께 일어난다. 의지로 직접 제어할 수 있는 행동을 통제함으로써, 의지의 영향을 받지 않는 감정을 간접적으로 통제할 수 있다. 따라서 기분이 별로일 때, 주체적이고 자발적으로 기분을 전환하는 방법은 바로 앉아서 이미 기분이 좋은 것처럼 말하고 행동하는 것이다."

세상 모든 사람들이 행복을 추구한다. 그리고 행복을 찾는 확실한 방법이 한 가지 있다. 바로 당신의 생각을 조절하는 것이다. 행복은 외부의 조건에 의해 결정되지 않는다. 행복은 내면의 조건에 달려 있다.

그것은 당신이 무엇을 갖고 있는지, 당신이 누구인지, 당신이 어디에 있는지, 또는 당신이 행복해지거나 불행해지려고 무엇을 하는지에 관한 것이 아니다. 바로 당신이 어떻게 생각하는지에 달렸다. 예를 들어 두 사람이 같은 공간에서 같은 일을 하고 있다고 하자. 두 사람은 동일한 부와 명예를 지니고 있지만, 한 사람은 불행해 보이는데 다른 사람은 행복하다. 왜일까? 바로 내면의 태도가 다르기 때문이다. 나는 살인적인 열대 지역의 더위 속에서 구식 농기구로 농사를 짓는 가난한 소작농에게서 행복한 얼굴을 많이 보았는데, 그 수는 뉴욕이나 시카고, LA의 시원한 사무 환경의 사람들보다 결코 적지 않았다.

셰익스피어는 말했다. "좋고 나쁨이란 존재하지 않는다. 다만 생각이 그렇게 만들 뿐이다."

에이브러햄 링컨은 "대부분의 사람들은 자기가 행복하기로 마음먹은 만큼 행복하다"라고 말했다. 그의 말이 맞다.

나는 뉴욕의 롱아일랜드 기차역의 계단을 오르면서 이 진리를 증명하는 아주 생생한 장면을 목격했다. 바로 내 코앞에서 30~40명의 지체 장애아들이 지팡이와 목발에 몸을 의지하고 힘겹게 계단을 오르고 있었다. 심지어 한 아이는 업혀 올라가야 했다. 그런데도 아이들의 웃음소리와 즐거운 분위기에 나는 무척 놀랐다. 내가 느낀 바를 아이들을 인솔하는 사람에게 말하자, 그는 이렇게 대답했다. "맞습니다. 아이들은 평생 불구로 살아야 한다는 걸 깨달으면 처음에는 충격을 받습니다. 하지만 일단 충격을 극복하면 보통 자신의 운명을 받아들이고 평범한 또래 아이들만큼 똑같이 행복해지죠."

나는 아이들에게 경의를 표하고 싶었다. 그 아이들은 내게 결코 잊지 못할 큰 가르침을 주었다.

언젠가 나는 영화배우 메리 픽포드와 만나 함께 시간을 보낸 적이 있었다. 그녀는 당시 더글러스 페어뱅크스와 이혼을 준비하는 중이었다. 사람들은 그녀가 슬픔에 젖어 불행한 나날을 보낼 것이라고 생각했다. 하지만 그녀는 내가 만나본 그 누구보다 차분하고 당당해 보였다. 심지어 행복한 모습까지 보였다. 그 비밀은 무엇일까? 그녀는 자신이 쓴 35페이지짜리 책에 그 비밀을 털어놓았다. 도서관에 가면 그녀가 쓴 《왜 신을 찾지 않는가》라는 책을 찾아보기 바란다.

세인트루이스 카디널스의 3루수였던 프랭클린 베트거는 미국에서 가장 성공한 보험 판매원으로 변신했다. 그는 웃는 사람이 항상 환영받는다는 사실을 오래전에 깨달았다고 내게 말했다. 그래서 다른 사람의 사무실을 방문할 때면 항상 문 앞에 잠깐 멈춰 서서 감사해야 할 많은 사실들을 떠올리며 진심 어린 웃음을 크게 지은 다음, 웃음이 사라지기 전에 사무실 문을 열고 들어갔다. 이런 간단한 방법이 보험 판매에서 큰 성공을 거두는 데 많은 도움이 되었다고 그는 생각하고 있다.

수필가이자 발행인인 앨버트 허바드의 사려 깊은 조언을 잘 읽어두길 바란다. 하지만 읽기만 하고 실제 삶에서 실천하지 않는다면 당신에게 아무 도움도 되지 않는다는 것도 명심하라.

"문밖에 나설 때마다 턱을 당기고, 고개를 들고, 숨을 크게 들이마셔라. 햇살을 만끽하고, 미소로 친구들을 환대하고, 매번 진심을 담아 악수하라. 오해받는 것을 두려워하지 말고, 적에 대해 생각하느라 시간을 낭비하지 마라. 항상 자기가 하고 싶은 일에 대해 생각하라. 그리고 망설이지 말고 목표를 향해 전진하라. 당신이 하고 싶은 멋지고 빛나는 일을 마음에 새겨라. 그러면 마치 끊임없이 흐르는 조류 속에서 산호가 꼭 필요한 영양소를 얻듯이, 하루하루 흘러가는 시간 속에서 이루고자 하는 바를 실현하기 위해 자신도 모르게 꼭 필요한 기회를 움켜쥔 모습을 발견할 수 있을 것이다. 당신이 되고자 하는 능력 있고 성실하고 쓸모 있는 사람을 마음속에 그리면, 그 생각이 매 시간마다 당신을 특별한 사람으로 변화시킬 것이다. 모든 것이 마음먹기에 달렸다. 항상 용기, 정직, 그리고 밝은 기운과 같은 올바른 태도를 지녀라. 올바른 생각이 곧 새로운 창조다. 간절히 바라면 이루어지고, 진심을 담은 기도는 응답을 받는다. 우리의 마음은 단단해질 것이다. 턱을 당기고 고개를 들

라. 우리는 내면에 무한한 가능성을 지닌 사람들이다."

고대 중국인들은 세상 물정에 밝고 현명한 사람들이었다. 그래서 중국 격언 중에는 우리가 항상 새겨들어야 할 말들이 많다. 예를 들면 이런 것이다. "웃을 줄 모르는 사람은 장사하면 안 된다."

장사 이야기가 나와서 말인데, 몇 년 전에 뉴욕의 어느 백화점은 크리스마스 성수기에 매장 직원들이 압박에 시달린다는 사실을 알게 되면서 다음과 같은 따뜻한 철학을 담은 광고를 내보냈다.

크리스마스에 만나는 미소의 가치

미소에 값이 매겨진 것은 아니지만, 그보다 더 큰 가치를 줍니다. 미소는 주는 사람도, 받는 사람도 마음을 부유하게 합니다. 아주 짧은 순간이지만 그 미소에 대한 기억이 평생 가기도 합니다. 아무리 부유한 사람이라도 미소 없이는 살아갈 수 없으며, 아무리 가난한 사람이라도 웃음이 많으면 누구보다 풍요롭게 살아갈 수 있습니다. 웃음은 가정에는 행복을, 직장에서는 선의를 가져다주며, 친구끼리 통하는 사인이기도 합니다. 웃음은 지친 사람들에게는 휴식이고, 낙심한 사람들에게는 희망이자, 슬픔에 빠진 사람들에게 한줄기 빛이며, 문제를 해결하는 최고의 자연 해독제입니다. 하지만 웃음은 사고 팔 수도, 구걸할 수도, 빌리거나 훔칠 수도 없습니다. 왜냐하면 웃음은 베풀었을 때 비로소 누군가에게 의미를 갖기 때문입니다. 크리스마스 성수기 막바지, 일부 우리 매장 직원이 너무 지쳐 당신에게 웃어 보일 힘도 없을 때 한번쯤 당신의 미소를 나눠주지 않으시겠습니까? 더 이상 줄 수 있는 게 아무것도 없는 사람만큼 미소가 필요한 사람은 없을 테니까요!

그러므로 다른 사람의 호감을 사고 싶다면, 다음과 같이 해 보라.

 사람의 호감을 얻는 방법 2

웃어라.

상대의 이름을 기억하지 못하면
문제가 생긴다

1898년, 뉴욕의 로클랜드 카운티에서 비극적인 사건이 벌어졌다. 한 아이의 장례식이 있는 날이라 이웃들은 장례식에 가려고 준비 중이었다. 짐 팔리는 마구간에서 말을 데려오려고 밖으로 나갔다. 땅에는 눈이 쌓여 있었고, 공기는 차가웠다. 말은 한동안 움직이지 않은 상태였다. 말을 물통으로 끌고 가던 그때 말이 갑자기 날뛰기 시작했고, 뒷발로 짐 팔리를 걷어차 결국 그는 죽고 말았다. 그래서 스토니 포인트 마을은 졸지에 두 사람의 장례식을 치르게 되었다.

짐 팔리가 죽으면서 미망인과 세 아들에게 남은 것은 보험금 몇백 달러가 전부였다.

아버지의 이름을 물려받은 열 살짜리 큰아들 짐은 벽돌 공장에서 일했다. 그는 모래를 날라 틀에 뜨고 이리저리 돌려가며 햇빛에 말려 벽돌을 만들었다. 짐은 제대로 된 교육을 받을 기회가 전혀 없었다. 하지만 그는 친절한 성품으로 사람들에게 호감을 주는 타고난 재주 덕분에 나중에 정치에 입문했고, 시간이 갈수록 사람들의 이름을 외우는 신기한 능력을 발휘하기 시작했다.

그는 고등학교 문턱에도 가본 적이 없었다. 하지만 마흔여섯 살이 되기 전에 네 개 대학에서 명예박사 학위를 받았고, 민주당 전국 위원회 의장과 미국 우정공사 총재를 지냈다.

한번은 내가 짐 팔리를 인터뷰하며 그의 성공 비결이 무엇인지 물었더니, 그는 "열심히 일하는 거요"라고 대답했다. 나는 "농담하지 마세요"라고 대꾸했다. 그러자 그는 자신의 성공 비결이 무엇이라고 생각하는지 나에게 물었다. "당신이 1만 명 넘는 사람들을 이름을 다 외우고 있다고 알고 있어요."

내 대답에 그는 이렇게 말했다. "아닙니다. 틀렸어요. 5만 명 정도는 이름을 기억할 수 있습니다."

정말이다! 1932년 당시 미 대통령 후보였던 프랭클린 루스벨트가 백악관에 입성할 수 있었던 것은 짐 팔리의 이런 능력이 도움이 되었다.

짐 팔리는 석고 회사의 영업 사원으로 일하는 동안, 그리고 스토니 포인트에서 서기관으로 일하는 동안 사람들의 이름을 암기하는 체계를 만들었다.

처음에는 굉장히 간단했다. 새로운 사람을 만날 때마다 그는 상대방의 이름과 가족 관계, 사업, 정치 성향 등의 몇몇 특징을 알아냈다. 그는 그 사실들을 마음속에 큰 그림으로 구성했다. 그런 다음 다음번에 그 사람을 만났을 때는, 심지어 1년도 더 지났다 하더라도 자연스럽게 악수하면서 가족들의 안부를 묻고 뒷마당에 핀 접시꽃들은 어떤지에 대해 물을 수 있었다. 그의 지지자가 생기는 게 당연했다!

루스벨트의 선거 캠프가 활동을 시작하기 몇 달 전부터 짐 팔리는 서부 및 북서부에 위치한 각 주로 매일 수백 통이 넘는 편지를 썼다. 그리고 기차, 자동차, 오토바이, 배를 타면서 19일 동안 20개 주를 돌며 약 2만 킬로미터를 돌았다. 짐은 마을에 들러 사람들과 점심이나 아침, 혹은 차나 저녁 식사를 함께하고, 그들과 '진심 어린 대화'를 했다. 그러고는 또 새로운 곳을 찾아 떠났다.

동부에 돌아오자마자, 짐은 방문했던 모든 마을별로 한 사람씩을 골라 편지를 보내 자기가 그 마을에서 만났던 사람들의 명단을 부탁했다. 그렇게 수집한 최종 목록에는 수천 개의 이름이 들어 있었다. 짐은 명단에 있는 사람들에게 개인적인 안부 편지를 보내며 그들을 은근히 치켜세워 주었다. 짐의 모든 편지는 항상 '친애하는 빌' 또는 '친애하는 제인'처럼 받는 사람의 이름으로 시작해서 '짐으로부터'라는 서명으로 마무리되었다.

일찍이 짐 팔리는 평범한 사람들이 세상의 다른 모든 이름보다 자기 자신의 이름에 더 큰 관심을 갖고 있다는 것을 깨달았다. 이름을 부름으로써 미묘하지만 매우 효과적으로 상대방을 칭찬하고 있다는 것을 기억하라. 하지만 이름을 잊어버리거나 틀리면, 그로 인해 명백하게 불리한 위치에 처한다.

일전에 나는 파리에서 대중 연설 강의를 개설하며 그곳에 살고 있는 모든 미국인들에게 편지를 보냈다. 그런데 영어에 서투른 프랑스인 타자수가 이름을 치면서 꽤 많은 실수를 저질렀다. 결국 파리에 소재한 대형 미국 은행에서 일하는 한 매니저로부터 자신의 이름을 어떻게 틀릴 수 있느냐는 엄중한 항의를 받기도 했다.

앤드류 카네기의 성공 비결은 무엇이었던가? 카네기는 철강왕으로 불렸다. 하지만 그 자신은 철강 생산과정에 대해 아는 것이 별로 없었다. 대신 카네기는 자기보다 철강에 대해 훨씬 잘 알고 있는 사람들을 고용했다.

그는 사람을 어떻게 다뤄야 하는지 알았고, 덕분에 부를 쌓을 수 있었다. 어렸을 때부터 그는 단체 생활과 리더십에서 천재적인 재능을 보였다. 카네기가 열 살이 되었을 때, 그 역시 사람을 이름으로 부르는 것이 얼마나 중요한지를 깨달았다. 그래서 다른 사람의 도움을 받으려 할 때는 이를 활용했다.

이런 일이 있었다. 스코틀랜드에서 살던 소년 시절에 그는 토끼 한 마리를 잡았는데, 그게 하필 어미 토끼였다. 그런데 얼마 지나지 않아 그는 새끼 토끼가 가득한 토끼집까지 찾아냈다. 하지만 새끼들에게 먹일 게 없었다. 그때 기발한 생각이 떠올랐다. 그는 주변 친구들에게 토끼들을 먹일 클로버 잎과 민들레 풀을 충분히 뜯어오면 새끼 토끼에게 가져온 사람의 이름을 붙여주겠다고 말했다. 그의 계획은 마법처럼 먹혀들었고, 카네기는 그 일을 결코 잊지 않았다.

몇 년이 흐른 뒤, 그는 똑같은 법칙을 사업 수완으로 발휘해 수백만 달러를 벌어들였다. 그는 펜실베이니아 철도 회사에 강철 레일을 납품하고 싶었다. 당시 펜실베이니아 철도 회장은 J. 에드가 톰슨이었다. 그래서 카네기는 피츠버그에 거대한 철공소를 세우고, '에드가 톰슨 철강 회사'라고 이름을 붙였다.

수수께끼를 하나 내겠다. 한번 맞혀보라. 펜실베이니아 철도 회사에서 강철 레일이 필요할 때 에드가 톰슨은 어느 회사에서 그 레일을 살까? 바로 앞 백화점에라도 갔을까? 아니다. 틀렸다. 다시 한 번 잘 생각해보면 답은 뻔하다.

카네기와 조지 풀먼이 침대 열차 사업에서 우열을 다투고 있을 때, 철강 왕은 또 한 번 토끼의 교훈을 떠올렸다.

카네기가 운영하던 센트럴 철도 회사는 풀먼의 회사와 경쟁하고 있었다. 두 회사 모두 유니온 퍼시픽 철도의 침대 열차 사업권을 따내기 위해 경쟁적으로 가격과 마진을 낮추고 있었다. 카네기와 풀먼 모두 뉴욕에서 열린 유니온 퍼시픽 이사회에 참석했다. 세인트 니콜라스 호텔에서 풀먼을 만난 카네기가 말했다. "안녕하십니까, 풀먼 씨. 우리 서로 바보짓을 하고 있는 것 같지 않습니까?"

"무슨 뜻이오?" 풀먼이 물었다.

그러자 카네기는 그동안 마음속으로 구상해왔던 이야기를 꺼냈다. 두 기업의 관심사를 합쳐보자는 것이었다. 그는 서로 경쟁하는 것보다 함께 일했을 때 얻게 될 상호 이득에 대해 열변을 토했다. 풀먼은 주의 깊게 들었지만 완전히 확신하진 못했다. 마침내 풀먼이 물었다. "그럼 새로운 회사의 이름은 뭘로 할 겁니까?" 카네기는 망설이지 않고 대답했다. "그야 말할 것도 없이 '풀먼 호화 열차 회사'죠."

풀먼의 표정이 밝아지더니 이렇게 말했다. "제 방으로 오시죠. 얘기를 좀 더 해봅시다." 이때 두 사람이 나눈 대화는 산업계의 역사를 새로 바꾸었다.

친구나 사업 동료의 이름을 기억하고 존중하는 것은 앤드류 카네기 리더십의 비결 중 하나다. 그는 많은 공장 직원들의 이름을 기억한다는 데 자부심을 느꼈고, 그가 책임자로 일했던 기간 동안 한번도 파업으로 철공소가 멈춘 적이 없다는 사실을 자랑으로 여겼다.

한편 폴란드의 피아니스트 파데레프스키는 열다섯 차례나 미국 순회공연을 했는데, 전국 각지를 돌 때마다 침대 열차를 이용했다. 그리고 연주 후에 열차를 이용할 때면 항상 같은 요리사가 야식을 준비해주곤 했다. 파데레프스키는 풀먼 열차의 흑인 요리사를 항상 '카퍼 씨'라고 부르면서 그가 중요한 인물이라는 생각을 갖게 만들었다. 그는 그 요리사를 미국에서 흔히 부르듯이 편하게 '조지'라고 부르지 않고 항상 유럽의 격식대로 불렀다. 카퍼 역시 그렇게 불리는 것을 좋아했다.

사람들은 자기 이름을 매우 자랑스럽게 생각하기 때문에 어떻게든 이름을 후대에 남기려고 애쓴다. 심지어 당시 최고의 쇼로 이름을 날렸던 완고한 성격의 P. T. 바넘도 아들이 없어 자신의 이름을 물려주지 못하는 것을 안타까워했다. 결국 그는 외손자인 C. H. 실리에게 만약 이름을 '바넘' 실리로 바꾸면 2만 5000달러를 주겠다고 제안할 정도였다.

수세기에 걸쳐 귀족과 거상들은 화가, 음악가, 작가들을 지원하고 자신의 이름으로 그들의 작품을 헌정하도록 했다.

오늘날 도서관과 박물관의 소장 목록을 채우는 이들 또한 자신의 이름이 사라져버리는 것을 견딜 수 없어 하는 사람들이다. 뉴욕 공립 도서관은 애스터와 레녹스 소장 목록을 보유하고 있다. 메트로폴리탄 박물관은 벤저민 앨트먼과 J. P. 모건을 불후의 이름으로 남기고 있다. 그리고 거의 모든 성당들이 기부자의 이름을 새긴 스테인드글라스로 장식되어 있다. 대부분의 대학 캠퍼스 건물들도 건물 설립 기금을 지원한 기부자들의 이름을 기록한다.

대부분의 사람들이 이름을 기억하지 못하는 것은 단순히 사람들이 이름에 집중해서 반복하고, 이를 기억하기 위해 필요한 시간과 노력을 들이지 않기 때문이다. 사람들은 그저 너무 바쁘다는 핑계만 댄다.

하지만 아무리 바쁜 사람이라도 루스벨트 대통령보다 더 바쁜 사람은 없었을 것이다. 그는 시간을 들여 이름을 외우려고 애썼고, 심지어 그가 만난 정비공의 이름까지 기억했다.

한번은 이런 일이 있었다. 크라이슬러 사는 하반신 마비로 일반 차량을 이용하지 못하는 루스벨트 대통령을 위해 특별 차량을 제작했다. W. F. 체임벌린과 정비사가 특수 제작된 차량을 백악관까지 전달했다. 나는 지금 체임벌린이 그날 자신의 경험에 대해 적은 편지를 갖고 있다.

"저는 그날 루스벨트 대통령에게 특수 장치가 장착된 차를 어떻게 다루는지 가르쳐드렸지만, 대통령은 저에게 사람을 어떻게 다루는지에 대해 많은 가르침을 주셨습니다.

제가 백악관에 들렀을 때 대통령은 정말로 기뻐하며 반가워하셨습니다. 제 이름을 직접 부르시면서 저를 편안하게 대해주셨고, 특히 제가 대통령에게 설명하며 시연하는 것들에 열정적으로 관심을 보이는 모습이 정말 인상적이었습니다. 그 자동차는 모든 기능이 손으로 조작 가능하도록 특수 제작되었습니다. 사람들이 차를 구경하려고 몰려들었고 대통령이 말씀하셨죠. '정말 멋집니다. 그냥 버튼 하나만 누르면 차가 굴러가는군요. 힘들이지 않고도 운전할 수 있으니 엄청나다고 생각합니다. 이게 어떻게 가능한지 모르겠습니다. 어떻게 작동하는지 내부를 좀 자세히 보고 싶군요.'

루스벨트 대통령의 친구와 동료분들이 차량에 감탄하자, 그는 그들 앞에서 이렇게 말했습니다. '체임벌린 씨, 당신이 이 차를 제작하기 위해 애쓴 시간과 공로에 진심으로 감사드립니다. 이건 정말이지 대단한 일입니다.' 대통령은 방한기와 특수 제작된 후방 거울, 시계, 특수 조명, 덮개, 운전석의 위치, 그의 이니셜이 새겨진 여행 가방이 실려 있는 트렁크에도 감탄했습니다. 그러니까 대통령은 제가 신경 쓴 모든 것들을 세심하게 살펴보신 거죠. 그는 영부인과 노동부 장관인 프랜시스 퍼킨스, 그리고 대통령 비서에게도 다양한 장치들을 세심하게 설명하려고 애쓰셨습니다. 심지어 나이 든 백악관 짐꾼에게까지 말을 걸어서 그 대화에 끌어들였어요. '조지, 이 여행 가방은 특별히 조심스럽게 다뤄야 할 걸세'라고요.

운전 시범이 끝나자, 대통령은 저에게 '좋아요, 체임벌린 씨. 제가 연방준비제도이사회를 30분이나 기다리게 했군요. 이제는 일하러 가야 할 것 같습니다'라고 말했습니다.

저는 그날 정비공을 함께 데려갔습니다. 도착했을 때 대통령에게 그 친구도 소개했죠. 그 친구는 대통령과 직접 대화를 나누지는 않았고, 대통령도 그의 이름을 딱 한 번 들었을 뿐입니다. 그 친구는 워낙 쑥스러움이 많은 편이라 주로 뒤쪽에 머물러 있었죠. 하지만 대통령은 자리를 뜨기 전에 그 정비공 친구에게 다가가 이름을 부르며 악수하고, 워싱턴까지 와줘서 고맙다고 인사했어요. 형식적인 감사인사가 아니었죠. 진심 어린 말이었어요. 저는 그걸 느낄 수 있었습니다.

뉴욕으로 돌아온 지 며칠 지나지 않아 저는 루스벨트 대통령의 사인이 담긴 사진을 받았습니다. 거기에는 저의 도움에 다시 한 번 감사하다는 표현이 적혀 있었습니다. 대통령이 도대체 언제 그 메모까지 적을 시간이 있었는지 도저히 모르겠습니다."

프랭클린 루스벨트 대통령은 호감을 얻는 가장 간단하고 가장 강력하면서도 중요한 방법은 상대방의 이름을 불러 그가 중요한 사람이라고 느끼도록 하는 것이라는 사실을 알고 있었다. 하지만 이를 실천하는 사람이 얼마나 되겠는가?

새로운 사람을 소개받을 때면 우리는 잠깐 동안 대화를 나누지만, 헤어질 때쯤이면 벌써 상대방의 이름을 기억하지 못하는 경우가 태반이다.

정치인들이 가장 처음 배우는 것이 바로 이것이다. "유권자의 이름을 기억하는 것이 바로 정치력이다. 그것을 잊어버리는 순간 정치적으로 잊히게 된다."

이름을 기억하는 능력은 정치에서만큼이나 비즈니스와 사회생활에서도 중요하다.

프랑스 황제이자 나폴레옹 대제의 조카였던 나폴레옹 3세는 왕으로서 수행할 임무가 바쁜데도 불구하고, 자신이 만난 모든 사람의 이름을 기억한다는 것을 자랑스럽게 여겼다.

그의 비결은 무엇이었을까? 아주 간단하다. 만약 이름을 정확하게 듣지 못하면 그는 "정말 죄송합니다만, 이름을 정확히 듣지 못했습니다"라고 말했다. 그리고 흔하지 않은 이름을 들었을 때는 "이름 철자가 어떻게 됩니까?" 하고 물었다. 대화하는 동안 나폴레옹 3세는 상대방의 이름을 노력해서 여러 번 반복하고, 이름과 그 사람의 특징, 표현, 그리고 인상을 연결하기 위해 애썼다. 만약 상대방이 중요한 사람이라면 나폴레옹은 좀 더 공을 들였다. 혼자 있을 때 그는 종이에 이름을 적고, 이름을 바라보면서 집중했고, 이를 머릿속에 새긴 후에는 종이를 찢어버렸다. 이런 방법으로 그는 이름의 청각적인 느낌뿐 아니라 시각적인 인상까지도 얻을 수 있었다.

이 모든 과정에는 시간이 필요하다. 하지만 에머슨은 이렇게 말한다. "좋은 습관은 작은 희생으로 만들어진다."

　그러므로 다른 사람의 호감을 사고 싶다면, 다음과 같이 해보라.

 사람의 호감을 얻는 방법 3

　한 사람의 이름은 그에게 어떤 언어보다도
　가장 달콤하고 중요한 단어임을 명심하라.

대화를 잘하는 사람이 되는 방법

언젠가 나는 브리지 파티에 초대를 받은 적이 있다. 평소 나는 카드놀이를 하지 않는데, 그곳에는 나처럼 카드놀이를 하지 않는 여성이 한 명 더 있었다. 그 여성은 로웰 토머스가 라디오 방송으로 자리를 옮기기 전, 내가 한때 그의 매니저였다는 사실을 알고 있었다. 당시 나는 그가 맡고 있던 여행 프로그램의 준비를 돕느라 유럽을 많이 여행했다. 그녀는 나에게 이렇게 말했다. "카네기 씨, 당신이 가보셨던 멋진 곳들의 풍광에 대해 얘기 좀 해주세요."

함께 소파에 자리를 잡고 앉자, 그녀는 남편과 함께 아프리카 여행을 떠났다가 최근에 돌아왔다는 얘기를 꺼냈다. "아프리카라고요?" 내가 놀라 말했다. "와우! 저는 늘 아프리카에 가보고 싶었지만, 딱 한 번 알제리에서 24시간 머문 게 전부거든요. 정말로 그 맹수들의 나라에 가본 거예요? 그래요? 운이 좋으시군요. 부러워요. 아프리카 얘기 좀 해주세요."

그녀는 45분 동안이나 아프리카 이야기를 계속했다. 내가 유럽의 어디를 가보았고, 무엇을 보았는지에 대해서는 다시 묻지 않았다. 그녀는 내 여행 이야기를 듣고 싶었던 게 아니다. 그녀가 원한 것은 자신의 이야기를 흥미롭게 들어주는 사람이었고, 자랑스럽게 자신이 가본 곳에 대해 얘기할 수 있으면 그만이었다. 그녀가 특이한 건가? 그렇지 않다. 많은 사람들이 그렇다.

뉴욕의 어느 출판업자가 마련한 저녁 만찬에서 나는 저명한 식물학자를 만난 적이 있다. 전에 식물학자와 얘기해본 적이 없는 나는 그에게 매료되었다. 그가 이국적인 식물들, 그리고 새로운 형태의 식물과 실내 정원을 개발하는 실험에 대해 이야기하는 동안 나는 말 그대로 완전히 빠져들었다. 그는 사소하게 생각했던 감자 하나에도 얼마나 놀라운 사실들이 숨어 있는지 알려주었다. 나는 작은 실내 정원을 가꾸고 있었는데, 그는 그 정원과 관련된 문제를 해결할 방법을 알려줄 정도로 친절했다.

이미 말했다시피 우리는 저녁 만찬에서 만났다. 분명 더 많은 손님들이 있었지만, 나는 사교의 원칙에 어긋나게 다른 사람들은 무시한 채 식물학자와만 몇 시간을 이야기했다.

자정이 되자 나는 모두에게 작별 인사를 하고 자리에서 일어섰다. 그러자 식물학자는 파티 주최자에게 몸을 돌려 나에 대한 과찬을 늘어놓았다. 그의 말에 따르면, 나는 '대단히 활기를 주는' 사람이었다. 그는 이런저런 이야기를 하더니 마지막엔 내가 '가장 흥미로운 이야기꾼'이라고까지 말했다. 가장 흥미로운 이야기꾼이라고? 나는 거의 아무 말도 안 했는데 어째서 그럴까? 펭귄의 몸 구조만큼이나 식물에 대해서는 아는 바가 없던 나는 주제를 바꾸지 않는 한, 무슨 말을 하고 싶어도 할 수 있는 얘기가 없었다. 단지 열심히 듣기만 했다. 진정으로 흥미로웠기 때문에 듣기만 했을 뿐이었다. 그리고 그 식물학자도 그걸 느꼈다. 그런 나의 태도가 그를 기쁘게 했던 것이다.

이런 식의 경청은 우리가 누군가에게 해줄 수 있는 최고의 찬사 중 하나다. 잭 우드포드는 《사랑의 이방인》에서 "완전히 집중하는 태도에 숨겨진 은근한 아부를 마다할 사람은 없다"라고 썼다. 나는 그의 말을 집중해 듣는 수준에서 더 나아갔다. 나는 '진심으로 그의 말에 수긍하고, 칭찬을 아끼지 않았다.'

나는 그에게 대단히 즐겁고 유익했다고 말했고, 실제로도 그랬다. 그가 가진 지식이 나에게도 있었으면 좋겠다고 말했는데, 그 또한 진심이었다. 그와 함께 들에 나가보고 싶다고 말했고, 정말 그랬다. 꼭 다시 만나자고 말했고, 진짜 다시 만났다.

그렇게 나는 단지 잘 들어주고, 그가 이야기하도록 북돋웠을 뿐인데, 그는 나를 훌륭한 이야기꾼이라고 생각했다.

성공적인 비즈니스 대화의 비밀이나 비결은 무엇일까? 찰스 W. 엘리엇 전 하버드대 총장은 이렇게 말했다. "성공적인 비즈니스 대화의 비결 같은 건 없다. 당신에게 말하고 있는 그 사람에게만 오로지 집중하는 것이 가장 중요하다. 상대방을 기분 좋게 하는 데 그만 한 방법은 없다."

너무 당연한 이야기이지 않은가? 하버드대에서 4년간 공부하지 않아도 이 정도는 충분히 알 수 있다. 그런데도 가게의 주인들은 비싼 공간을 빌리고, 상품을 한 푼이라도 싸게 공급받으려 하고, 진열창을 매력적으로 꾸미고, 광고에 수천 달러를 쏟아 부으면서도 정작 고객의 말을 중간에 자르고, 반박하고, 불쾌하게 만들어 손님을 내쫓아 버리는 직원, 즉 잘 듣는 사람이 되기 위한 기본 자질조차 없는 직원을 고용한다.

내가 진행하는 강연에서 자신의 경험을 털어놓은 J. C. 우튼의 예를 들어보자. 그는 뉴저지 주 뉴어크의 번화가 백화점에서 양복을 샀다. 집에 와서 보니 양복이 기대 이하였다. 양복에서 물이 빠져서 와이셔츠 깃에 얼룩이 생기기도 했다.

양복을 들고 다시 백화점으로 가서 물건을 판 직원에게 사정을 얘기했다. 내가 '얘기했다'라고 했던가? 아니다. 정확히 말하자면 얘기하려고 시도했다. 하지만 그러지 못했다. 직원이 그의 말을 막고 이렇게 대꾸했다.

"이 양복을 수천 벌 팔았지만 그런 불만은 받아본 적이 없습니다." 그의 말투는 말의 내용보다 더 좋지 못했다. 그 직원의 도전적인 말투에는 이런 뜻이 담겨 있었다. '거짓말하지 마세요. 나를 호락호락하게 보는 것 같은데 생각대로 되지 않을 겁니다.'

그와 실랑이를 벌이고 있는데 다른 직원이 끼어들었다. "진한 색 양복은 모두 처음에는 물이 조금 빠집니다. 그건 어쩔 수가 없습니다. 그 가격대에서는요. 염색 문제입니다."

"그쯤 되니까 저도 부글부글 끓더군요." 우튼이 말했다.

"첫 번째 직원은 제 정직성을 의심하더니, 두 번째 직원은 제가 싸구려를 샀다고 말하는 게 아니겠습니까? 화가 치밀어 올랐습니다. 양복을 집어던지며 한바탕 욕을 해주려는 찰나, 마침 백화점 지배인이 근처를 지나갔습니다. 역시 지배인은 지배인이더군요. 그 지배인 덕분에 제 태도는 완전히 바뀌었습니다. 그는 화가 잔뜩 난 소비자를 만족스런 고객으로 바꾸어놓았습니다. 어떻게 했냐고요? 세 가지입니다.

첫째, 내가 하는 얘기를 처음부터 끝까지 잠자코 들어주었습니다. 둘째, 내가 말을 마친 뒤 직원이 자신의 생각을 늘어놓자 내 입장에서 그들과 얘기했습니다. 와이셔츠에 얼룩이 진 것은 그 양복 때문이라고 했을 뿐 아니라, 그 백화점에서는 충분히 만족스런 물건만 팔아야 한다고 주장했습니다. 셋째, 그는 양복에 그런 결함이 있는 줄 몰랐다는 것을 인정하고는 간단명료하게 이렇게 말했습니다. '양복은 어떻게 하시겠습니까? 원하시는 대로 해드리겠습니다.'

조금 전만 하더라도 엉터리 양복은 필요 없으니 가져가라고 소리칠 생각이었으나, 그때는 이렇게만 대답하고 말았습니다. '조언만 해주세요. 이런 현상이 일시적인 건지 알고 싶고요, 어떻게 하면 좋아지는지 알려주세요.'

그는 내게 일주일만 더 지켜보는 게 어떻겠느냐고 하면서 이렇게 약속했습니다. '그때도 좋아지지 않으면 가져오세요. 다른 것으로 바꿔드리겠습니다. 불편을 끼쳐드려 죄송합니다.'

나는 만족하며 백화점을 나왔습니다. 일주일이 지나자 양복이 괜찮아지더군요. 그리고 그 백화점에 대한 내 신뢰는 완전히 회복되었습니다."

그 지배인이 그 백화점의 사장이 되었다 해도 그리 놀랄 일은 아니다. 반면 그 직원들은 아마도 평생 직원으로 머물 것이다. 아니, 고객을 대하지 않아도 되는 포장 부서로 전출돼 영원히 그 부서에서 일하게 되었을지도 모른다.

트집 잡기 좋아하는 사람이 격분해 독사처럼 위협하고 독을 내뿜더라도 묵묵히 말을 들어주는 사람은 인내심을 가지고 침묵을 지킨다. 그런 사람 앞에서는 습관적으로 남을 비난하고 사소한 것조차 걸고넘어지는 아주 극단적인 사람도 종종 부드러워지고 누그러지게 마련이다.

예를 하나 들어보자. 뉴욕 전화 회사는 몇 해 전 아주 악랄한 고객을 상대할 일이 있었다. 고객 서비스 담당자에게 욕설을 퍼붓고, 고래고래 소리를 지르고, 전화기를 박살내버리겠다고 위협하기까지 했다. 그 고객은 고지된 전화 요금이 잘못됐다며 납부를 거부했다. 신문에 투고를 하고, 공공서비스위원회에 숱하게 민원도 넣었으며, 전화 회사를 상대로 여러 건의 소송도 제기했다.

결국 회사는 사내에서 가장 능력 있는 '분쟁 해결사'를 보내이 말썽쟁이 고객을 만나보도록 했다. 이 '분쟁 해결사'는 성미 고약한 고객을 만나 그가 신나서 자신의 얘기를 늘어놓도록 하고 듣기만 했다. 이따금 "맞습니다"라고 맞장구를 치며 그의 억울한 심정에 공감을 표했다.

"그 고객은 거의 세 시간 동안 언성 높여 이야기했고, 저는 들었지요." 그 '분쟁 해결사'는 내가 주최한 어느 강연에서 자신의 경험을 들려주었다.

"그 후 다시 찾아가 그의 얘기를 더 들어줬어요. 그렇게 네 번을 만났고, 네 번째 만나고 헤어지기 전 저는 그가 조직한 한 단체의 창립 회원이 되었습니다. 그는 그 단체 이름을 '전화 가입자 보호협회'라고 지었어요. 저는 여전히 그 단체 회원이고, 지금까지 그 단체 회원은 그분과 저 단둘인 걸로 알고 있습니다. 그와 만나 이야기를 나누는 동안 저는 그가 하는 모든 얘기를 듣고 공감해주었습니다. 그전까지 전화 상담원과 그런 식으로 얘기를 나눠본 적이 없었던 그는 우호적으로까지 변했어요. 저는 처음 그를 만나러 갔을 때도, 두 번째, 세 번째 방문 때도 용건을 말하지 않았습니다. 하지만 네 번째 만나러 갔을 때, 그가 밀린 요금을 말끔히 납부하면서 문제가 완전히 해결됐죠. 뿐만 아니라 그는 유례없이 자발적으로 공공서비스위원회에 제기했던 민원을 취하했습니다."

문제의 그 고객은 자신을 가혹한 착취로부터 공공의 권리를 지키는 신성한 운동가로 생각했을 게 틀림없다. 하지만 그가 진짜로 원했던 것은 중요한 사람으로 대접받는 기분이었다. 처음에는 트집을 잡고 불평함으로써 그런 기분을 느꼈다. 그러나 전화 회사 직원을 만나 중요한 사람인 것처럼 대접받자, 상상으로 만들어낸 불만들이 허공으로 사라져버린 것이다.

몇 년 전의 일이다. 어느 날 아침, 한 성난 고객이 줄리안 F.

데트머의 사무실에 들이닥쳤다. 데트머는 세계 최대의 양모 공급 기업이 된 데트머 양모 회사의 창립자다.

"우리 회사에 갚아야 할 돈이 좀 있는 사람이었어요." 데트머가 내게 설명했다.

"그 사람은 그 사실을 인정하지 않았지만, 우리는 그가 틀렸다는 걸 알고 있었어요. 그래서 우리 회사의 신용 부서는 계속해서 그에게 대금을 지불하라고 요구했습니다. 그런 식으로 담당 부서로부터 편지를 여러 통 받고 난 후, 그는 가방을 싸서 시카고까지 온 겁니다. 제 방에 쳐들어와서는 그 돈을 지불하지 않을 뿐만 아니라 앞으로 우리 회사의 물건을 단 한 푼어치도 구매하지 않겠다고 통보했어요.

저는 그가 하려는 말을 참고 들었어요. 끼어들고 싶은 충동을 느꼈지만 좋은 방법이 아니라는 걸 알기에 그가 하고 싶은 말을 다 하게 내버려 뒀어요. 그가 감정을 가라앉히고 뭔가 받아들일 것 같은 기색을 보이자, 제가 조용히 말했죠. '그 말씀을 하려고 시카고까지 와주셔서 감사합니다. 중요한 사실을 알려주셨으니 제가 큰 도움을 받았습니다. 저희 신용 담당 부서에서 고객님을 성가시게 했다면 다른 우수 고객들도 불편을 겪었을 테고, 그러면 아주 좋지 않은 일이죠. 저를 믿으십시오. 고객님이 하신 말씀보다 더 많은 말씀을 달게 듣겠습니다.'

제가 한 말은 그가 기대했던 게 전혀 아니었어요. 이런저런 불만을 얘기하려고 시카고까지 왔는데, 제가 다투기는커녕 도리어 고맙다고 하니 약간 실망한 것 같았어요. 저는 그에게 미

납금을 장부에서 지워버릴 테니 잊어버리라고 했습니다. 당신은 아주 사려 깊은 사람이고 챙겨야 할 계좌도 하나밖에 없지만, 우리 직원들이 관리해야 할 계좌는 수천 개나 되니 우리가 틀렸을 가능성이 높지 않겠냐고 하면서요.

저는 그의 심정을 충분히 이해하고, 내가 그였더라도 똑같은 감정을 느꼈을 거라고 말했습니다. 우리와 더는 거래를 하지 않겠다고 했으니 다른 양모 회사를 소개해주기까지 했죠.

전에는 그가 시카고에 오면 늘 함께 점심을 먹곤 했던 터라 그날도 제가 점심을 같이 먹자고 제안했어요. 그는 마지못해 그러겠다고 했지만, 점심을 먹고 사무실로 돌아와서는 전보다 훨씬 많은 주문을 했습니다.

그는 한결 기분이 풀어져서 돌아갔습니다. 그리고 적어도 우리 회사가 공정한 만큼 자신도 공정해지겠다는 생각으로 계산서들을 다시 살펴보더니 빠뜨린 계산서를 하나 발견했습니다. 그는 사과와 함께 대금을 보내주었습니다.

나중에 그의 아내가 사내아이를 낳자, 그는 아들의 중간 이름을 데트머라고 지었습니다. 이후 세상을 뜰 때까지 그는 22년 동안 좋은 친구이자 좋은 고객으로 지냈습니다."

오래전의 일이다. 네덜란드에서 이민 온 한 가난한 소년이 가족의 생계를 돕기 위해 방과 후에 빵집 유리창을 닦고 있었다. 집이 너무 가난했던 터라 그는 매일 바구니를 들고 거리로 나가 석탄을 실은 마차에서 떨어진 석탄 부스러기들을 주워 모았다. 이름이 에드워드 보크인 이 소년은 평생 학교라고는 6년

밖에 다니지 않았지만, 훗날 미국 언론사상 가장 성공적인 잡지 편집장 중 한 명이 되었다. 어떻게 그럴 수 있었을까? 말하자면 길다. 하지만 그가 어떻게 시작했는지는 간단하게 얘기할 수 있다. 그는 이 책에서 지금 언급한 원칙들을 이용해 첫걸음을 내딛었다.

그는 열세 살에 학교를 그만두고 웨스턴 유니온 전신 회사의 사환이 되었다. 하지만 배움에 대한 꿈은 한시도 포기하지 않았다. 그래서 스스로 공부하기 시작했다. 차비를 아끼고 점심을 굶어 어느 정도 돈이 모이면 미국 위인들의 전기를 구입했다.

그는 유명인들이 살아온 이야기를 읽은 후, 그들에게 직접 편지를 써서 그들의 어린 시절에 대해 좀 더 알려달라고 요청했다. 그는 남의 말을 잘 들어주는 사람이었다. 유명인들이 자신에 대해 더 이야기할 수 있도록 만들었던 것이다. 당시 대통령에 출마한 제너럴 제임스 A. 가필드에게는 어릴 적 운하에서 배를 끄는 소년이었다는 게 사실인지 물었고, 답장을 받았다. 또한 그랜트 장군에게는 어느 전투에 대해 물었고, 장군은 직접 지도를 그려 보내주었다. 그러면서 열네 살 소년을 저녁 식사에 초대해 함께 이야기를 나누기도 했다.

머지않아 이 웨스턴 유니온 사환은 랠프 왈도 에머슨, 올리버 웬델 홈즈, 롱펠로우, 에이브러햄 링컨 부인, 루이자 메이 올컷, 셔먼 장군, 제퍼슨 데이비스 등과 같이 미국에서 유명한 상당수의 사람들과 교류하게 되었다. 그는 이처럼 특별한 인물들과 교류했을 뿐만 아니라 휴가를 받으면 곧장 그들의 집을 방문해 환대를 받았다. 이런 경험이 그에게는 엄청난 자신감을 심어주었다. 이 유명인들은 소년에게 미래의 삶을 만들어가는 비전과 꿈을 심어주었던 것이다. 그리고 이 모든 것은, 거듭 반복하지만, 우리가 여기서 다루고 있는 원칙들을 적용한 덕분에 가능했던 일이다. 수백 명의 유명 인사들을 인터뷰한 언론인 아이작 F. 마커슨은 상대방의 말을 주의 깊게 듣지 않아 호감을 남기지 못하는 사람들이 많다고 단언한다.

"사람들은 다음에 무슨 말을 해야 할지 신경 쓰느라 제대로 듣지 못합니다. 유명 인사들은 말 잘하는 사람보다 경청하는 사람을 선호한다고 입을 모읍니다. 하지만 듣는 능력은 다른 어떤 훌륭한 재능보다 흔치 않은 것 같습니다."

중요 인사들만이 잘 들어주는 사람을 원하는 게 아니다. 일반인들도 마찬가지다. 언젠가 〈리더스 다이제스트〉에는 이런 글이 실렸다. "많은 사람들이 자기의 말을 들어줄 사람이 필요할 때 의사를 찾는다."

남북전쟁으로 힘든 시기를 보내는 동안 링컨 대통령은 일리노이 주 스프링필드에 사는 오랜 친구에게 편지를 써서 워싱턴으로 와달라고 청했다. 그는 함께 논의하고 싶은 문제가 있다고 말했다. 옛 친구가 백악관에 도착하자, 링컨 대통령은 친구에게 몇 시간에 걸쳐 노예해방 선언의 타당성에 대해 이야기했다. 그는 노예해방에 관한 찬반 논리들을 설명하고, 노예를 해방시키지 않는다고 그를 비난하거나 노예를 해방시킬까 두렵다고 그를 비난하는 편지와 신문 기사들도 읽어주었다. 몇 시간에 걸쳐 이야기를 끝낸 링컨은 악수를 나누고 작별 인사를 한 뒤, 친구의 의견은 묻지도 않고 그를 일리노이로 돌려보냈다. 모든 얘기를 링컨 혼자 했고, 그렇게 하고 나니 생각이 분명하게 정리되는 듯했다. "그는 이야기를 하고 난 뒤 한결 편안해진 것 같았다"라고 그의 옛 친구는 말했다. 링컨은 조언이 필요했던 게 아니라 속마음을 털어놓을 수 있는 편안한 사람을 원했던 것이다. 곤경에 처할 때 우리가 원하는 게 바로 이것이다. 짜증이 난 고객, 불만 가득한 직원, 또는 상처받은 친구가 원하는 것도 이것이다.

사람들이 당신을 피하고 뒤에서 비웃고 심지어 경멸하게 만들고 싶다면, 여기 방법이 있다. 오랫동안 누구의 말도 듣지 마라. 쉼 없이 자기 얘기만 하라. 다른 사람이 얘기하는 동안 뭔가 떠오르면 말이 끝날 때까지 기다리지 말고 중간에 끼어들어라. 혹시 주위에 그런 사람이 있는가? 안타깝게도 내 주위에는 있다. 더 놀라운 사실은 그들 중 몇몇은 유명 인사라는 점이다. 그들은 자아에 도취되고, 자신만이 중요하다는 생각에 빠져 지겨울 정도로 말이 많은 사람들이다.

자기 얘기만 하는 사람은 자신밖에 생각할 줄 모른다. 오랫동안 컬럼비아 대학 총장을 지낸 니콜라스 머레이 버틀러 박사는 이렇게 말했다. "자신만 생각하는 사람은 아무리 많은 가르침을 받았다 하더라도 절망스러울 정도로 교육이 안 된 상태라 할 수 있다."

그러므로 대화를 잘하는 사람이 되고 싶다면 먼저 집중해 들는 사람이 되어라. 찰스 노덤 리 여사는 이렇게 말했다. "관심을 끌려면 먼저 관심을 가져야 한다." 흥미로운 사람이 되려면 먼저 상대방에게 흥미를 보여라. 다른 사람이 대답하고 싶어 할 만한 질문을 하라. 그들이 자기 자신과 자신이 이룬 성취에 대해 이야기하도록 격려하라.

당신이 이야기하고 있는 상대는 당신이나 당신 문제보다는 자기 자신과 자신이 원하는 것, 그리고 자기 문제에 훨씬 더 관심이 많다는 사실을 기억하라. 어떤 사람에게는 자신의 치통이 100만 명의 목숨을 앗아간 중국의 기아보다 훨씬 더 다급한 문제다. 어떤 사람에게는 자신의 목에 난 종기 하나가 아프리카에서 발생한 40여 차례의 지진보다 더 신경 쓰인다. 앞으로 대화를 시작할 때는 이 점을 꼭 기억하라.

그러므로 다른 사람들의 호감을 사고 싶다면, 다음 방법과 같이 해보라!

 사람의 호감을 얻는 방법 4

잘 들어라. 상대방이 자기 얘기를 할 수 있도록 격려하라.

사람들의 관심을 끄는 방법

시어도어 루스벨트와 이야기를 나눠본 사람이면 누구나 그의 폭넓고 다양한 지식에 놀란다. 가말리엘 브래포드가 쓴 글에 따르면 "카우보이, 사나운 말을 잘 타는 사람, 뉴욕의 정치인, 외교관 등 상대방이 누구든 간에 루스벨트는 무슨 말을 해야 할지 알고 있었다"라고 한다. 어떻게 그게 가능했을까? 답은 간단하다. 누가 찾아오기로 한 전날 밤이면 루스벨트는 상대방이 특별히 관심 있어 할 거라고 생각되는 주제에 관해 밤새 책을 읽었다.

왜냐하면 모든 지도자들처럼 루스벨트 역시 상대방의 마음을 얻는 가장 쉬운 방법은, 그들이 가장 중요하게 생각하는 것에 대해 이야기하는 것임을 알고 있었기 때문이다.

작가이자 예일대 문학 교수인 다정다감한 성격의 윌리엄 라이언 펠프스는 어린 나이에 이 교훈을 깨달았다. 《인간의 본성》이라는 책에서 그는 이렇게 썼다.

"여덟 살 때 후서토닉 강 인근의 스트랫퍼드에 있는 리비 린슬리 아주머니 댁에서 주말을 보낸 적이 있다. 어느 날 저녁 무렵에 중년의 사내가 찾아와 아주머니와 점잖게 이야기를 나눈 뒤 나에게 관심을 보였다. 그때 나는 배라면 사족을 못 썼는데, 그 사내는 내게 아주 재미있게 배 이야기를 해주었다. 그가 떠난 후 나는 신이 나서 그에 대해 말했다. 정말 멋진 아저씨라고 칭찬을 아끼지 않았다. 아주머니는 그가 뉴욕에서 변호사로 활동하고 있으며, 배와는 아무런 관련이 없고, 배에는 조금도 관심이 없는 사람이라고 일러주었다.

'그럼 왜 내내 배 이야기만 했을까요?'

'그는 신사라서 그렇단다. 그는 네가 배를 좋아하는 모습을 보고 네가 재미있어하고 즐거워할 만한 얘기를 한 거지. 네게 맞춰준 거야.'"

펠프스는 "아주머니의 말을 잊어본 적이 없다"라고 덧붙였다.

이 장을 쓰고 있는 지금 내 앞에는 열심히 보이스카우트 활동을 하는 에드워드 L. 칼리프가 보낸 편지가 놓여 있다. 편지의 내용은 이렇다.

"어느 날 도움을 받아야 할 일이 생겼어요. 유럽에서 열리는 큰 보이스카우트 대회가 다가오고 있었고, 저는 미국 최대 기업 중 한 곳의 회장이 우리 학생들 중 한 명의 여행 경비를 후원해주면 좋겠다고 생각했습니다.

운 좋게도 그 회장을 만나러 가기 직전, 그가 100만 달러짜리 수표를 발행한 적이 있는데 효력이 취소되고 나서 수표를 액자에 넣어두었다는 이야기를 들었습니다. 그의 사무실에 들어가자마자 제가 첫 번째로 한 일은 그 수표를 보여달라고 부탁한 것이었습니다. 100만 달러짜리 수표라니! 저는 그에게 그렇게 큰 수표를 발행하는 분이 있는 줄 몰랐다며, 학생들에게 내가 정말로 100만 달러 수표를 봤다고 얘기해주고 싶다고 말했습니다. 그는 기쁜 마음으로 수표를 보여주었죠. 저는 감탄하며 어떻게 100만 달러 수표를 발행하게 됐는지 얘기해달라고 청했습니다."

당신은 칼리프가 보이스카우트나 유럽에서 열리는 보이스카우트 대회, 혹은 그가 원하는 것으로 이야기를 시작하지 않았다는 사실을 알 수 있다. 그렇지 않은가? 그는 다른 사람의 관심사에 초점을 두고 이야기를 했다. 그 결과는 이렇다.

"이내 그 회장님이 물었습니다. '아, 그런데 저를 만나러 오신 이유가 뭐죠?' 그래서 제가 용건을 말했죠. 아주 놀랍게도 그는 제 부탁보다 훨씬 많은 걸 도와주었어요. 저는 단 한 명의 경비를 부탁했는데, 그는 다섯 명의 학생과 제 경비까지 지원해주고, 1000달러짜리 신용장을 주면서 우리에게 유럽에 7주간 머무르라고 했습니다. 또한 유럽 지사장들에게 우리를 챙겨주라고 당부하는 편지를 쓰고, 자신이 직접 파리에 와서 도시 관광을 시켜주기까지 했지요. 그 뒤로 그는 가정 형편이 어려운 학생들에게 일자리를 제공하고, 지금도 우리 단체에서 활동하고 있습니다.

제가 만약 그가 무엇에 관심 있는지 모르고, 초반에 분위기를 돋우지 못했더라면 그에게 다가가는 게 열 배는 더 어려웠을 거라고 생각해요."

이런 방법이 사업상으로도 효과적인 기술일까? 과연 그럴까? 뉴욕의 제빵 회사 뒤버노이 앤 선즈의 헨리 G. 뒤버노이의 사례를 보자.

뒤버노이는 뉴욕의 한 호텔에 빵을 납품하려고 노력하고 있었다. 4년에 걸쳐 매주 지배인을 찾아갔으며, 지배인이 참석하는 사교 모임에도 나갔다. 납품을 성사시키기 위해 호텔방을 빌려 지내기까지 했다. 하지만 실패했다. 뒤버노이는 이렇게 말했다.

"인간관계에 대해 공부한 뒤 전략을 바꾸기로 마음먹었습니다. 지배인이 관심을 갖고 열의를 보이는 일이 무엇인지 찾기로 했죠.

그가 '호텔 그리터스 오브 아메리카'라고 불리는 호텔 경영자 모임에 속해 있다는 사실을 알았어요. 단순히 소속된 정도가 아니라 열정적으로 참여하다가 그 모임의 회장 겸 세계 그리터스 협회 회장까지 맡았더군요. 모임이 어디서 열리든 그는 항상 참석했어요.

그래서 다음 날 그를 만났을 때 저는 그 모임에 대해 이야기를 꺼냈어요. 그가 어떤 반응을 보였는지 아세요? 제게 30분에 걸쳐 모임 이야기를 하는데, 열의에 찬 목소리가 떨리기까지 했어요. 그가 모임을 취미로 하는 게 아니라 인생의 열정을 쏟아 붓고 있다는 걸 분명히 알 수 있었죠. 그의 사무실을 떠나기 전, 그의 권유로 저는 그 모임의 유료 회원이 되었답니다.

그러는 동안 저는 빵에 대해서는 아무 얘기도 안 했어요. 그런데도 며칠 후 호텔 직원이 전화해서 빵 견본과 가격표를 갖고 와달라고 하더군요. 제가 찾아갔을 때 그 직원은 '당신이 그분에게 어떻게 했는지 모르겠지만 당신에게 완전히 푹 빠졌더군요'라고 말했습니다.

생각해보세요. 4년 동안이나 사업을 따내려고 작업했다고요. 만약 제가 끝내 그의 관심사와 그가 이야기하고 싶어 하는 걸 찾기 위해 노력하지 않았더라면 아직도 그의 주위를 맴돌고만 있겠죠."

그러므로 다른 사람의 호감을 사고 싶다면, 다음과 같이 해보라.

 사람의 호감을 얻는 방법 5

상대방의 관심사에 관해 이야기하라.

단숨에 상대방의 호감을 얻는 방법

나는 뉴욕 8번가와 33번가가 만나는 곳에 있는 우체국에서 편지를 부치려고 줄을 서서 기다리고 있었다. 그런데 앞에서 일하고 있는 우체국 직원은 우편물 무게를 달고, 우표를 팔고, 잔돈을 거슬러주고, 영수증을 끊어주는 등 수년째 반복하고 있는 단조로운 업무에 싫증이 난 듯 보였다. 그래서 생각했다. '저 직원이 나를 좋아하도록 만들어보자. 저 사람이 나를 좋아하게 하려면 내가 아니라 저 사람이 듣기 좋은 말을 해야 해. 그렇다면 저 사람에게 내가 진심으로 칭찬할 만한 게 뭐가 있을까?'

이런 질문은 때때로, 특히 상대가 낯선 사람일 때 답하기 어려운데, 이 직원의 경우에는 쉬웠다. 누구나 부러워할 만한 그만의 특징이 금세 눈에 띄었기 때문이다.

그 직원이 내 우편물의 무게를 잴 때 나는 진심으로 말했다. "제 머리카락이 당신 머리카락처럼 풍성하면 얼마나 좋을까요."

그는 고개를 들고 나를 쳐다보더니 약간 놀란 표정을 지었지만, 이내 미소를 지었다. "예전만은 못해요." 그가 겸손하게 말했다. 그의 머리카락이 비록 예전만은 못할지라도 여전히 훌륭하다고 나는 힘주어 말했다. 그는 굉장히 흡족해했다. 우리는 즐겁게 가벼운 대화를 계속 나누었는데, 그가 내게 마지막으로 한 말은 "많은 사람들이 제 머리카락을 부러워하지요"였다.

확신하건대 그 직원은 하늘에 둥실 떠 있는 기분으로 점심을 먹으러 나갔을 것이다. 그날 밤 집에 돌아가서는 아내에게 이 일에 대해 말했을 것이다. 그리고 거울에 비친 자신의 모습을 보며 약간은 우쭐해했을 것이다. "내 머리카락이 진짜 멋지긴 하지."

내가 언젠가 사람들 앞에서 이 얘기를 하자, 어떤 한 사람이 물었다. "그 사람에게서 뭘 얻고자 한 거죠?"

내가 그에게서 무엇을 얻어내려고 했냐고? 내가 그에게서 무엇을 얻어내려고 했다니!

우리가 비열할 정도로 이기적이어서 다른 사람으로부터 뭔가 얻는 게 없이는 행복한 기운을 나눠줄 수도, 진솔하게 상대방을 인정해줄 수도 없다면, 좁쌀만큼 작은 마음으로는 실패하게 되는 건 지극히 당연한 일이다. 그렇다. 나는 그 사내로부터 무엇인가를 얻어내려고 했다. 값으로 매길 수 없는 어떤 것이었다. 그리고 그것을 얻었다. 나는 그가 내게 어떤 보답을 할 수 없음에도 그를 위해 뭔가 했다는 느낌을 받았다. 그 느낌은 그 사건이 일어나고 한참이 지난 지금까지도 기억에서 떠다니며 노래하는 듯하다.

사람들의 행동에는 가장 중요한 법칙이 하나 있다. 그 법칙을 잘 지키면 곤경에 빠지지 않는다. 정말로 그 법칙을 잘 지키기만 하면 우리는 수많은 친구와 영원한 행복을 얻을 수 있다. 그러나 그 법칙을 깨는 순간 끝없는 곤경에 빠지고 만다.

그 법칙은 언제나 다른 사람을 중요한 사람으로 느끼도록 하는 것이다. 이미 언급한 바 있지만, 존 듀이는 "중요한 사람이 되고 싶은 바람은 인간이 타고난 가장 큰 욕구"라고 말했다. 그리고 윌리엄 제임스는 "인간 본성의 가장 깊은 곳에는 자신의 가치를 인정받고자 하는 갈망이 있다"라고 말했다. 앞서 지적한 바와 같이 사람은 이 욕구 때문에 동물과 구별된다. 인류 문명을 가능하게 한 것도 바로 이 욕구다.

철학자들은 수천 년 동안 인간관계의 법칙에 대해 추측해왔으며, 그 많은 추측으로부터 단 하나의 교훈을 얻을 수 있었다. 그 교훈은 전혀 새롭지 않다. 역사만큼이나 오래되었다. 이미 3000년 전에 페르시아의 조로아스터교는 추종자들에게 이 교훈을 가르쳤다. 공자는 2500년 전에 중국에서 이에 대해 설교했다. 도교를 창시한 노자는 한나라 계곡에서 제자들에게 이를 가르쳤다. 부처는 예수보다 500년 앞서 갠지스 강둑에서 이에 대해 설교했다. 힌두교 경전은 부처보다 1000년 앞서 이것을 가르쳤다. 예수는 1900년 전에 고대의 유대 돌산 사이에서 이 가르침을 전했다. 예수는 이것을 아마도 전 세계에서 가장 중요한 규칙이라 할 수 있는 하나의 생각으로 정리했다. "남에게 대접을 받고자 하는 대로 너희도 남을 대접하라."

당신은 당신의 진정한 가치를 인정받고 싶어 한다. 당신을 둘러싼 작은 세상에서 중요한 사람이라고 느끼고 싶어 한다. 가벼운 거짓 칭찬 대신 진솔한 인정을 받고 싶어 한다. 찰스 슈왑이 표현했듯이 친구와 동료들이 "진심이라고 인정해주고 아낌없이 칭찬해주기를" 원한다. 우리 모두는 그러길 원한다. 그러니 이제 이 황금률을 지켜 다른 사람이 우리에게 해주길 바라는 대로 다른 사람을 대하자. 언제? 어디서? 그에 대한 대답은 '언제나' 그리고 '어디서나'다.

예를 들어보자. 나는 라디오 시티 빌딩을 방문해서 안내 직원에게 헨리 서베인의 사무실이 어디냐고 물어본 적이 있다. 유니폼을 단정하게 입고 있던 그 직원은 자신의 안내 방식에 자부심을 느끼고 있었다. 그가 간단명료하게 대답했다. "헨리 서베인. (잠시 멈추었다가) 18층. (잠시 멈추었다가) 1816호입니다."

나는 서둘러 엘리베이터로 가다 말고 다시 돌아와서 그에게 말했다. "당신의 답변 방식이 너무 훌륭해서 칭찬해드리고 싶군요. 아주 분명하고 명확했습니다. 안내 방식으로서는 최고의 경지라 생각합니다. 흔치 않은 일이죠."

그는 내 말에 아주 기뻐했다. 그러고는 자신이 왜 답변 중에 한 번씩 쉬면서 간격을 주어 말하는지 설명해주었다. 나의 몇 마디 칭찬이 그의 어깨를 으쓱하게 만들었던 것이다. 18층으로 서둘러 올라가면서 나는 그날 오후에 인류의 행복 총량을 약간이나마 늘린 듯한 느낌이 들었다.

프랑스 대사가 되거나 무슨 그럴듯한 위원회 의장이 되어야만 이 존중의 철학을 발휘할 수 있는 건 아니다. 당신은 매일 이런 마술을 부리며 살 수 있다.

예를 들어 감자튀김을 주문했는데, 식당 여종업원이 으깬 감자를 가지고 왔다면 "수고스러우시겠지만 감자튀김으로 좀 바꿔주실래요"라고 말해보자. 식당 여종업원은 아마 "전혀 수고스럽지 않습니다"라고 하면서 기꺼이 음식을 바꿔줄 것이다. 왜냐하면 우리가 그녀를 존중해주었기 때문이다.

"곤란하게 해드려 죄송합니다" "죄송하지만 ∼ 좀 해주시겠어요?" "부탁인데요" "죄송합니다만" "감사합니다" 같은 간단한 표현과 작은 공손함은 단조로운 일상에 윤활유 역할을 해줄 뿐만 아니라 바른 교육을 받았다는 걸 보여준다.

다른 예를 들어보자. 홀 케인은 《크리스천》, 《재판관》, 《맨 섬의 사람들》 등을 쓴 베스트셀러 작가다. 수백만 명의 독자들이 그의 작품을 읽었다. 그는 대장장이의 아들이었다. 평생 8년밖에 학교교육을 못 받았지만, 죽을 때는 동시대의 다른 누구보다 부유한 문학가였다.

그의 이야기는 이렇다. 홀 케인은 소네트와 발라드류를 좋아해서 단테 가브리엘 로제티의 시를 모조리 다 읽었다. 심지어 로제티에게 그의 예술적 성과를 칭송하는 글을 써서 보내기도 했다. 물론 로제티는 기뻐했다. 아마도 '내 능력을 이렇게 수준 높게 평가하는 젊은이라면 매우 똑똑할 거야'라고 생각했을 것이다. 그래서 이 대장장이 아들을 런던으로 초대해 자신의 비서 자리를 제안했다. 이 일이 홀 케인의 인생에 전환점이 되었다. 로제티의 비서로 일하면서 그는 당대의 유명 문인들을 두루 만났다. 그들의 조언을 들으며 성장하고, 그들의 격려에 영감을 얻은 홀 케인은 역사의 한 페이지를 장식할 작가의 길로 들어섰다.

맨 섬에 있는 그의 집 그리바 캐슬은 전 세계의 관광객들이 찾아오는 명소가 되었고, 그는 수백만 달러에 달하는 부동산 자산을 남겼다. 하지만 그가 만약 유명 인사를 향한 자신의 존경을 표현하는 글을 쓰지 않았더라면, 그저 가난하고 전혀 알려지지 않은 사람으로 생을 마감했을지 누가 알겠는가? 상대방의 진가를 진심으로 인정해줄 때 이토록 대단한 힘이 발휘된다.

로제티는 자신을 중요한 사람으로 생각했다. 전혀 이상한 일이 아니다. 거의 모든 사람이 자기 자신을 중요하게, 그것도 아주 중요하게 생각한다. 그건 국가들의 경우도 마찬가지다.

당신은 자신이 일본인보다 우월하다고 생각하는가? 하지만 일본인들은 자신들이 서양인보다 우월하다고 생각한다. 예를 들어 보수적인 일본 사람들은 일본 숙녀가 백인 남성과 춤추는 것을 보면 크게 화를 낸다.

당신이 인도에 사는 힌두교도보다 우월하다고 생각하는가? 그렇게 생각하는 것은 자유지만, 수백만 명의 힌두교도들은 자신들이 당신보다 월등히 우월하다고 생각하기 때문에 당신이 먹는 음식조차 이교도의 그림자가 드리워져 있다고 생각해 가까이하지 않을 것이다.

당신은 자신이 에스키모보다 우월하다고 생각하는가? 다시 말하지만 그렇게 생각하는 건 당신의 자유다. 그러나 에스키모가 당신을 어떻게 생각하는지 알고 싶지 않은가? 에스키모는 그들 가운데 일도 하지 않고 되는 대로 사는 게으름뱅이를 '백인'이라고 부른다. 이 말은 에스키모들 사이에서는 가장 경멸적인 욕이다. 모든 국가는 자기 나라가 다른 나라보다 우월하다고 생각한다. 여기에서 애국심과 전쟁이 일어난다.

당신이 만나는 거의 모든 사람들은 분명 어떤 점에서 자신이 당신보다 더 뛰어나다고 생각하고 있다. 따라서 그들의 마음을 사로잡는 가장 확실한 방법은 당신이 그들의 중요성을 인식하고 있음을 은연중에 느끼게 하고, 또 그렇다고 인정하는 것이다.

에머슨이 한 다음의 말을 기억하라. "내가 만나는 사람은 누구나 나보다 뛰어난 면이 있다. 따라서 나는 그 누구에게서든 배울 수 있다."

안타까운 점은 자부심을 느낄 만한 장점이 거의 없는 이들이 오히려 불쾌할 정도로 우쭐대며 종종 소란을 피운다는 사실이다. 셰익스피어는 이렇게 표현했다. "인간이여, 오만한 인간이여, 짧은 인생 얻어 살면서 잘난 척 거들먹거리는 꼴이라니, 하늘의 천사도 눈물을 참을 길 없구나."

내 수업을 수강하는 비즈니스맨들이 어떻게 이 원칙을 적용해 놀라운 결과를 얻었는지 세 가지 사례를 들려주려 한다. 코네티컷 주의 한 변호사의 사례다. 당사자가 친척들을 배려해 실명을 쓰지 않길 원했으므로 'R'이라고 칭하기로 하겠다.

강좌를 수강한 지 얼마 되지 않아 R은 아내와 함께 아내의 친척들을 만나기 위해 롱아일랜드로 가게 되었다. 아내는 나이 많은 숙모와 얘기를 나누라며 R을 남겨두고 다른 친척들을 만나러 갔다. 그는 얼마 후 존중의 원리를 적용하는 방법에 대해 발표를 해야 했던 터라, 친척 노부인과 이야기를 나누면서 귀중한 경험을 얻을 수 있으리라 생각했다. 그래서 그는 진심으로 존경할 만한 게 뭐가 있을까 집 안을 둘러보았다.

"이 집은 1890년 즈음에 지어진 것 같은데요. 그렇지 않나요?" 그가 물었다.

"그렇다네." 그녀가 답했다. "정확히 1890년에 이 집을 지었지."

"이 집을 보니 제가 태어났던 집이 떠오르네요. 정말 아름답습니다. 잘 지어졌고 또 공간도 널찍하고요. 아시겠지만 요새는 이렇게 집을 짓지 않잖아요."

"그렇지. 요즘 젊은 사람들은 아름다운 집에 대해 신경도 안 쓰거든. 작은 아파트면 그만이라 생각하고, 자동차를 타고 쏘다니기 바쁘지. 이 집은 꿈에 그리던 집이라네."

그녀가 떨리는 목소리로 다정하게 말했다. "이 집은 사랑으로 지어졌다네. 남편과 나는 수년을 고대한 끝에 이 집을 지을 수 있었어. 건축가도 없이 우리가 모든 걸 계획했지."

그녀는 집을 구경시켜주었고, 그는 페이즐리 숄, 오래된 영국 찻잔 세트, 웨지우드 도자기, 프랑스 산 침대와 의자, 이탈리아 그림, 그리고 한때 프랑스 대저택에 걸려 있던 비단 등 그녀가 여행하며 직접 고르고 평생 간직해온 아름다운 보물들에 대해 진심으로 경의를 표했다. 집을 다 구경시켜주고 나자, 그녀는 그를 차고로 데리고 갔다. 차고에는 완전 새것이나 다름없는 패커드 자동차 한 대가 블록 위에 올려져 있었다.

"남편은 죽기 얼마 전에 내게 이 차를 사줬다네." 그녀가 부드럽게 말했다. "남편이 죽고 나서 한 번도 이 차를 타본 적이 없어. 자네는 훌륭한 것들을 알아보는 사람이니, 나는 이 차를 자네에게 주었으면 해."

"아닙니다, 숙모님." 그가 말했다. "당황스럽네요. 정말 감사합니다만, 제가 이 차를 받을 수는 없습니다. 따지고 보면 전 이집안사람도 아닌걸요. 전 새 차가 있고, 저 패커드 자동차를 갖고 싶어 하는 친척들이 많잖아요."

그녀가 소리쳤다. "친척들이라고! 그래, 저 차를 갖고 싶어 내가 죽기를 기다리는 친척들은 있지. 하지만 그들이 저 차를 갖지는 못할 거라네."

"친척들에게 주고 싶지 않다면 손쉽게 자동차 중고상에게 팔 수도 있을 텐데요."

"저 차를 판다고?" 그녀가 울부짖었다. "내가 저 차를 팔 것 같은가? 얼굴도 모르는 낯선 사람이 저 차, 남편이 내게 사준 저 차를 타고 이곳저곳 다니는 걸 견딜 수 있을 것 같나? 저 차를 파는 건 꿈에도 생각해본 적이 없다네. 저 차를 자네에게 주고 싶네. 자네는 아름다운 것들을 제대로 알아보니까."

그는 차를 받지 않으려고 했지만, 그녀의 감정을 상하게 할 수는 없었다.

페이즐리 숄, 프랑스 고가구, 그리고 그녀의 추억들과 함께 큰 집에 홀로 남겨진 이 노부인은 작은 관심과 인정을 애타게 그리워하고 있었다. 그녀는 한때 젊고 아름다웠고, 사랑으로 따뜻한 집을 지었으며, 그 집을 아름답게 꾸미려고 전 유럽에서 물건들을 사 모으기도 했다. 이제 노년의 고독한 외로움 속에서 그녀는 약간의 인간적인 따뜻함, 진솔한 공감을 원했지만 아무에게서도 얻을 수 없었다. 그러다 마침내 그에게서 그런 온정과 공감을 느끼자, 사막에서 오아시스를 만난 듯 자신이 아끼는 패커드 자동차를 선물로 주는 것 말고는 고마운 마음을 제대로 표현할 수 없었던 것이다.

또 다른 사례는 뉴욕 주 라이에서 루이스 앤드 발렌타인의 책임자이자 묘목업자 겸 조경업자인 도널드 M. 맥마흔의 이야기다.

"'친구를 사귀고 사람들의 마음을 움직이는 법'에 관한 강의를 들은 지 얼마 되지 않아 저는 유명 법률가의 부동산 부지를 조경하고 있었습니다. 주인이 한 무리의 철쭉과 진달래를 어디에 심으면 좋을지 알려주러 나왔습니다. 제가 말했죠.

'판사님, 훌륭한 취미가 있으시네요. 아름다운 개들을 키우시다니 존경스럽습니다. 메디슨 스퀘어 가든에서 열리는 애견쇼에서 매년 최고의 영예를 받으실 만하네요.'

이 자그마한 감탄과 인정이 가져온 효과는 놀라웠습니다. 판사가 제게 말했어요.

'그렇습니다. 개를 키우는 건 정말 재미있습니다. 제 개들을 한번 보시겠어요?'

그는 약 한 시간에 걸쳐 내게 개와 대회에 나가 받은 상들을 보여주었습니다. 심지어 개들의 족보를 가지고 나와서는 개의 뛰어난 외모와 지능이 혈통 때문임을 설명했습니다. 그러더니 저를 돌아보며 물었습니다.

'어린아이가 있습니까?'

'네, 아들이 하나 있지요.'

'아들이 강아지를 좋아하나요?'

'그렇습니다. 좋아 죽으려고 하죠.'

'잘됐군요. 아드님에게 한 마리를 드리지요.'

그는 강아지에게 먹이 주는 방법에 대해 설명해주기 시작했습니다. 그러다 잠시 멈추더니 '말로만 하면 잊어버리기 쉬우니 적어드리죠' 하고는 집 안으로 들어가 혈통표와 먹이 주는 방법을 직접 적어주었습니다. 그리고 내가 단지 그의 취미와 업적에 진심으로 존경을 표했다는 이유로 수백 달러 상당의 강아지 한 마리를 주고, 그의 귀중한 시간을 1시간 15분이나 할애해주었습니다."

코닥 사의 조지 이스트먼은 영화를 탄생시킨 투명 필름을 발명해 1억 달러의 재산을 모으고, 전 세계에서 가장 유명한 사업가 중 한 사람이 되었다. 그러나 이러한 위대한 업적에도 불구하고 그는 당신과 나처럼 작은 공감을 원했다. 예를 들어 이스트먼이 로체스터에 이스트먼 음악학교와 킬번 홀을 짓고 있을 무렵, 뉴욕의 슈퍼리어 의자 회사의 사장인 제임스 애덤슨은 이 건물들에 들어갈 극장식 의자를 공급하고 싶어 했다. 애덤슨은 건축가에게 전화를 걸어 로체스터에서 이스트먼과 만날 약속을 잡았다.

애덤슨이 도착했을 때 건축가가 말했다. "이 계약을 성사시키고 싶어 한다는 걸 잘 알고 있습니다만, 5분 이상 그의 시간을 뺏으면 가망성이 거의 없다고 봐야 합니다. 그는 엄격한 원칙주의자고, 아주 바쁜 사람이거든요. 그러니 하고 싶은 이야기를 빨리 끝내고 나오세요."

애덤슨은 그렇게 하겠다고 마음먹었다. 사무실 안으로 안내를 받고 들어섰을 때, 이스트먼은 책상에서 한 더미의 서류들을 검토하고 있었다. 그가 들어가자 고개를 든 이스트먼은 안경을 벗고 건축가와 애덤슨을 향해 걸어오며 말했다.

"안녕하세요, 여러분. 어떤 일로 오셨습니까?"

건축가가 두 사람을 서로 소개시키고 나자 애덤슨이 말했다.

"이스트먼 씨, 기다리는 동안 사무실을 둘러보면서 감탄하고 있었습니다. 이런 사무실에서 일하면 얼마나 좋을까 하고 생각하면서요. 저는 인테리어 및 목제품 관련 사업 분야에서 일하고 있지만, 제 평생에 이렇게 아름다운 사무실은 난생 처음입니다."

이스트먼이 대답했다.

"내가 거의 잊고 지내던 사실을 떠올리게 해주시는군요. 사무실이 참 아름답죠? 처음 지었을 때 이 사무실을 무척이나 좋아했습니다. 그러나 이제는 이 사무실에 올 때마다 쏟아지는 많은 일들 때문에 마음이 바빠 이런저런 모습이 눈에 들어오지 않는답니다."

애덤슨은 한쪽으로 걸어가 손으로 패널을 문지르며 말했다.

"이건 영국산 떡갈나무네요. 그렇지 않나요? 이탈리아 산 떡 갈나무하고는 감촉과 질감이 조금 다르죠."

"그렇습니다. 수입한 영국산 떡갈나무입니다. 목재품을 전문 적으로 다루는 제 친구가 저를 위해 골라주었습니다."

그리고 이스트먼은 사무실을 구경시켜주며 자신이 설계하 고 일부는 직접 만들기도 한 사무실의 전체적인 균형감, 색깔 의 조화, 손으로 직접 새긴 조각, 그 밖의 다른 효과들에 대해 설명해주었다.

사무실을 돌아다니며 목공품들을 감상하다가 그들은 창문 앞에 멈춰 섰다. 이스트먼은 로체스터 대학교, 종합병원, 동종요 법 치료 시설, 노숙인 쉼터, 어린이 병원 등 자기가 다른 사람들 을 돕기 위해 만들고 있는 시설들을 겸손한 마음으로 조용히 손 으로 가리켰다. 애덤슨은 어려운 사람들의 짐을 덜어주기 위해 자신의 부를 사용하는 이스트먼의 이상적인 태도에 진심으로 경의를 표했다. 곧 이어 이스트먼은 유리 상자를 열어 어느 영 국인으로부터 구입한 자신의 첫 카메라를 꺼내 보여주었다.

애덤슨은 처음 사업을 시작했을 때의 어려움에 대해 물어보 았다. 그러자 이스트먼은 보험 회사에서 서기로 일할 때 과부 가 된 어머니가 어떻게 하숙집을 꾸려나갔는지, 그리고 그 당시 가난에 대해 자신이 느꼈던 감정을 진솔하게 이야기해주었다. 가난의 공포가 그를 밤낮으로 괴롭혔고, 그는 어머니가 일하지 않아도 될 만큼 돈을 많이 벌기로 결심했다고 했다. 애덤슨은 더 많은 질문을 했고, 이스트먼이 사진 건판으로 실험할 때의 이야기를 해줄 때는 그 이야기에 푹 빠져 경청했다. 이스트먼은 하루 종일 한 실험실에서 일하고, 화학 물질이 반응하는 사이 쪽잠을 자면서 밤새워 실험하기도 했으며, 때로는 사흘 동안 내리 같은 옷을 입고 지낸 적도 있다고 했다.

애덤슨이 5분 이상 얘기하지 말라는 충고를 들으며 이스트먼의 사무실에 들어갔던 때가 10시 15분이었다. 하지만 한 시간이 지나고 두 시간이 지나도 그들의 얘기는 끝날 줄을 몰랐다. 마침내 이스트먼은 애덤슨을 돌아보며 말했다. "지난번 일본에 갔을 때 의자를 하나 샀어요. 집으로 가지고 와서 햇볕을 쬘 수 있는 현관에 두었는데, 햇볕에 의자 페인트칠이 벗겨졌더군요. 그래서 시내에 가서 페인트를 사서 직접 의자에 페인트칠을 했습니다. 제가 어떻게 의자에 페인트칠을 했는지 한번 보실래요? 좋습니다. 저희 집으로 가서 함께 식사를 한 뒤 보여드리죠."

점심을 먹고 나서 이스트먼은 애덤슨에게 일본에서 산 의자를 보여주었다. 몇 달러 정도밖에 되지 않는 것이었지만, 백만장자인 이스트먼은 자신이 직접 페인트칠을 했기 때문에 그 의자들을 자랑스러워했다.

극장식 의자의 납품 물량은 9만 달러어치에 달했다. 제임스 애덤슨과 그의 경쟁자들 중 누가 계약을 했을 거라고 생각하는 가? 이 이야기가 시작됐을 때부터 이스트먼이 죽을 때까지 그 와 제임스 애덤슨은 절친한 친구로 지냈다.

칭찬이라는 마법의 돌을 어디서부터 사용하는 게 좋을까? 가정에서부터 시작하면 어떨까? 나는 가정만큼 칭찬이 필요하 면서도 부족한 곳이 없다고 생각한다. 당신의 아내에게도 분명 장점이 있을 것이다. 적어도 결혼할 당시에는 있다고 생각하지 않았는가? 그런데 아내의 매력을 마지막으로 칭찬했던 게 언 제였는가? 얼마나 오래전인가?

몇 년 전 나는 뉴브런즈윅에 있는 미라미치 강 상류에서 낚 시를 한 적이 있다. 당시 나는 캐나다의 깊은 숲 속에서 혼자 고립되어 있었다. 읽을 거라곤 그 지역의 신문뿐이었다. 광고 까지 포함해 그 신문을 처음부터 끝까지 다 읽었는데, 신문에 는 도로시 딕스의 글도 실려 있었다. 그녀의 글이 너무 감명 깊 어서 나는 그 글을 오려내 아직도 보관하고 있다. 사람들이 보 통 신부에게만 이런저런 충고를 하는 것에 그녀는 이골이 났 다며, 이제는 신랑들을 모아놓고 다음과 같은 충고를 해주어야 한다고 주장했다.

"블라니 스톤(Blarney Stone, 이곳에 키스하면 아부를 잘하게 된다는 전설 이 있다. —옮긴이)에 입을 맞추기 전에는 결혼하지 마라. 결혼 전에 여성을 칭찬하는 것은 선택이다. 하지만 결혼 후에는 필수이 며, 자신의 안녕을 위해서도 필요하다. 결혼 생활은 솔직함이 머무는 곳이 아니라 사교술이 필요한 전쟁터다.

매일매일 편안하게 지내고 싶다면, 아내의 살림살이에 불만을 표시하거나 엄마와 비교해서 말하지 마라. 그와는 반대로 아내가 얼마나 살림을 잘하는지 항상 칭찬하고, 비너스의 아름다움과 미네르바의 지혜와 메리 앤의 명랑함을 한몸에 갖춘, 둘도 없는 여자라고 자랑하고 다녀라. 고기가 좀 질기고 빵이 좀 타더라도 불평하지 마라. 다만 평소의 완벽한 기준에 좀 못 미친다고만 말하라. 그러면 아내는 당신의 기대에 부응하기 위해 부엌에서 혼신의 힘을 다할 것이다."

그렇다고 너무 갑자기 시작하지 마라. 아내가 의심할 것이다.

하지만 오늘 밤, 아니면 내일 밤에 아내에게 꽃다발이나 사탕 바구니를 선물하라. '그래야지' 하고 생각만 하지 말고 꼭 실천하기 바란다. 거기에 미소와 멋진 사랑의 말도 함께 전하라. 많은 부부들이 이렇게 한다면, 지금처럼 여섯 쌍 중 한 쌍이 이혼하는 불행은 막을 수 있지 않을까?

여자가 당신을 사랑하게 만들고 싶은가? 비결을 말해주겠다. 효과는 뛰어나다. 이는 내 생각이 아니라 도로시 딕스의 아이디어다. 언젠가 그녀는 무려 스물세 명의 여자를 유혹해 재산을 가로챈 유명한 카사노바와 인터뷰한 적이 있었다(참고로 그 인터뷰는 감옥에서 진행되었다). 여자들의 마음을 빼앗은 비결을 묻자, 그는 딱히 기술이랄 것도 없다고 답했다. 단지 여자에게 그녀 자신에 관해 말해주는 게 전부였다고 한다.

이는 남자에게도 마찬가지로 통하는 기술이다. "남자에게 그 자신에 관해 말해주어라." 대영제국을 다스렸던 가장 영리한 사람이었던 디즈레일리는 이렇게 말했다. "사람들에게 그들 자신에 관해 이야기해보라. 그러면 몇 시간이고 듣고 있을 것이다."

그러므로 다른 사람의 호감을 사고 싶다면, 다음의 방법을 써보라.

 사람의 호감을 얻는 방법 6

상대방이 스스로 중요한 사람이라고 느끼도록 진심으로 노력하라.

사람의 호감을 얻는
6가지 방법

1. 다른 사람들에게 진정으로 관심을 가져라.

2. 웃어라.

3. 한 사람의 이름은 그에게 어떤 언어보다도 가장 달콤하고
   중요한 단어임을 명심하라.

4. 잘 들어라. 상대방이 자기 얘기를 할 수 있도록 격려하라.

5. 상대방의 관심사에 관해 이야기하라.

6. 상대방이 스스로 중요한 사람이라고 느끼도록 진심으로
   노력하라.

3

상대방을 설득하는
12가지 방법

How to

win friends

&

influence

people

논쟁으로는 결코 이길 수 없다

제1차 세계대전 직후 어느 날 밤, 나는 런던에서 매우 귀중한 교훈을 얻었다. 당시 나는 로스 스미스 경의 매니저였다. 호주 출신의 로스 경은 전쟁 중에 팔레스타인에서 이름을 떨쳤던 유명한 조종사였고, 전쟁이 끝나자마자 지구의 절반을 30일 만에 비행해 사람들을 놀라게 했다. 당시만 해도 그런 시도가 없었기에 커다란 반향을 일으켰다. 호주 정부는 그에게 5만 달러를 상으로 주었고, 영국 왕실은 작위를 수여했다. 그는 한동안 대영제국에서 가장 많이 회자되는 인물이었다.

어느 날 밤, 나는 로스 경을 위해 열린 만찬에 참석했다. 저녁 식사를 하는 동안 내 옆에 앉은 남자가 "일을 도모하는 것은 인간이지만, 일을 결정하는 것은 신이다"라는 인용구를 곁들여 재미난 이야기를 들려주었다.

그 이야기를 한 사람은 자신이 인용한 말이 성경에 나온다고 했다. 나는 그가 틀렸다는 것을 분명히 알고 있었고, 그 사실에는 의심의 여지가 없었다. 그래서 인정받고 싶고 좀 우쭐거리고 싶기도 해서 그 사실을 지적하고야 말았다. 하지만 그는 주장을 굽히지 않았다. "셰익스피어라고요? 그럴 리가 없어요! 말도 안 되는 소립니다! 그 말은 성경에 나온 말이에요!" 그는 정말 그렇게 알고 있었던 것이다.

그 사람은 내 오른편에 앉아 있었고, 왼편에는 내 오랜 친구인 프랭크 가몬드가 앉아 있었다. 가몬드는 수년간 셰익스피어를 연구해왔기에 그 이야기를 했던 사람과 나는 가몬드에게 질문을 하기로 했다. 가몬드는 이야기를 듣더니 식탁 밑으로 내 다리를 툭 치며 말했다. "데일, 네가 틀렸어. 저 신사분이 맞았다네. 그건 성경에서 나온 말이야."

그날 밤 집으로 돌아오는 길에 나는 가몬드에게 말했다. "프랭크, 자네는 그 인용구가 셰익스피어 작품에 나온다는 거 알고 있었지 않나?"

"물론이네." 그가 대답했다. "《햄릿》 5장 2막에 나오는 말이지. 하지만 친구, 우리는 로스 경을 축하하는 자리에 초대된 손님일세. 그 남자가 틀렸다는 걸 사람들에게 알려서 뭐하겠나? 그는 자네의 의견을 묻지 않았고 원하지도 않았어. 왜 그와 논쟁하려고 하나? 논쟁은 항상 피하는 게 좋다네."

그 말은 나를 깨우쳐준 잊을 수 없는 교훈이 되었다. 나는 그 사람을 불편하게 했을 뿐만 아니라 내 친구를 곤란한 상황에 처하게 했던 것이다. 내가 따지고 들지 않았다면 훨씬 좋았을 뻔했다.

나는 습관적으로 논쟁을 하려 드는 사람이었기 때문에 그건 내게 정말 필요한 교훈이었다. 어린 시절에 나는 세상 모든 것에 대해 형과 논쟁을 벌였다. 대학에 가서는 논리학과 토론에 관해 공부했고, 토론 대회에도 많이 나갔다. 나는 미주리 주 출신이다. 흔히 미주리 주 사람들은 증거를 보여주어야만 믿는다고 얘기하는데, 내가 바로 그랬다. 후에 나는 뉴욕에서 논쟁과 토론하는 법에 대해 가르쳤다. 부끄러운 얘기지만, 한때 나는 그 주제로 책을 쓰려고도 했다.

그 후로 나는 수천 가지 논쟁을 보았고, 들었으며, 직접 참여하기도 했다. 그 모든 것을 종합해본 결과, 논쟁에서 이길 수 있는 방법은 이 세상에서 단 한 가지밖에 없다는 결론에 이르렀다. 바로 논쟁을 피하는 것이다. 마치 방울뱀이나 지진을 피하듯이 논쟁은 피해야 한다.

열 번 중 아홉 번은 논쟁에 참여한 사람 모두가 그 이전보다 더 단호하게 자신의 의견이 절대적으로 옳다고 생각하는 것으로 끝난다.

당신은 논쟁에서 이길 수 없다. 왜냐하면 당신이 지면 그냥 진 것이고, 이긴다 해도 진 것이다. 왜 그럴까? 당신이 상대방 주장의 모든 허점을 지적하고, 상대방이 제정신이 아니라는 것을 증명해냈다고 하자. 그래서 어떻단 말인가? 당신은 편안한 기분이겠지만 상대방은 어떻겠는가? 당신은 상대방이 열등감을 느끼게 했고, 상대의 자존심에 상처를 입혔다. 상대방은 당신의 승리에 분개할 것이다.

그리고 자신의 의견에 확신을 갖고 있던 사람은 패배하더라도 여전히 같은 의견을 고수한다.

펜 상호생명보험사는 보험 판매 사원들에게 "논쟁하지 마라"라는 명확한 기준을 제시해 지키게 하고 있다. 판매 활동의 중심은 논쟁이 아니다. 논쟁과는 거리가 멀어도 한참 멀다. 사람의 마음은 논쟁으로는 바뀌지 않기 때문이다.

예를 들어 몇 년 전에 내 수업을 들은 사람 가운데 패트릭 J. 오헤어라는 사람이 있었다. 그는 정규교육을 얼마 받지 못했지만 논쟁하는 것을 매우 좋아했다! 그는 한때 운전기사로 일하다가 트럭을 판매하는 일로 직업을 바꾸었다. 하지만 그다지 잘나가지 못하던 차에 내 강좌를 들으러 왔다. 몇 가지 질문을 통해 그가 거래하는 사람들과 끊임없이 싸우고 적대감을 불러일으켰음을 알 수 있었다.

만일 어떤 고객이 그가 판매하는 트럭을 조금이라도 흠잡으면 오헤어는 몹시 화를 내면서 고객의 멱살을 잡기도 했다. 오헤어는 논쟁에서 수도 없이 이겼다. 나중에 그는 이렇게 말했다. "저는 고객의 사무실에서 나오면서 자주 이런 생각을 했습니다. '상대도 안 되면서 까불고 있어.' 물론 아무것도 팔지는 못했죠."

내가 처음 해결해야 할 문제는 오헤어에게 말하는 방식을 가르치는 게 아니었다. 내가 당장 해야 할 일은 그가 말을 삼가고 논쟁을 피하도록 훈련시키는 것이었다.

그랬던 그가 후에는 뉴욕의 화이트 모터 컴퍼니의 스타 세일즈맨 중 한 명이 되었다. 그가 어떻게 스타 세일즈맨이 되었을까? 여기 오헤어의 말 속에 답이 있다.

"지금은 고객의 사무실로 들어갔을 때 고객이 '어디에서 오셨다고요? 화이트 트럭이요? 그 회사 자동차 괜찮은 거 하나도 없어요. 거저 준다 해도 안 받을 겁니다. 차라리 후즈잇 트럭을 사겠어요'라고 말하면 저는 이렇게 대답합니다. '후즈잇 트럭 훌륭하죠. 만일 후즈잇을 사신다면 결코 후회하지 않을 것입니다. 후즈잇은 좋은 회사에서 만들고, 좋은 사람들이 판매하고 있습니다.'

그럼 고객은 놀라서 말을 잇지 못하죠. 더 이상 논쟁의 여지가 없으니까요. 만일 그가 후즈잇이 최고의 상품이라고 말한다면 저는 물론 그렇다고 맞장구칠 것이고, 그 사람은 말을 멈출 수밖에 없죠. '최고의 상품'이라는 데 제가 동의한 순간 그는 더 이상 할 말이 없게 되는 거죠. 그리고 나면 후즈잇에 관한 주제에서 벗어나게 되고, 화이트 트럭의 장점을 말하기 시작합니다.

예전에는 누가 그런 식으로 말하면 얼굴이 붉어져서는 불같이 화를 내며 후즈잇을 비판하기 시작했고, 제가 논쟁할수록 제 가망 고객은 경쟁사의 편이 됩니다. 논쟁이 계속될수록 경쟁사의 상품을 구매하도록 더 부추기는 꼴이 되었죠.

지금 돌이켜보면 제가 그런 식으로 행동해서 도대체 뭘 팔수 있었을까 하는 생각이 들어요. 저는 제 인생에서 수년 동안을 논쟁으로 낭비했어요. 이제는 입을 닫고 살기로 했죠. 그게 오히려 득이 됩니다."

지혜로운 벤저민 프랭클린은 늘 이렇게 말했다.

"논쟁하고, 괴롭히고, 반박하다 보면 승리할 때도 있다. 하지만 상대방의 진심을 결코 얻을 수 없기 때문에 공허한 승리일 뿐이다."

이제 스스로 결정하라. 어느 쪽을 택할 것인가? 이론적이고 겉으로 드러난 승리를 이룰 것인가, 아니면 상대방의 진심 어린 동의를 얻을 것인가? 둘 다 얻을 수는 없다.

언젠가 〈보스턴 트랜스크립트〉지에 다음과 같은 상당히 의미심장한 문구가 실린 적이 있었다.

> 죽을 때까지 자기가 옳다고 주장한
> 윌리엄 제이가 여기에 묻히다.
> 한평생 그는 옳았다. 절대로 옳았다.
> 하지만 이제 그는 잘못을 인정하듯 침묵으로 일관한다.

논쟁할 때 당신은 옳은 쪽, 완벽히 옳은 쪽일 수 있다. 하지만 논쟁으로는 상대방의 마음을 변화시키지 못하므로 당신이 옳건 그르건 아무 소용이 없다.

우드로 윌슨 대통령 재임 시절 재무 장관을 지낸 윌리엄 G. 맥아두는 정치 생활을 하면서 '무식한 사람과는 논쟁을 해서 이길 수 없다'라는 사실을 깨달았다고 말한 적이 있다. 그는 '무식한 사람'이라고 조심스럽게 표현했지만, 사실 내 경험으로는

IQ와 상관없이 세상 어떤 사람도 논쟁으로는 이길 수 없다.

예를 들어보자. 세무사인 프레드릭 S. 파슨스는 세무 조사관과 한 시간 동안이나 논쟁을 하고 있었다. 9000달러의 돈이 걸린 문제였다. 그는 이 건이 실제로는 악성 부채여서 결코 회수할 수 없기 때문에 세금이 부과되어서는 안 된다고 주장했다. 그러자 세무 조사관은 이렇게 대꾸했다. "악성 부채라니요. 그럴 리가요! 세금이 부과되어야 합니다." 파슨스는 강좌에 나와 그 이야기를 들려주었다.

"그 세무 조사관은 굉장히 냉정하고, 오만하며, 완고했어요. 내가 이유를 설명하고 사실을 있는 그대로 말했지만 다 쓸데없었죠. 우리가 논쟁할수록 그는 더 완고해지더군요. 그래서 저는 논쟁을 피하고, 주제를 바꿔서 그를 칭찬해야겠다고 결심했어요.

저는 이렇게 말했습니다. '당신이 결정해야 할 진짜 중요하고 어려운 문제들에 비하면 이건 굉장히 사소한 문제라고 생각합니다. 전 혼자서 조세에 관해 공부했지만 그저 책을 보고 지식을 얻는 정도였죠. 당신은 직접 경험을 통해 알고 있지만요. 가끔 저도 그런 일을 하고 싶다는 생각을 합니다. 그러면 더 많은 걸 배울 수 있을 텐데 말이죠.' 저는 진심으로 이야기를 했습니다.

그러자 세무 조사관은 상체를 젖히고 의자에 등을 기대며 편히 앉더니, 자신이 적발해낸 기발한 사기꾼에 관한 일화를 포함해 자신의 업무에 대해 긴 시간 동안 이야기를 했습니다.

그의 어투는 점차 친근하게 변했고, 마침내 자신의 자녀들에 관해서까지 말했죠. 자리에서 일어날 때쯤 그는 제 문제를 더 많이 고려해보고, 오래지 않아 자신의 결정을 알려주겠다고 했습니다. 그러고는 3일 뒤, 제 사무실로 전화를 해서 세금 환급 문제는 정확하게 제가 신고한 그대로 인정해주겠다고 알려주었습니다."

이 세무 조사관에 관한 이야기는 사람들의 가장 흔한 약점에 대해 보여준다. 그는 인정받기를 원했다. 그리고 파슨스가 그와 논쟁할수록 인정받고 싶다는 욕구로 인해 자신의 주장과 권위를 더 내세울 수밖에 없었다. 하지만 곧 그가 인정받게 되자 논쟁은 끝났으며, 그는 자존심을 세울 수 있었다. 그러자 공감할 수 있는 친절한 사람이 되었던 것이다.

나폴레옹의 집사장인 콩스탕은 나폴레옹의 부인 조세핀과 가끔 당구 경기를 했다. 《나폴레옹의 사생활 회고록》 1권 73쪽에서 콩스탕은 이렇게 적고 있다. "내가 당구를 더 잘 쳤지만, 나는 항상 황후에게 승리를 양보했다. 그러면 황후는 무척 기뻐했다."

콩스탕으로부터 중요한 교훈을 배우자. 혹시 사소한 논쟁이 벌어진다면 고객, 연인, 배우자가 이길 수 있게 하자.

부처는 이렇게 말했다. "증오는 결코 증오를 끝낼 수 없고, 자비만이 증오를 끝낼 수 있다." 마찬가지로 오해는 논쟁이 아니라 재치, 사교, 위로, 다른 사람의 관점에서 보려고 할 때 풀릴 수 있다.

링컨은 언젠가 한 젊은 군인이 동료들과 격렬한 논쟁을 하는 것을 질책하며 이렇게 말했다. "스스로 최선을 다하려는 사람은 사사로운 논쟁에 시간을 허비하지 않는다네. 논쟁에 몰두하면 자신의 기분을 망치고 통제력을 잃게 됨은 물론, 더 심각하게는 성과를 낼 수 없게 되지. 서로 비슷하게 옳다면 자네가 양보하게나. 설령 자네가 옳고 상대방이 옳지 않다고 해도 사소한 문제라면 자네가 양보하게. 내 길이 옳다고 우기다가 개에게 물리느니 길을 비켜주는 편이 낫지 않겠나. 그 개를 죽인다고 해서 물린 상처가 낫지는 않을 테니 말일세."

그러므로 상대방을 설득하기 위한 제1원칙은 다음과 같다.

 상대방을 설득하는 방법 1

논쟁에서 이기는 방법은 논쟁을 피하는 것뿐이다.

적을 만드는 확실한 방법과
이를 피하는 방법

시어도어 루스벨트 미국 전 대통령은 자신이 옳다고 생각하는 부분이 75퍼센트 정도면 자신이 기대하는 최고치에 도달한 것으로 여긴다고 말했다. 20세기에 가장 성공한 사람 중 한 사람이 그 정도 수치를 희망한다면 당신과 나는 어느 정도가 되어야 할까?

당신이 옳다고 확신할 수 있는 경우가 55퍼센트만 되더라도 세계 금융 시장의 중심가인 월스트리트에 가서 하루에 100만 달러를 벌어들일 수 있을 것이다. 그러나 당신의 생각 중에 스스로 옳다고 확신할 수 있는 생각이 55퍼센트도 안 된다면 어떻게 다른 사람에게 틀렸다고 말할 수 있겠는가?

당신은 상대방에게 표정, 말투, 몸짓만으로도 말로 하는 것만큼이나 '당신이 틀렸다'라는 의미를 전달할 수 있다. 그리고 상대방에게 '당신이 틀렸다'라고 말하면 상대방이 과연 동의하겠는가?

결코 그렇지 않다. 당신이 상대방의 지성, 판단력, 자부심, 자존심에 직격탄을 날렸기 때문이다. 그럴 경우 상대방은 되받아치고 싶을 뿐 결코 생각을 바꾸지는 않는다. 당신이 플라톤에서 임마누엘 칸트까지 들먹이며 온갖 논리를 들이대더라도 상대방은 의견을 바꾸지 않는다. 당신이 상대방의 감정을 상하게 했기 때문이다.

절대로 "당신에게 이런저런 것들을 증명해보이겠다"라는 말로 시작하지 마라. 그건 최악이다. 그것은 "내가 당신보다 잘났으니 내가 말하는 몇 가지를 들어보고 생각을 바꾸게나"라고 말하는 것과 같다.

그것은 도전이다. 바로 대립을 만들어 당신이 말을 시작하기도 전에 상대방은 당신과 싸우고 싶어질 것이다. 사실 분위기가 우호적이어도 사람들의 생각을 바꾸기란 쉽지 않다. 그런데 왜 더 어렵게 만드는가? 왜 당신에게 불리한 일을 자초하는가? 당신이 무엇이든 증명하려면 아무도 알지 못하게 하라. 교묘하고 기술적으로 그 누구도 당신이 증명하려 한다는 사실을 알지 못하게 하라.

영국의 시인이자 비평가인 알렉산더 포프는 이렇게 말했다. "가르치지 않은 듯이 가르치고, 모르는 것은 이미 알던 것이라고 느끼도록 알려줘라."

체스터필드 경은 아들에게 이렇게 훈계했다. "할 수 있다면 다른 사람보다 현명한 사람이 되어라. 그러나 내가 더 현명하다고 말하지는 마라." 소크라테스는 아테네에서 제자들에게 반복해서 말했다. "내가 아는 것은 오직 한 가지, 내가 아무것도 알지 못한다는 것뿐이다." 나는 소크라테스보다 현명해지기를 바랄 수 없으므로 다른 사람에게 틀렸다고 말하지 않게 되었다. 그리고 그게 오히려 득이 된다는 걸 알게 되었다. 만약 누군가 당신이 생각하기에 틀린 말, 아니 심지어 확실히 틀렸음을 당신이 알고 있다 하더라도 이렇게 이야기를 시작하는 게 더 좋다. "그런데 잠깐만요. 제 생각은 좀 나르긴 한데 제가 틀릴 수도 있습니다. 자주 그러거든요. 만일 제가 틀렸다면 바로 잡아주세요. 우선 사실부터 살펴봅시다."

"내가 틀릴 수도 있다. 자주 틀린다. 사실을 살펴보자." 이런 말에는 놀라운 마력이 있다.

이 세상 어떤 사람도 당신이 "내가 틀릴 수도 있다. 사실을 살펴보자"라고 말하는데 반대할 수는 없을 것이다.

과학자들의 방식이 바로 그렇다. 나는 언젠가 스테픈슨이라는 과학자와 이야기를 나눈 적이 있다. 그는 고기와 물만으로 6년간 버티기도 하면서 11년 이상 북극 지방에서 활동한 유명한 과학자이자 탐험가였다. 그가 진행하고 있던 실험에 대해 설명을 들은 나는 그걸로 무엇을 증명하려고 하느냐고 물어보았다. 그때 그는 내가 결코 잊지 못할 대답을 했다. "과학자는 뭔가를 증명하려고 하지 않습니다. 다만 사실이 드러나도록 도울 뿐이죠."

당신도 과학자들의 이런 사고를 닮고 싶지 않은가? 아무도 막지 않는다. 당신 스스로 막고 있을 뿐이다.

당신이 틀릴지도 모른다는 사실을 인정하면 절대 곤란한 일을 겪지는 않을 것이다. 그러면 모든 논쟁은 그칠 것이고, 상대방은 당신이 그런 것처럼 넓은 마음과 열린 자세를 가지고 공정하게 판단하려 할 것이다. 그런 태도를 갖게 되면 상대방 역시 자신이 틀릴 수 있다는 사실을 인정하게 될 것이다.

만약 상대가 확실히 틀렸다는 것을 알기에 직설적으로 이를 지적한다면 어떤 일이 생길까? 예를 들어보자. S는 뉴욕에서 일하는 젊은 변호사로, 미국 대법원에서 매우 중요한 사건(루스트가르텐 대 플리트 사 사건)의 변론을 맡았다. 상당한 돈이 걸렸고, 법률상 쟁점이 되었던 중요한 사건이었다. 공판 중에 대법원 판사가 그에게 물었다. "해사법(바다에서 일어나는 모든 사적 법률 관계를 규정한 법규—옮긴이)의 법정 기한이 6년이죠?"

S는 잠시 멈춰 판사를 바라보다 직설적으로 말했다. "재판장님, 해사법에는 법정 기한이 없습니다." S는 강좌에 나와 자신의 경험담을 이야기해주었다.

"법정이 한순간 조용해지더군요. 법정 안 온도가 갑자기 0도로 떨어진 것 같았습니다. 제가 옳고 판사가 틀렸기 때문에 저는 그렇게 말했을 뿐입니다. 판사가 제게 호의적이었을까요? 아닙니다. 저는 아직도 제가 법적으로 옳았다고 생각합니다. 그리고 그 어느 때보다도 더 말을 잘했습니다. 하지만 설득하지는 못했죠. 저는 훌륭한 교육을 받은 유명한 사람에게 '당신이 틀렸다'라고 지적하는 엄청난 실수를 한 것입니다."

논리적인 사람은 거의 없다. 대부분의 사람들은 편견과 선입

견을 가지고 있다. 이미 가지고 있던 질투, 의심, 공포, 자만심 등이 대다수 사람들의 눈을 가리고 있다. 그리고 대다수의 사람들은 종교, 헤어스타일, 공산주의, 선호하는 영화배우 따위에 대한 생각을 바꾸려 하지 않는다. 따라서 만약 당신이 다른 사람에게 틀렸다고 지적하고 싶은 마음이 들면, 매일 아침 식사하기 전에 아래 글을 읽기 바란다. 제임스 하비 로빈슨 교수가 쓴 《정신의 형성》에 나오는 내용이다.

"우리는 가끔 별다른 저항이나 감정의 동요 없이 생각을 바꿀 때도 있다. 하지만 다른 사람에게서 틀렸다는 말을 들으면 그 비난에 분개하고 마음을 닫아버린다. 우리는 신념을 형성하는 과정에서 믿을 수 없을 만큼 무신경하면서도, 누군가가 우리의 신념을 강탈하려 하면 그 신념에 지나치게 집착하게 된다. 확실히 신념 자체보다 우리에게 소중한 것은 공격받은 자존심이다.

'내 것'이라는 간단한 개념은 인간 행동에서 가장 중요한 것으로, 이를 잘 헤아리는 것이 지혜의 출발점이다. '내' 저녁밥, '내' 강아지, '내' 집, '내' 부모, '내' 나라, '내' 하나님 등 어떤 경우에도 모두 같은 힘을 갖는다. 우리는 시계가 잘못되었거나 차가 너저분하다는 지적에 화를 내기도 하지만, 화성 운하에 대한 생각, '에픽테투스'를 발음하는 방법, 살리신의 약효, 사르곤 1세가 살던 시대에 관한 지식이 틀렸다는 지적을 당해도 화를 낸다.

우리는 습관적으로 사실이라고 받아들인 것을 계속 믿으려

하고, 그 사실이 의심받으면 화를 내면서 어떻게든 그 사실을 지키려고 모든 방법을 동원해 변명하려 한다. 그 결과 흔히 말하는 추론이라는 것은 대부분 우리가 이미 믿고 있는 대로 계속 믿기 위한 논리를 찾는 과정일 뿐이라고 할 수 있다."

예전에 나는 집에 커튼을 설치하느라 인테리어 업자를 고용한 적이 있었다. 그런데 계산서를 보고는 너무 놀랐다. 며칠 뒤 친구 한 명이 들렀다가 커튼을 보았다. 가격 이야기가 나왔고, 그녀는 마치 승리한 듯 외쳤다. "얼마라고요? 끔찍하군요. 아무래도 바가지 쓴 것 같은데요?"

사실일까? 그렇다. 그녀의 말은 사실이었지만, 자신의 판단을 뒤집는 또 다른 사실을 듣고 싶어 할 사람은 거의 없다. 나도 사람이라 방어하기 시작했다. 나는 결과적으로 가장 싼 것을 선택하는 걸 최선이라 생각할 수도 있지만, 할인 품목 코너에서나 있을 법한 가격으로는 좋은 품질을 얻을 수 없으며 예술적인 취향을 만족시킬 수도 없다고 주장했다.

다음 날 다른 친구가 방문해서 커튼에 대해 흡족할 정도로 칭찬하며 자기도 집에 그 커튼처럼 아름다운 작품을 걸고 싶다고 했다. 내 반응은 완전히 달랐다. "음, 사실대로 말하면 너무 비싸서 사지 말았어야 했어. 돈을 너무 많이 썼거든. 주문하고 후회했다니까."

자신이 틀렸을 때 우리는 스스로 잘못을 인정해야 한다. 만약 상대가 부드럽고 재치 있게 기분을 잘 맞춰주면 우리는 잘못을 인정할지도 모른다. 심지어 자신의 솔직하고 관대한 태도를 자랑스러워하기도 한다. 그러나 불쾌한 사실을 지적하고 받아들이길 강요당하면 잘못을 인정하지 않는다.

미국 남북전쟁 시절, 유명한 편집장이던 호러스 그릴리는 당시 링컨 대통령의 정책을 격렬하게 반대했다. 그는 논쟁과 조롱과 욕설이 가득한 캠페인을 벌이면 링컨이 자신의 의견에 동의하게 될 거라고 믿었다. 그는 이 씁쓸한 캠페인을 오랜 기간 진행했다. 사실 그는 링컨 대통령이 존 윌크스 부스에게 암살당하던 날에도 그에게 잔인하고 씁쓸하며 신랄한 비난이 담긴 편지를 썼다. 그러나 그릴리의 신랄한 비판이 링컨의 마음을 돌렸을까? 전혀 그렇지 않다. 조롱과 욕설로는 결코 상대방의 마음을 돌릴 수 없다.

당신이 사람을 대하는 일과 자신을 관리하고 인격을 향상하는 일에 관해 훌륭한 가르침을 얻고 싶다면 벤저민 프랭클린의 자서전을 읽어보라. 지금껏 나온 가장 매력적인 인생 이야기이며, 미국 역사상 가장 훌륭한 고전 문학 중 하나다. 프랭클린은 자서전에서 자신이 어떻게 논쟁을 벌이는 잘못된 버릇을 고쳤고, 미국 역사상 가장 재능 있고 정중하며 외교적인 사람이 되었는지 고백한다.

프랭클린은 젊은 시절 실수를 잘 저지르는 편이었다. 어느 날 퀘이커교도인 옛 친구가 찾아와 그에게 정곡을 찌르는 이야기를 했다.

"벤, 자넨 참 구제불능이군. 자네는 의견이 다르면 아무에게나 안 좋은 말을 하고 있어. 너무 공격적이어서 자네 말을 좋아하는 사람이 아무도 없다네. 친구들은 자네가 주변에 없는 걸 더 좋아해. 아무도 자네에게 말을 걸고 싶어 하지 않는다네. 사실 서로 불편해지고 어려워질 말을 굳이 할 사람은 없지 않나. 결국 자네는 지금 알고 있는 얄팍한 지식 외에는 더 이상 발전할 수 없을 거야."

내가 알고 있는 벤저민 프랭클린의 장점 중 하나는 따끔한 충고를 바로 받아들인다는 것이다. 그는 친구의 말이 사실이라고 깨달을 만큼 그릇이 크고 지혜로웠으며, 그 충고를 받아들이지 못하면 인생에서 실패하고 사회적으로 소외될지 모른다고 생각했다. 그래서 그는 완전히 변했다. 자신의 버릇없고 독선적인 방식을 고치기 시작했던 것이다. 그는 다음과 같이 말했다.

"나는 남의 의견을 정면에서 반박하거나 나의 의견을 단정적으로 주장하지 않기로 했습니다. 심지어 말을 할 때 '확실히' '의심할 여지없이'처럼 강하게 주장하는 표현을 사용하는 대신에 '내 생각에' '내가 알기로는' 혹은 '이렇게 생각합니다' '제가 지금 보기에는 이렇습니다'라는 식으로 말하기로 했습니다. 그리고 예전 같으면 누군가 잘못된 주장을 할 때 신랄하게 잘못을 지적하거나 그의 제안이 엉터리라는 걸 그 자리에서 당장 밝혔겠지만, 더 이상 그런 태도를 취하지 않았습니다.

머지않아 나는 그런 태도 변화가 많은 이익이 된다는 걸 깨달았습니다. 우선 다른 이들과 하는 대화가 더 즐거워졌습니다. 내가 겸손하게 주장을 펴자, 상대는 더 쉽게 받아들이고 덜

반박했습니다. 그리고 내가 틀린 경우에는 비난을 조금만 받았고, 내가 옳은 경우에는 상대가 더 쉽게 자신의 실수를 인정하고 내 의견을 따르게 할 수 있었습니다.

이런 식으로 나는 먼저 타고난 성향을 억누르려 노력했고, 나중에는 이게 너무 편하고 익숙해져서 아예 습관이 되어버렸습니다. 아마도 최근 50년 동안 누구도 나한테서 독단적인 표현을 듣지 못했을 겁니다.

나는 내 진실된 마음 다음으로 이런 습관을 갖게 되었다는 것을 진심으로 감사하게 생각합니다. 내가 새로운 제도나 낡은 제도의 대안을 제시하면 시민들로부터 많은 지지를 얻고, 의원이 되었을 때 공공 의회에서도 큰 영향력을 발휘할 수 있게 되었기 때문입니다. 나는 원래 문법 지식도 거의 없었고, 말이 유창하지도 못했으며, 단어 선택을 망설이는 아주 부족한 연설가였습니다. 하지만 새로 얻은 습관 덕분에 내 주장을 사람들에게 잘 전달할 수 있게 되었습니다."

벤저민 프랭클린이 실천한 방법을 사업에 어떻게 적용할 수 있을까? 두 가지 예를 들어보자.

뉴욕에 사는 F. J. 마호니는 정유 회사에 특수 장비를 공급하는 일을 하고 있다. 어느 날 그는 롱아일랜드에 있는 주요 고객으로부터 주문을 받았다. 설계도를 제출하고 승인을 받은 뒤 장비 제작에 들어갔다. 그런데 그때 문제가 생겼다. 고객이 친구들과 그 문제를 상의했는데, 그가 중요한 실수를 하고 있다고 친구들이 경고했다는 것이다. 여기는 너무 넓고, 저긴 너무

좁고, 여기저기는 뭐가 잘못됐다는 식으로, 결국 모든 게 다 잘못되었다는 지적이 쏟아졌다. 그는 친구들의 지적에 화가 나서 마호니에게 전화를 걸어 이미 제작에 들어간 장비를 인수하지 않겠다고 통보했다. 마호니는 후에 이렇게 얘기했다.

"설계도를 아주 정밀하게 검토한 결과, 우리가 옳다는 확신이 들었습니다. 그리고 고객과 그 친구들이 잘 모르면서 이런저런 지적을 하고 있다는 것도 알게 되었습니다. 하지만 직접적으로 얘기하면 좋지 않은 결과가 생길 수 있다는 생각이 들었습니다. 나는 롱아일랜드에 있는 고객을 직접 찾아갔습니다. 그의 사무실로 들어가자, 고객은 벌떡 일어나서 내게로 오더니 기관총처럼 말을 쏟아내기 시작했습니다. 너무도 흥분한 나머지 말을 하며 주먹을 휘두르기까지 했습니다. 나와 내 장비에 대해 비난을 하고 나서 이렇게 말을 끝냈습니다. '자, 이제 어떻게 할 거요?'

나는 어떤 요청이든 다 들어주겠다며 침착하게 대답했습니다. '장비 대금을 내실 분은 고객님이시니 원하시는 대로 하세요. 하지만 누군가는 책임을 져야 합니다. 고객님께서 옳다고 생각하신다면 우리에게 설계도를 주십시오. 이미 2000달러가 투입되긴 했지만, 그 돈은 우리가 떠안겠습니다. 고객님을 위해 2000달러의 손실을 우리가 감당하겠습니다. 그러나 고객님께서 주장하는 대로 제작을 할 경우, 책임은 고객님께서 져야 한다는 점을 알려드리겠습니다. 우리는 여전히 우리 설계가 맞다고 생각합니다. 따라서 만약 우리 설계대로 제작을 한다면

모든 책임은 우리가 지겠습니다.'

이쯤 되자 그는 진정되었습니다. 그러고는 결국 이렇게 얘기했습니다. '좋습니다. 그럼 당신 설계대로 진행하십시오. 하지만 일이 잘못되면 알아서 책임지셔야 합니다.'

결국 장비 제작은 성공적으로 끝났고, 그는 같은 시즌에 비슷한 주문을 두 개나 더 하겠다고 약속했습니다.

그 사람이 나를 모욕하고, 내 눈앞에서 주먹을 휘두르며, 내가 일을 제대로 알지도 못한다고 말했을 때, 반박하면서 그와 다투고 싶은 마음이 들어 엄청난 자제력을 발휘해야 했습니다. 참느라고 많이 힘들었지만, 결국 보람이 있었습니다. 만약 내가 상대의 잘못을 지적하면서 논쟁을 시작했더라면 법정 소송으로 이어졌을지도 모릅니다. 그리고 서로 감정이 상해서 금전적 손실이 생기는 건 물론 중요한 고객도 잃게 되었을 겁니다. 그렇습니다. 남의 잘못을 지적하는 건 득이 되지 않는다고 저는 확신합니다."

다른 예를 하나 더 들어보자. 지금 소개하는 사례는 수많은 사람들이 겪는 아주 흔한 일이라는 걸 기억하기 바란다. R. V. 크로울리는 뉴욕에 있는 목재 회사에서 판매원으로 일한다. 그는 깐깐한 목재 검사관들에게 그들이 틀렸다는 것을 수년간 말해왔다고 한다. 그리고 논쟁에서 이기기도 했다. 하지만 아무 도움도 되지 않았다. 크로울리가 말했다. "이 검사관들은 야구 심판 같아요. 한번 결정하면 절대 번복하지 않죠."

크로울리는 자신이 이긴 논쟁 때문에 자기 회사가 수천 달러

손해를 입었다는 사실을 깨달았다. 그래서 강좌을 들으면서 영업 방침을 바꾸고 논쟁을 하지 않기로 결심했다. 결과가 어땠을까? 그가 강좌에서 같은 수강생들에게 한 이야기를 들어보자.

"어느 날 아침 사무실로 전화가 왔어요. 전화를 건 거래처 직원은 화나고 짜증난 목소리로 우리 회사에서 보낸 차량 한 대 분량의 목재가 모두 만족스럽지 않다고 말했어요. 그래서 하역을 중단했으니 그 회사 마당에 쌓여 있는 목재를 지금 당장 회수해가라고 통보했습니다. 목재의 4분의 1 정도를 차에서 내린 상태에서 그쪽 목재 검사관이 목재 중 55퍼센트가 등급 아래라고 판정했다더군요. 그 결과 상대 회사는 목재 인수를 거절했던 것입니다.

저는 곧바로 그 회사로 출발했습니다. 그리고 이 상황을 잘 해결할 수 있는 방법이 무엇인지 고민하기 시작했습니다. 보통 이런 상황에서 예전의 저였다면 목재 등급 규칙을 들이밀면서 제가 목재 검사관으로 일할 때의 경험과 지식을 바탕으로 상대 검사관에게 목재 등급을 더 올려서 판정해야 한다고 설득하려 했을 것입니다. 또 상대 검사관이 조사할 때 목재 등급 규칙을 잘못 해석했음을 지적하려 했을 것입니다. 하지만 저는 이 강좌에서 배운 원리들을 적용하기로 했습니다.

현장에 도착해보니 구매 담당자와 목재 검사관이 나와 한판 논쟁을 벌이려고 단단히 준비하고 있음을 알 수 있었습니다. 저는 목재를 내리던 차로 가서 목재 상태를 볼 수 있도록 계속 내려달라고 했습니다. 저는 목재 검사관에게 하던 대로 부적합 목재를 골라달라고 했고, 좋은 목재는 따로 쌓아달라고 했습니다.

그 작업을 지켜보니 그 검사관이 너무 엄격하고, 목재 등급 규칙을 잘못 해석했다는 확신이 들기 시작했습니다. 그 목재는 백송이었는데, 그 검사관은 단단한 목재에 대해서만 철저히 배웠을 뿐 백송에 대해서는 능숙하지 않고 경험도 별로 없어 보였습니다. 백송은 제가 아주 잘 아는 목재였습니다. 그렇다고 제가 그 검사관이 목재를 검사하는 방식에 이의를 제기했을까요? 전혀 하지 않았습니다. 그저 계속 지켜보다가 이 목재가 왜 부적합한지 한 번씩 질문하기 시작했습니다. 나는 판정이 잘못되었다는 내색을 전혀 하지 않았습니다. 단지 다음에 이 회사에 목재를 제대로 공급하기 위한 질문일 뿐이라고 강조했습니다.

아주 친근하고 협조적으로 질문했고, 그들의 기준에 적합하지 않은 목재를 가려내는 것은 정당하다고 계속 이야기했습니다. 그러자 검사관의 마음이 풀어지고, 긴장되었던 관계도 점점 눈 녹듯이 사라졌습니다. 그러면서 제가 조심스럽게 가끔 몇 마디 던지자, 검사관도 자신이 부적합 판정을 내린 목재가 실제로는 기준에 맞을 수도 있겠다는 생각을 하기 시작하는 듯했습니다. 그리고 자신들의 요구에 부합하는 목재는 더 비싼 등급의 목재일 거라는 생각도 하기 시작하는 듯했습니다. 아무튼 저는 그 점을 부각시키면서도 그가 눈치채지 못하도록 주의했습니다.

이윽고 그의 태도가 조금씩 변했습니다. 그는 결국 자신이 백송에 대한 지식이 별로 없다는 점을 인정하고, 저에게 차에서 내린 목재들에 대해 묻기 시작했습니다. 저는 왜 그런 목재가 그 등급에 속했는지 설명했지만, 만약 그 목재가 그들이 생각하는 용도에 적당하지 않으면 무작정 인수해달라고 할 생각은 없음을 누누이 강조했습니다. 결국 그 검사관은 자신이 부적합 판정을 내릴 때마다 느끼던 의구심의 이유를 깨달았습니다. 더 높은 등급의 목재를 주문했어야 했는데, 그러지 않았던 자신들의 실수를 깨달은 것이죠.

결국 그 검사관은 제가 떠난 후 목재를 전부 다시 검사했고, 마침내 실어갔던 목재를 다 사기로 했습니다. 그리고 우리는 대금을 전부 받을 수 있었습니다. 그 사건에서 약간의 재치와 다른 사람이 틀렸다고 말하지 않기로 한 결정 덕분에 우리 회사는 상당한 비용을 절약할 수 있었고, 돈으로 바꿀 수 없는 좋은 관계도 맺을 수 있게 되었습니다."

사실 내가 이 장에서 말한 내용 가운데 새로운 것은 없다. 이미 2000년 전에 예수는 이렇게 말했다. "너를 고발하는 자와 함께 길에 있을 때에 급히 사화하라."(마태복음 5장 25절)

달리 얘기하면 고객, 배우자, 그리고 당신을 반대하는 사람과 논쟁하지 말라는 뜻이다. 상대가 틀렸다고 말하거나 상대의 화를 돋우지 말고 약간의 수완을 발휘하자.

기원전 22세기에 이집트의 왕 아크토이는 아들에게 중요한 가르침을 주었다. 4000년 전 어느 날 오후, 늙은 아크토이 왕은 술을 마시며 이렇게 말했다. "외교적인 수완을 발휘해라. 원하는 것을 얻는 데 도움이 될 것이다." 지금 시대에도 매우 필요한 조언이 아닐 수 없다.

그러므로 상대를 설득하고 싶다면, 다음과 같이 해보라.

 상대방을 설득하는 방법 2

다른 사람의 의견을 존중하라.
상대가 틀렸다고 절대 말하지 마라.

틀렸다면 솔직히 인정하라

우리 집에서 1분쯤 걸어가면 원시림이 넓게 펼쳐진다. 그곳에는 봄이면 블랙베리 꽃이 하얗게 만개하고, 다람쥐가 둥지를 틀어 새끼를 키우며, 쥐꼬리망초는 어린아이 키만큼이나 자란다. 누구의 손도 닿지 않은 이 원시림의 이름은 포레스트 파크로, 콜럼버스가 미 대륙을 발견했을 당시와 비교해보면 그리 달라지지 않았을 것이다.

나는 보스턴 종의 조그마한 불도그인 렉스와 이 포레스트 파크에서 산책을 하곤 했다. 렉스는 사람을 잘 따르고 유순하다. 또 공원에서 산책할 때, 나는 사람들과 마주치는 일이 거의 없었기에 렉스에게 목줄이나 입마개를 하지 않고 데리고 다녔다.

어느 날 우리는 공원에서 권위를 꽤나 내세우고 싶어 하는 기마경찰과 마주쳤다. "입마개나 끈도 없이 개를 공원에 풀어 놓으면 어떻게 합니까?" 그는 나를 나무랐다. "위법인 걸 모른 단 말입니까?"

"아, 물론 알고 있습니다." 나는 부드럽게 대답했다. "하지만 이 녀석이 여기서 무슨 해를 끼칠 것 같진 않은데요."

"해를 끼칠 것 같지 않다니! 해를 끼칠 것 같지 않다고! 법은 당신이 뭐라고 생각하든 눈곱만큼도 신경 안 씁니다. 당신 개가 다람쥐를 죽이거나 아이를 물어뜯을 수도 있습니다. 자, 이번에는 봐주지만, 여기서 이 개가 입마개나 끈도 없이 돌아다니는 게 다시 한 번 눈에 띄면 당신은 판사하고 얘기해야 할 겁니다."

나는 순순히 그렇게 하기로 약속했다. 그리고 나는 몇 번은 약속을 지켰다. 하지만 렉스는 입마개를 좋아하지 않았으며, 그건 나도 마땅치 않았다. 그래서 나는 기회를 봐서 렉스를 자유롭게 풀어놓았다. 한동안은 모든 게 좋았다. 그러다가 곤경에 처하고 말았다. 어느 날 오후에 렉스와 나는 언덕마루를 넘어 달리기 경주를 하다가 당황스럽게도 암갈색 말을 탄 그 경찰과 다시 딱 마주쳤다. 렉스는 내 앞에 있다가 그 경찰을 향해 달려가고 있었다.

나는 대가를 치러야 했다. 그건 부인할 수 없는 사실이었다. 그래서 나는 기마경찰이 이야기하기 전에 먼저 나서기로 했다. 선수를 친 것이다. 내가 말했다.

"경찰관님, 당신한테 딱 걸리고 말았군요. 제가 잘못했습니다. 현행범이 되어버렸으니 변명의 여지가 없습니다. 입마개 없이 개를 데리고 나오면 벌금을 물리겠다고 지난주에 당신이 경고를 했는데 말이죠."

"음." 경찰은 부드러운 어조로 대답했다. "주변에 아무도 없을 때는 이 녀석처럼 작은 개가 뛰어다니도록 내버려 두고 싶은 유혹이 들겠죠."

"물론 유혹이야 들죠." 나는 대답했다. "하지만 그건 위법 행위입니다."

"어, 이 녀석처럼 작은 개는 아무도 해치지 않을 겁니다." 경찰은 반박했다.

"아니요. 대신에 이 녀석은 다람쥐를 죽일 수 있습니다." 내가 말했다.

"음, 글쎄, 내 생각엔 선생께서 이 문제를 너무 심각하게 여기시는 것 같군요." 그가 말했다. "이렇게 하시죠. 제 눈에 띄지 않는 언덕 너머에서 개가 뛰어다니도록 하세요. 그러면 문제삼지 않겠습니다."

그 경찰도 인간인지라 자신의 위신을 세우고 싶었다. 그래서 내가 자책을 하자, 그가 자존감을 높일 수 있는 유일한 방법은 자비를 보여주는 관대한 태도를 취하는 것임을 깨달았다. 반면 내가 나 자신을 옹호하려 했다면 어떻게 되었을까? 경찰관과 다퉈본 적이 있는 사람은 충분히 예상할 수 있을 것이다.

나는 경찰관에 맞서는 대신에 그가 절대로 옳고 나는 절대로 틀렸다고 인정했다. 그것도 빨리, 공개적으로, 진심으로 말이다. 내가 그의 편을 들고 그는 내 편을 들어줌으로써 이 일은 원만히 마무리되었다. 체스터필드 경이라 할지라도 불과 일주일 전에 나에게 법을 집행하겠다고 으름장을 놓았던 이 기마경찰만큼 자비로울 수는 없었을 것이다. 만약 우리가 어쨌거나 비판을 받을 것을 알고 있다면, 그 상대를 앞질러서 우리가 스스로 비판해버리는 게 훨씬 낫지 않을까? 상대방의 입에서 나오는 비난을 견디기보다는 자기비판을 듣는 게 훨씬 속 편한 일 아닐까?

상대가 생각하거나, 말하고 싶거나, 말하려 하는 나의 비판할 만한 사실을 모두 스스로 말해보자. 그것도 그 사람이 말할 기회가 되기 전에 말이다. 그러면 기마경찰이 나와 렉스를 용서했던 것처럼, 상대방이 자비로우면서 너그럽게 용서해주며 당신의 잘못을 줄여줄 가능성이 매우 높다.

상업 화가인 페르디난드 E. 워렌은 까다롭고 잔소리가 심한 그림 구매자의 환심을 사기 위해 이 기술을 이용하곤 했다. 그의 이야기를 들어보자.

"광고용, 인쇄용 그림은 세심하고 정확하게 그리는 게 중요합니다. 그런데 어떤 편집자들은 의뢰한 즉시 그림이 완성되기를 바라죠. 이 경우 아주 사소한 실수는 발생하기 마련입니다. 제가 아는 사람 중에 작은 실수를 끄집어내는 걸 즐거워하는 미술 편집자가 한 명 있습니다. 저는 종종 속이 뒤틀린 채 그의 사무실을 나왔는데, 그건 비판을 받았기 때문이 아니라 그가 비판하는 방식 때문이었습니다.

얼마 전 저는 그 편집자에게 급하게 처리한 작품을 전달했는데, 그는 전화로 당장 사무실로 오라고 하더군요. 뭔가 실수가 있다고 말이죠. 편집자 사무실로 들어서면서 제가 예상했던 딱 그대로의 상황이 벌어지고 있음을 알 수 있었습니다. 그는 붉으락푸르락하는 한편 비난할 기회가 생겨 고소하다는 듯 저를 바라보았습니다. 왜 작업을 이렇게 했고 저렇게 했는지 저를 다그치며 물었죠. 제가 강좌에서 배운 대로 자기비판을 적용할 기회가 온 거죠. 그래서 이렇게 말했습니다. '당신 말이 사실이라면 제가 실수를 저지른 거고, 그 실수에 대해서는 변명의 여지가 없습니다. 당신과 오랫동안 작업해왔으니 그런 실수를 하지 말았어야 하는데 말이죠. 제 자신이 부끄럽군요.'

그러자 그는 즉각 저를 옹호하기 시작하더군요. '그래요. 당신이 실수한 게 맞지만 어쨌든 간에 심각한 실수는 아닙니다. 이건 그냥….'

저는 그의 말을 막고 이렇게 이야기했습니다. '어떤 실수든 간에 비용도 들고 골치 아프기 마련이죠.'

그가 중간에 제 말을 자르려 했지만 저는 그냥 두지 않았습니다. 굉장한 시간이었죠. 제 평생 처음으로 제가 스스로를 비판하고 있었어요. 게다가 저는 그 일이 마음에 들더군요.

저는 말을 이어갔습니다. '제가 좀 더 주의를 기울여야 했어요. 당신은 제게 일거리도 많이 주셨고 정말 고마운 분이신데. 이 그림은 전부 다시 그리겠습니다.'

'아니, 아니!' 편집자는 이의를 제기하더군요. '당신을 그렇게 곤란하게 만들려는 게 아닙니다.' 그는 제 작품을 칭찬하면서 약간만 수정하길 원했고, 회사 측에 별 손해를 끼치지 않을 거라고 절 안심시켰습니다. 어쨌든 사소한 실수에 불과해서 우려할 것도 없다는 거죠.

제가 진심으로 스스로를 비판하자, 그는 시비 걸 생각을 몽

땅 상실해버린 겁니다. 결국 저를 데리고 나가 점심까지 사주었죠. 게다가 헤어지기 전에 작업 비용과 더불어 또 다른 일거리까지 주더군요."

바보라도 자신의 실수에 대해 변명할 수 있고, 또 대부분이 그렇게 한다. 하지만 자기 잘못을 인정하는 일이야말로 그를 남들보다 돋보이게 하고 고귀한 존재처럼 느끼게 해준다. 예를 들어 역사상에 기록된 로버트 E. 리 사령관의 가장 멋진 행적은 게티즈버그 전투에서 피켓 장군의 돌격 작전이 실패했을 때, 그 책임을 자신에게, 전적으로 자신에게 있다고 나선 모습이었다.

'피켓의 돌격' 작전은 의심할 여지없이 서구 역사상 가장 화려하고 인상적인 공격 작전이었다. 조지 E. 피켓 장군 자체가 멋진 사람이었다. 길게 늘어뜨려 묶은 적갈색 머리는 어깨에 닿을 정도였고, 나폴레옹이 이탈리아 원정 때 그랬던 것처럼 그 또한 전쟁터에 머무르면서 열정적인 구애의 편지를 거의 매일 썼다. 비극적인 7월 어느 오후, 피켓 장군이 모자를 오른쪽으로 비스듬히 기울여 쓰고는 북부군의 전열을 향해 위풍당당한 모습으로 말을 타고 나아가자 그의 충성스런 군대가 환호성을 올렸다. 그들은 깃발을 휘날리며 햇빛에 반짝거리는 총검을 들고, 카리스마 넘치는 모습으로 대열을 진두지휘하는 장군의 뒤를 따랐다. 놀랍고도 멋진 광경이었다. 그 광경을 본 북군 진영은 술렁거렸다.

피켓의 군대는 거침없는 행보로 과수원과 옥수수 밭을 지나고, 목장을 가로질러 계곡을 건너 앞으로 나아갔다. 적들의 계속된 포격으로 대열에 치명적인 구멍이 생겼지만, 군대는 불굴의 의지로 무너지지 않고 계속 진군했다.

그런데 갑자기 세미테리 리지의 석벽 뒤에 숨어 있던 북군이 튀어나와 피켓 장군의 군사들에게 일제 사격을 가했다. 협곡은 온통 불길에 휩싸였고, 시체로 뒤덮였으며, 활활 타오르는 화산처럼 보였다. 단 몇 분 만에 피켓 연대의 지휘관들은 단 한 명만 빼고 모두 전사했으며, 5000명의 병력 중 5분의 4가 몰살당했다.

루이스 A. 아미스테드 장군은 남아 있는 병사들을 이끌고 최후 돌격을 나섰다. 그는 돌벽 위로 올라가서는 칼끝에 모자를 꽂아 흔들며 소리쳤다. "칼로 무찌르자, 돌격 앞으로!"

병사들은 그의 명령에 따랐다. 벽을 뛰어넘어 적들을 총검으로 찌르고, 소총 개머리판으로 머리통을 부수었으며, 세미테리 리지 위에 남군의 깃발을 꽂았다. 그러나 깃발이 휘날릴 수 있었던 것은 아주 잠깐이었다. 이 짧은 순간이 남부 연합군에게는 최고의 순간이었다.

피켓의 돌격 작전은 멋지고 영웅적이었지만, 종말의 시작을 알리는 사건이었다. 리 장군은 실패했고, 더 이상 북부군을 무찌를 수 없다는 걸 그도 알고 있었다. 남부군의 운명은 결정되었다.

리 장군은 너무나 큰 슬픔과 충격에 휩싸인 나머지, 당시 남부 연방의 수장이었던 제퍼슨 데이비스에게 사의를 표명하고 '보다 젊고 유능한 자'를 임명해달라고 요청했다. 리 장군이 피켓의 돌격 작전이 실패한 책임을 다른 사람에게 전가하려고만 했다면, 아마 수십 가지의 변명거리를 찾을 수 있었을 것이다. 리 장군 휘하 부대 지휘관들 중에는 그의 기대와 달리 임무를 제대로 수행하지 못한 이들도 있었다. 기병대는 제때 도착하지 않았고, 포병 공격을 지원해주지도 못했다. 모든 일들이 제대로 돌아가지 않았다.

하지만 고결한 인품의 리 장군은 다른 사람에게 책임을 돌리지 않았다. 패배하여 만신창이가 된 피켓의 군대가 남부군 진영으로 간신히 돌아왔을 때, 리 장군은 혼자서 말을 타고 나와 그들을 맞으며 장엄하다고 할 정도로 자책했다.

"이 모든 것이 내 잘못이다. 내가, 그리고 오직 나만이 이 전투에 패한 것이다." 역사상 이처럼 자신의 책임을 인정할 용기와 성품을 가진 장군은 거의 없었다.

엘버트 허바드는 온 나라를 떠들썩하게 할 정도로 아주 독창적인 작가로, 그의 문장은 너무 신랄해서 격렬한 거부반응을 일으키기도 했다. 하지만 허바드는 사람들을 다루는 기술이 워낙 뛰어나 적이었던 사람을 친구로 바꾸어놓곤 했다.

예를 들어 화가 난 한 독자가 자신은 그의 글에 동의할 수 없다며 편지를 보냈다. 그를 비난하는 편지를 받고 허바드는 이렇게 답장을 써서 보냈다.

곰곰이 생각해보면 저도 제 생각에 완전히 동의할 수는 없습니다. 어제 썼던 글들을 전부 오늘 공감할 수 있는 건 아닙니다. 당신이 이 주제에 대해 어떻게 생각하는지 알고 싶습니다. 다음에 이 근처에 오실 때 꼭 들러주세요. 시간이 얼마나 걸리든 이 문제에 대해 끝까지 토론해봅시다. 멀리서나마 당신과 악수하고 싶습니다.

당신의 충실한 친구로부터

이렇게 이야기하는데 당신이라면 더 이상 뭐라 말할 수 있겠는가?

우리의 의견이 옳다면 사람들을 부드럽고 재치 있게 우리가 생각하는 방식으로 유도하자. 하지만 우리가 틀렸을 때는 스스로의 잘못을 빨리, 그리고 진심으로 인정하자. 그렇게 하면 놀라운 결과를 얻어낼 뿐만 아니라, 믿기지 않겠지만 상황에 따라서는 스스로를 옹호하는 것보다 훨씬 더 유쾌하다. 다음의 오랜 격언을 떠올려 보라.

"싸움으로는 결코 충분히 얻어낼 수 없지만, 양보하면 기대했던 그 이상을 얻어낼 수 있다."

그러므로 상대를 설득하고 싶다면, 다음과 같이 해보라.

 상대방을 설득하는 방법 3

잘못했으면 빨리, 그리고 진심으로 잘못을 인정하라.

상대를 이해시키는
가장 빠른 방법

　화가 났을 때 남에게 싫은 소리를 퍼붓고 나면 화가 풀리고 기분이 좋아진다. 그렇다면 상대는 어떨까? 당신처럼 속이 시원해질까? 공격적인 말투와 적대적인 태도를 보이면 상대방이 당신에게 쉽게 동의할까?

　우드로 윌슨은 다음과 같이 말했다. "만약 당신이 주먹을 불끈 쥔 채 다가온다면, 나도 분명 당신처럼 주먹을 재빨리 움켜질 것입니다. 반면 나에게 와서 '앉아서 같이 상의 좀 합시다. 우리 의견이 서로 다르다면 왜 다른지, 그리고 뭐가 정말 문제인지 알아봅시다'라고 말한다면, 우리는 서로 의견 차이가 크지 않으니 인내심을 갖고 합의하면 의견 일치를 볼 수 있다고 생각할 것입니다."

　우드로 윌슨이 한 이 말의 진가를 존 D. 록펠러 2세만큼 알아본 이도 없었다. 1915년 당시 록펠러는 콜로라도 주에서 가장 증오의 대상이 되었던 사람이다. 미국 산업 역사상 가장 잔혹했던 파업으로 인해 지난 2년 동안 그 도시는 끔찍한 충격에 휩싸인 상태였다. 성난 광부들이 록펠러가 경영했던 콜로라도 채광 회사에 임금을 올려달라고 요구했다. 건물이 파괴되고, 군대가 출동했다. 유혈이 낭자했고, 파업자들은 총에 맞았으며, 광부들의 몸은 총알로 벌집이 되었다.

미움이 들끓는 그런 분위기에서 록펠러는 자신의 방식대로 파업 노동자들을 설득하고자 했다. 그리고 성공했다. 어떻게 가능했을까?

지금부터 살펴보기로 하자. 파업자들과 친해지기 위해 몇 주 동안 노력한 뒤 록펠러는 파업자 대표 위원들에게 연설을 했다. 그 연설 전체가 하나의 걸작품이었다. 그는 연설로 놀라울 만한 결과를 얻어냈다. 록펠러를 둘러싼 위협적이고 거센 증오의 물결이 가라앉았으며, 심지어 그의 추종자들도 많이 생겼다. 그 우호적인 연설 때문에 파업자들은 그동안 벌였던 임금 인상에 대한 투쟁을 멈추고 일터로 돌아갔다.

이 놀라운 연설의 서문이 아래에 있다. 이 연설이 얼마나 멋지게 우호의 분위기를 이끌어가는지 잘 살펴보자. 록펠러는 얼마 전까지만 하더라도 사과나무에 그의 목을 매달고 싶어 하던 사람들 앞에서 연설했다는 사실을 명심하자. 그럼에도 그는 마치 의료 봉사단 앞에서 연설을 하는 듯 온화하고 다정하게 연설했다. 그의 연설은 '제가 여기 있는 것이 자랑스럽습니다' '여러분들의 가정을 방문하고' '여러분의 아내분들과 아이들을 만나면서' '우리는 이방인이 아닌 상호 우호적인 생각과 공통의 이해관계를 가진 친구로서 여기에 마주하고 있습니다' '여러분의 호의로 저는 이 자리에 있습니다'와 같은 문구로 가득 차 있다. 록펠러는 다음과 같이 연설을 시작했다.

"오늘은 제 생애 기억될 만한 날입니다. 이 위대한 회사의 직원 대표, 관리자, 임원들을 처음으로 모두 한자리에서 만나는 행운의 날이기 때문입니다. 이 자리에 서게 되어 매우 영광이며, 제 평생 이 모임을 잊지 못할 것입니다.

모임이 2주 전에 열렸더라면 저는 몇 사람만을 알아볼 수 있을 뿐, 여러분 대부분에게는 이방인으로 이 자리에 서 있어야만 했을 것입니다. 지난주에 저는 서쪽 탄광 지대의 모든 작업장을 방문해 부재중인 분을 제외한 모든 근로자 대표들과 개인적으로 이야기를 나누었습니다. 또 여러분들의 가정을 방문해 아내분들과 아이들을 만나보았습니다. 이제 우리는 이방인이 아니라 친구로서 여기 모였습니다. 이런 상호 우호의 분위기 속에서 저는 여러분들과 우리의 공통 관심사에 대해 토론할 기회를 얻게 되어 매우 기쁩니다.

이 모임은 회사 임원들과 근로자 대표들 간의 모임입니다. 그런데 임원도 근로자도 아닌 제가 감히 여기 있을 수 있는 것은 여러분의 호의 덕분입니다. 저는 여러분들과 긴밀히 연관되어 있다고 느끼는데, 어떤 의미에서 저는 주주와 임원 양쪽을 모두 대표하기 때문입니다."

이 정도면 적을 친구로 만드는 기술을 보여주는 대표적인 사례 아니겠는가? 록펠러가 다른 방식을 취했다고 가정해보자.

파업 노동자들과 다투고, 그들의 면전에서 험악한 말을 했다고 생각해보자. 그들이 틀렸다는 어투와 암시를 내비친다고 가정해보자. 온갖 논리를 동원해 그들의 오류를 증명했다고 가정해보자. 무슨 일이 일어났을까? 분노와 미움이 커지고, 더 심한 폭동이 일어났을 것이다.

어떤 이가 당신에 대한 불화와 나쁜 감정으로 가득 차 있을 때는 그 어떤 종교적 교리로도 그를 설득할 수 없다. 야단치는 부모, 지배하려 드는 상사와 남편, 잔소리하는 부인은 사람들이 자기 생각을 바꾸려 하지 않는다는 사실을 깨달아야 한다. 그들을 당신이나 나에게 동의하도록 강요하거나 그렇게 몰고 갈 수는 없다. 간혹 동의를 유도할 수도 있다. 하지만 이는 정말로 부드럽고 친절한 태도를 취한다는 조건하에서 가능하다.

사실 100년 전에 링컨은 이 점을 언급했다. 그는 이렇게 말했다.

"'한 방울의 꿀이 한 통의 담즙보다 더 많은 파리를 잡는다'라는 오래되고 진실한 격언이 있습니다. 사람도 마찬가지입니다. 상대를 당신 편으로 설득하고자 한다면, 당신이 그의 진정한 친구라고 상대가 먼저 확신할 수 있도록 해야 합니다. 그것이 그 사람의 마음을 사로잡는 꿀 한 방울이고, 당신이 어떤 말을 해도 그를 확실하게 설득할 수 있는 방법입니다."

기업가들은 파업자들을 우호적으로 대하는 게 득이 된다는 사실을 깨달았다. 예를 들어 화이트 모터 컴퍼니 공장에서 2500명의 근로자들이 임금 인상과 유니언 숍 형태의 노조를 요구하며 파업을 벌였다. 하지만 그 회사 대표였던 로버트 F. 블랙은 그들을 책망하거나 비난하지 않았고, 공산주의자라고 매도하지도 않았다. 오히려 파업 근로자들을 칭찬했다. 그는 '파업자들이 평화롭게 파업에 돌입한 사실'을 칭찬하는 광고를 〈클리블랜드〉지에 실었다. 파업 근로자들이 할 일이 없어 지루해하는 것을 알아챈 블랙은 야구방망이와 글러브를 사다 주고 공터에서 야구를 할 수 있도록 배려했다. 볼링을 좋아하는 사람들에게는 볼링장을 빌려주기도 했다.

흔히 친절은 친절을 부른다. 결국 블랙의 친절은 그에게도 친절로 되돌아왔다. 파업 근로자들은 빗자루, 삽, 쓰레기 카트를 빌려 공장 주변을 돌며 성냥, 종이, 담배꽁초를 줍기 시작했다. 생각해보라. 임금 인상과 노조 인정을 위해 투쟁하면서 공장 주변을 깨끗이 청소하는 파업자들을. 그런 일은 미국의 노동운동 역사상 처음 있는 일이었다. 그렇게 파업은 적대감이나 원한으로 이어지지 않았고, 일주일 만에 타협안을 도출하며 종료되었다.

하나님 같은 모습에 여호와처럼 이야기하는 대니얼 웹스터는 가장 성공한 법정 변호사 중 한 명이었다. 하지만 그는 자신의 가장 설득력 있는 변론을 다음과 같은 우호적인 표현으로 시작하곤 했다. "배심원들께서는 이런 점을 고려해주시기 바랍니다." "이것은 아마도 고려할 가치가 있다고 생각합니다." "여러분들이 이러한 사실을 간과하지 않으시리라 저는 믿습니다." "인간 본성에 새겨진 지식에 힘입어 여러분들은 이 사실들에 담긴 의미를 쉽게 파악할 수 있을 것입니다." 그는 밀어붙이지 않았다. 강압적인 방법을 쓰지도 않았다. 자신의 의견을 다른 이에게 강요하려고도 하지 않았다. 웹스터는 부드러운 어조로 침착하고 우호적인 변론 방식을 사용했으며, 이런 점이 그의 명성에 도움이 되었다.

당신은 파업을 수습하거나 배심원들에게 변론을 해야 하는 경우가 거의 없겠지만, 집세를 깎아야 할 일은 있을 것이다. 이때도 우호적인 접근 방식이 효과가 있을까? 한번 살펴보자.

엔지니어인 O. L. 스트라우브는 집세를 깎고 싶었다. 그는 주인이 매정한 사람이라는 것을 알고 있었다. 그는 우리 강좌에 와서 동료 수강생들 앞에서 다음과 같이 발표했다.

"저는 집주인에게 편지를 썼습니다. 임대 기간이 끝나면 방을 비울 거라고 알렸죠. 사실은 이사를 가고 싶지 않았어요. 집세를 좀 깎을 수 있으면 더 머물고 싶었습니다. 하지만 별 가망은 없어 보였습니다. 다른 거주자들도 시도했지만 실패했죠. 모두가 주인과 협상하기는 너무 어렵다고 말하더군요. 저는 혼자서 이렇게 말했습니다. '나는 사람을 어떻게 다루어야 하는지에 대한 강좌를 듣고 있으니, 배운 것을 집주인에게 시도해보자. 그리고 효과가 있는지 지켜보자.'

제가 보낸 편지를 받고 집주인이 비서를 데리고 저를 찾아왔습니다. 문에서 그를 다정히 반겼죠. 저는 호의와 진심을 담아 말했습니다. 집세가 얼마나 높은지 먼저 이야기하지 않았습니다. 오히려 이 아파트에 얼마나 만족하는지에 대해 이야기하기 시작했죠. 정말이었어요. '진심으로 칭찬하고 칭찬을 아끼지 않았습니다.' 그가 건물을 관리하는 방식을 칭찬하고, 내년에도 계속 머물고 싶지만 집세를 지불할 능력이 없다고 얘기했습니다.

그는 지금껏 그렇게 호의적으로 말한 입주자를 만나본 적이 없음에 틀림없었습니다. 어떻게 대해야 할지 모르더군요.

이윽고 주인은 자신이 겪고 있는 문제를 말하기 시작했어요. 불평을 해대는 세입자들 말입니다. 한 명은 그에게 편지를 열네 통이나 썼는데, 그중에는 모욕적인 내용들도 더러 있었습니다. 또 어떤 이는 위층의 코 고는 소리를 멈추게 하지 않으면 계약을 파기한다고 협박했어요. '당신처럼 만족하는 세입자가 있다는 게 너무나 다행이네요'라며 말하더군요. 그리고 나서 제가 요청하지도 않았는데도 주인은 집세를 좀 깎아주더라고요. 저는 좀 더 깎길 원했기에 제가 지불할 수 있는 금액을 밝혔고, 주인은 어떤 반론도 없이 바로 동의했지요.

주인은 자리에서 일어날 때 저를 돌아보며 물었습니다. '제가 실내 인테리어를 추가로 좀 해드릴까요?'

만약 제가 다른 거주자들이 했던 방식으로 집세를 깎으려 했다면, 저 역시 그들과 똑같이 실패했을 겁니다. 집세를 낮출 수 있었던 건, 친절하고 동정심을 이끌어내고 감사할 줄 아는 방식 때문이었지요."

또 다른 예를 보자. 이번에는 여성의 경우다. 롱아일랜드 해변에 있는 가든 시티에 사는 도로시 데이 부인은 사교계의 유명 인사다. 그녀의 이야기를 들어보자.

"최근에 저는 친한 친구들 몇 명을 불러 작은 오찬 모임을 가졌습니다. 저에게 중요한 행사였습니다. 그래서 모든 일이 매끄럽게 진행될 수 있도록 신경을 썼습니다. 이런 일에는 보통 수석 웨이터인 에밀이 저를 도와주었습니다. 하지만 이번에 그는 저를 실망시켰습니다. 행사는 완전히 실패했습니다. 에밀은 나타나지도 않았고, 달랑 웨이터 한 명만 보내 손님들을 시중들게 했습니다. 더구나 그 웨이터는 일류 서비스를 전혀 모르는 신참이었습니다. 가장 먼저 챙겨야 할 주빈을 가장 나중에 챙기더군요. 한번은 그 손님의 큰 접시에 조그만 샐러리 하나만 달랑 서빙하기도 했습니다. 고기는 질기고, 감자는 기름 범벅이었죠. 아주 끔찍했습니다. 민망함을 감추느라 애쓰며 미소를 지었지만, 속으로는 이런 생각을 하고 있었습니다. '에밀, 어디 두고 보자. 속이 후련해지도록 닦달해주겠어.'

이 일이 있었던 것은 수요일이었습니다. 그다음 날 저녁에 저는 인간관계 강의를 들었습니다. 강의를 들으면서 저는 에밀을 혼내봐야 아무 소용이 없을 거라는 생각이 들었습니다. 그를 화나게 하고 반감만 가지게 할 뿐이겠죠. 그리고 앞으로 저를 도울 생각이 싹 사라져버릴 테고요. 저는 그와 입장을 바꿔서 생각해보았습니다. 그가 재료를 사온 것도, 요리를 한 것도 아니었습니다. 그리고 웨이터 가운데 좀 뒤떨어지는 사람이 있는 건 그도 어쩔 수 없는 일이겠죠. 제가 화를 내는 게 너무 지나친 건 아닌가, 너무 성급한 건 아닌가 하는 생각을 했습니다.

그래서 그를 비난하는 대신에 우호적인 방식으로 말을 꺼내야 겠다고 결심했습니다.

우선 칭찬부터 해야겠다고 생각했습니다. 이런 시도는 멋지게 들어맞았습니다. 그다음 날 에밀을 만났습니다. 그는 화난 표정으로 자신을 방어하기 위한 태세를 갖추고 있었습니다. 제가 얘기했습니다. '이봐요, 에밀, 내가 모임을 할 때 당신이 도와주면 얼마나 든든한지 몰라요. 당신은 뉴욕 최고의 수석 웨이터잖아요. 물론 재료를 사거나 요리를 한 게 당신이 아니라는 건 충분히 알고 있어요. 아마 지난 수요일의 일은 당신도 어쩔 수 없는 상황이었을 거예요.'

에밀의 얼굴에 구름이 걷히고 그가 미소를 지으며 이렇게 말했습니다. '정말 그랬습니다, 부인. 문제는 요리사였지 제 잘못이 아니었습니다.'

그래서 제가 이렇게 얘기했습니다. '다른 모임을 계획 중인데 당신 조언이 필요해요. 그 요리사를 계속 써도 괜찮을까요?'

'오, 물론입니다, 부인. 다시는 그런 일이 없을 겁니다.'

그다음 주에 저는 다시 오찬 모임을 열었습니다. 에밀과 함께 메뉴를 정했죠. 저는 그에게 팁을 절반만 주고 다시는 지난 실수에 대해 얘기하지 않았습니다.

우리가 도착했을 때 식탁은 수십 송이의 붉은 장미로 장식되어 있었습니다. 에밀은 계속 곁에서 시중을 들어주었고요. 메리 여왕을 위한 자리였더라도 그보다 더 잘할 수는 없을 정도였답니다. 음식은 아주 맛있고 따뜻했습니다. 서비스도 완벽했습니다. 메인 요리가 나올 때는 한 명이 아니라 네 명의 웨이터가 서빙해주었습니다. 요리 위에 마지막으로 민트를 뿌릴 때는 에밀이 직접 해주었습니다.

모임을 마치고 떠나면서 그날의 주빈이 제게 물었습니다. '저 수석 웨이터에게 마술이라도 거셨나요? 이런 훌륭한 서비스와 정성은 지금껏 본 적이 없습니다.'

그녀의 말이 맞았습니다. 우호적인 태도와 진심 어린 감사라는 마법을 사용했으니까요."

오래전 내가 미주리 주 서북부 지역에서 맨발로 숲을 지나 시골 학교를 다니던 시절에 햇빛과 바람에 대한 우화를 읽은 적이 있다. 그들은 누가 더 강한지를 두고 다퉜다. 바람이 말했다. "내가 강하다는 것을 증명하지. 저기 코트를 입고 가는 늙은이를 봐. 내가 너보다 코트를 더 빨리 벗게 할 수 있다고 장담하지." 그래서 햇빛은 구름 뒤에 숨고, 바람은 태풍이 될 때까지 계속 불었다. 하지만 바람이 세질수록 노인은 코트를 더 세게 여몄다.

결국 바람이 흥분을 가라앉히고 포기하자, 햇빛이 구름 뒤에서 나와 노인을 향해 친절하게 미소 지었다. 그제야 노인은 이마를 닦아내며 코트를 벗었다. 그러면서 햇빛은 바람에게 친절함과 호의가 분노와 강압보다 항상 강하다고 말했다.

아주 멀리 떨어져 있어 내 생전에 한 번이라도 가볼 수 있으리라곤 감히 상상도 해보지 못한 보스턴은 역사적으로 유명한 교육과 문화의 중심지였다. 내가 이 우화를 읽던 어린 시절, 보스턴에서는 이 우화에 담긴 진리가 실제로 펼쳐지고 있었다. 신기하게도 그 이야기의 주인공이자 의사인 B박사는 그로부터 30년이 지난 후에 내 강좌의 수강생이 되어 당시의 이야기를 들려주었다.

당시 보스턴의 신문들은 낙태 전문가라든가 돌팔이 의사들이 내는 허위 의료 광고가 넘쳐나고 있었다. 이들은 사람들에게 병을 치료해준다고 하면서, 실제로는 '남성성의 상실'이라는 이야기를 들먹이며 순진한 사람들을 겁먹게 한 다음 등쳐먹는 경우가 많았다. 그들의 치료라는 것은 사실 피해자들에게 끊임없이 겁을 주는 것일 뿐 실제 치료는 전혀 없었다. 소위 낙태 전문가라는 사람들이 일으키는 사망 사고도 끊이지 않았다. 하지만 처벌되는 경우는 많지 않았고, 대부분 벌금을 약간 물거나 정치적 영향력을 행사해 풀려나곤 했다.

상황이 너무 안 좋아지자, 보스턴의 양식 있는 사람들이 이대로 두고 볼 수는 없다며 들고 일어섰다. 성직자들은 설교를 통해 이런 신문 광고를 비난하고, 그런 광고가 더 이상 실리지 않도록 하나님께 기도했다. 시민 단체, 기업인들, 여성 단체, 교회, 청년 단체 등이 모두 과장된 허위 의료 광고를 비난하며 퇴치 운동에 나섰지만 성과가 없었다. 주 의회에서도 이런 불건전한 광고를 불법화하려는 치열한 논쟁을 벌였지만, 번번이 뇌물과 정치적 압력에 의해 무산되고 말았다.

당시 B박사는 독실한 보스턴 기독교인 공동체인 모범시민위원회 위원장을 맡고 있었다. 그곳에서도 여러모로 노력을 기울여보았지만 성과는 없었다. 그런 의료 범죄 행위에 맞서 싸우기에는 희망이 없어 보였다.

그러던 어느 날 저녁, B박사는 분명 예전에 누구도 해본 적 없는 일을 시도해보았다. 친절, 공감, 칭찬이란 방법을 시도했던 것이다. 그는 신문사가 스스로 그런 광고를 내지 않도록 하기 위해 노력했다.

그는 〈보스턴 헤럴드〉 편집장에게 편지를 보내 자신이 얼마나 그 신문을 좋아하는지 이야기했다. 자신은 항상 그 신문을 읽는데, 뉴스의 소재가 늘 깨끗하고 선정적이지 않으며, 사설도 훌륭하다고 칭찬했다. 온 가족이 함께 읽는 좋은 신문이라고도 말했다. 자신의 생각으로는 뉴잉글랜드 주에서 가장 좋은 신문일 뿐 아니라 미국 전체로 보더라도 일류에 속하는 신문임에 틀림없다고 칭찬했다. 그는 계속해서 이렇게 썼다.

"그런데 어린 딸을 둔 내 친구가 이렇게 말하더군요. 어느 날 저녁에 딸이 신문에 난 낙태 광고를 큰 소리로 읽더니, 그 광고에 나오는 문구들이 무슨 뜻인지 물어보더랍니다. 제 친구는 당황해서 어떻게 대답해줘야 할지 모르겠더랍니다. 귀사의 신문은 보스턴의 상류 가정에는 거의 다 배달됩니다. 그런데 제 친구 집에서 이런 일이 벌어졌다면, 그 밖에 수많은 다른 가정에서도 이런 일이 일어나지 않는다는 보장이 있을까요? 만일 편집장님께도 어린 딸이 있다면, 따님이 그런 광고를 보도록 놔두시겠습니까? 그리고 만약 따님이 그런 광고를 읽으며 무슨 뜻인지 물어보면 뭐라고 말씀하시겠습니까?

이처럼 훌륭하고 모든 면에서 거의 완벽한 귀사의 신문이 이런 오점이 있다니 유감입니다. 아빠들은 이제 딸이 신문을 들고 오는 것조차 두려워하고 있습니다. 수천의 독자들이 저처럼 생각하고 있지 않을까요?"

그러자 이틀 후 〈보스턴 헤럴드〉 편집장이 B박사에게 편지를 보내왔다. 박사는 그 편지를 수십 년간 서류함에 넣어 고이 보관해오다가 최근 내 강좌에 참여하면서 내게 주었다. 지금 내 앞에 그 편지가 놓여 있다. 그 편지는 1904년 10월 13일에 보낸 것으로 적혀 있다.

B박사님께

지난 11일에 신문사 편집장 앞으로 보내주신 편지에 대해 진심으로 감사드립니다. 그 편지는 제가 편집장이 된 이후로 계속 고민해오던 조치를 취하는 데 결정적인 역할을 했습니다. 〈보스턴 헤럴드〉는 다음 주 월요일부터 혐오스런 내용의 광고를 가능한 한 모두 싣지 않기로 결정했습니다. 과대 의료 광고나 낙태 관련 광고, 또는 이와 유사한 광고는 완전히 없애기로 했으며, 당장 추방하기 어려운 다른 의료 광고들은 절대 불쾌감을 주는 일이 없도록 감독하겠습니다.

이런 조치를 취하는 데 도움을 주신 박사님께 다시 한 번 감사드리며 이만 줄이겠습니다.

W. E. 하스켈 편집장 드림

수많은 우화를 지어낸 이솝은 기원전 600년경 그리스의 크로이소스 왕 시절의 궁정 노예였다. 하지만 그가 인간의 본질에 대해 가르쳤던 진리들은 2500년 전 아테네에서만큼이나 지금의 보스턴과 버밍엄에서도 통용된다. 햇빛은 바람보다 더 빨리 코트를 벗길 수 있었다. 친절하게 대하고 우호적으로 접근하며 감사해하는 것이 세상의 그 어떤 거센 파도와 폭풍보다 사람들의 생각을 더 쉽게 변화시킬 수 있다.

링컨이 한 말을 생각하자. "한 방울의 꿀이 한 통의 담즙보다 더 많은 파리를 잡는다."

그러므로 상대를 설득하고 싶다면, 다음과 같이 해보라.

 상대방을 설득하는 방법 4

우호적으로 시작하라.

소크라테스의 비밀

　다른 사람들과 대화할 때 반대 의견을 먼저 말하지 마라. 당신과 상대방의 견해가 일치하는 부분을 먼저 언급하고 또 강조하라. 되도록이면 당신과 상대방이 같은 결론에 이르기 위해 노력하는 중이며, 단지 결론에 이르는 방법만이 다를 뿐이라는 사실을 거듭 강조하라.

　또 상대방이 처음부터 '네, 맞아요'라고 말하도록 유도하라. 가급적 상대방으로부터 '아니요'라는 대답이 나오지 않게 하라. 오버스트리트 교수는 자신의 책 《인간 행동에 영향을 미치는 법》에서 이렇게 말하고 있다.

　"'아니요'라는 대답은 가장 극복하기 힘든 장애물이다. '아니요'라고 말하고 나면 자존심 때문에 자신이 뱉은 말을 끝까지 지키려 하게 된다. 어쩌면 '아니요'라고 한 말을 뒤늦게 후회할 수도 있다. 그렇다 하더라도 자존심이 허락하지 않기 때문에 한번 말하고 나면 반드시 자신의 입장을 고수하려 들게 된다.

따라서 상대방이 긍정적인 방향으로 대화를 시작하게 만드는 것이 매우 중요하다.

말을 잘하는 사람은 처음부터 '네'라는 대답을 여러 차례 얻어낸다. 그렇게 해서 듣는 사람의 심리를 긍정적인 방향으로 바꿔놓는다. 이는 당구공이 움직이는 모습과 유사하다. 당구공을 어느 한 방향으로 쳐보라. 구르는 공의 방향을 바꾸려면 많은 힘이 필요하고, 반대 방향으로 보내려면 훨씬 더 많은 힘이 든다.

여기서 볼 수 있는 심리적 패턴은 아주 분명하다. 어떤 사람이 진심으로 '아니요'라고 말할 때는 단지 '아니요'라는 단어 자체를 말하는 것보다 더 많은 일을 하게 된다. 신체의 분비선이나 신경 또는 근육이 모두 함께 온몸으로 거부반응을 일으킨다. 보통 이런 반응은 순식간에 일어나지만, 가끔 신체적 거부반응이나 거부하려는 태도가 눈에 띄기도 한다. 간단히 말해 몸 전체의 신경 및 근육 시스템이 거부하려는 자세를 취하게 되는 것이다. 반대로 '네'라고 말하면 그 어떤 거부반응도 일어나지 않는다. 진심으로 마음을 열고 스스럼없이 받아들이는 자세를 취하게 되는 것이다. 그러므로 대화가 시작되는 순간부터 '네'라는 대답을 더 많이 끌어낼수록 최종적으로 제안하려는 내용에 대해 상대의 관심을 끌 수 있는 가능성도 높아진다.

'네'라는 반응을 끌어내는 기술은 매우 간단하다. 그런데도 왜 모두 이를 외면하는지! 사람들은 처음부터 상대방의 의견에 반대해야만 자신의 존재감을 드러낼 수 있다고 생각하는 듯하다. 진보적인 사람이 보수적인 사람들과 토론을 하면 순식간에 상대를 화나게 하고 만다. 그런데 그렇게 해서 얻는 게 무엇이란 말인가? 만약 상대를 화나게 만드는 것 자체가 즐거움이라면 그럴 수도 있다. 하지만 상대를 설득하고자 하는 경우라면 그는 심리적으로 무지하다는 것을 드러낼 뿐이다. 상대가 학생이나 고객, 자녀, 남편 또는 아내든 상관없이 상대로부터 '아니요'라는 답변을 이끌어내고 나면, 곤두서 있는 부정적인 태도를 긍정적으로 돌리는 데 천사의 지혜와 인내심이 필요하다."

뉴욕의 그리니치 저축은행에서 일하는 제임스 에버슨은 바로 이 '네, 맞아요' 기술을 이용해 자칫 잃을 뻔했던 잠재 고객을 붙잡을 수 있었다. 에버슨은 이렇게 이야기했다.

"남성 한 분이 계좌를 개설하려고 오셨습니다. 전 그분께 작성해야 할 기본 서식을 건네 드렸죠. 그분은 일부 질문에는 선뜻 답했지만, 몇 가지 다른 질문에 대해서는 답변을 단호히 거절했습니다.

제가 인간관계를 공부하기 전이었다면 아마 이 고객님께 '저희 은행에 정보를 제공해주시지 않으면 계좌를 개설해드릴 수 없습니다'라고 말했을 겁니다. 과거에 제가 이렇게 행동했다는 사실이 참 부끄럽네요.

물론 그런 식으로 최후통첩을 하고 나면 우쭐해지곤 했습니다. 우리 쪽에 주도권이 있다는 사실을 알려주며 은행의 규칙과 규정을 무시할 수 없다는 걸 통보했죠. 하지만 그런 태도는 확실히 우리 은행을 이용하려고 찾아온 고객이 환영받거나 제대로 대접받고 있다는 느낌을 주지 못했습니다.

전 그날 아침 상대방에게 예의를 갖춰 대하기로 했습니다. 은행이 요구하는 게 아니라 고객이 원하는 것에 대해 말하기로 했죠. 그리고 무엇보다 고객님께 처음부터 '네, 맞아요'라는 답변을 얻어내기로 결심했습니다. 그래서 그분의 말에 동의했습니다. 그 고객이 답변하지 않은 정보는 절대적으로 필요한 건 아니라고 말씀드렸죠. 그러고는 덧붙여 말했습니다. '하지만 만약 고객님께서 사망하시고 난 뒤에도 이 은행에 예금이 남아 있다고 생각해보세요. 법적 절차에 따라 상속자에게 돈이 전달되기를 원하시겠죠?' 그러자 '네, 그렇죠'라고 그 고객이 대답했습니다. 전 계속 말을 이어갔습니다. '그렇다면 상속자의 성함을 알려주시는 게 좋지 않을까요? 사망 시 실수나 지체 없이 고객님이 원하시는 대로 상속을 처리할 수 있게 말입니다.' 그분은 또다시 '네'라고 대답했습니다.

그 젊은 남성 고객은 은행이 아니라 본인을 위해 정보를 요구했다는 사실을 알게 되자 태도가 한결 누그러졌습니다. 은행을 나가기 전에 그는 모든 정보를 알려주었습니다. 뿐만 아니라 저의 제안을 받아들여 어머니를 수혜자로 지정한 신탁 계좌를 하나 개설하고, 어머니에 대한 질문에도 기꺼이 모두 답해주었습니다.

제가 처음부터 그 고객에게 '네, 맞아요'라는 대답을 얻어내고 나자, 그분은 문제 삼던 일을 잊어버리고 제가 제안한 모든 사항에 선뜻 응해주었습니다."

웨스팅하우스 일렉트릭 사의 영업 사원인 조셉 앨리슨의 사례도 있다. 그의 말을 들어보자.

"제가 담당하고 있던 지역에 우리 회사가 거래를 맺고 싶어하는 고객이 한 분 있었습니다. 제 전임자는 10년간 그 고객을 상대로 영업을 했지만 아무것도 팔지 못했습니다. 제가 그 지역을 담당하고 나서도 3년 동안 꾸준히 영업을 했지만 아무런 주문도 받지 못했습니다. 방문을 시작하고 판매 권유를 한 지 13년이 지나서야 마침내 모터 몇 대를 팔 수 있었습니다. 그리고 첫 납품한 모터의 성능이 제대로 입증만 된다면 수백 대는 더 팔 수 있을 거라고 예상했습니다. 제 기대는 그랬습니다.

왜냐고요? 전 우리 회사 제품에 자신이 있었기 때문입니다. 그래서 첫 납품 후 3주 뒤에 방문하면서 매우 들떠 있었습니다. 그런데 저를 대하던 기술 책임자는 충격적인 의사를 전했습니다. '앨리슨 씨, 더는 당신 회사의 모터를 구매할 수가 없소.'

'왜 그런 결정을 내리신 거죠?' 전 놀라서 물었습니다. '왜죠?'

'당신네 모터는 너무 뜨겁소. 손을 댈 수가 없어요.'

저는 언쟁을 해봤자 좋을 게 없다고 생각했습니다. 예전에 충분히 오랫동안 그런 식으로 해봤기 때문이죠. 그래서 저는 '네, 맞아요'라는 대답을 얻어내야겠다고 생각했습니다. '그렇다면 제 말씀도 한번 들어보세요. 저도 스미스 씨의 의견에

100퍼센트 동의합니다. 구매하신 모터에 과열이 발생했다면 더 이상 그 제품은 구매하시면 안 됩니다. 미국전기공업협회에서 제시한 과열 기준치를 넘는 제품을 구매해서는 안 되죠. 그렇죠?'

그는 그렇다고 동의했습니다. 저는 첫 번째 '네'라는 대답을 얻은 셈이죠. '전기공업협회의 규정에 따르면, 모터의 적정 온도는 실내 온도보다 40도 이상 뜨거워지면 안 된다고 되어 있습니다. 그렇죠?'

'그렇소.' 그는 또 동의했습니다. '맞는 말이오. 하지만 당신 회사 제품은 훨씬 뜨겁다니까요.'

저는 그와 논쟁을 벌이지 않고 단지 묻기만 했습니다. '여기 공장의 온도가 얼마나 되죠?' 그러자 그가 '음, 24도 정도 될 거요'라고 답하더군요.

'그렇다면 공장 온도인 24도에 40도를 더하면 총 64도가 되는군요. 64도나 되는 뜨거운 물이 나오는 수도꼭지 아래에 손을 대고 있으면 데이지 않을까요?' 또다시 그는 그렇다고 답할 수밖에 없었습니다.

그래서 저는 '그러면 모터에 손을 대지 않는 게 나을 것 같습니다'라고 제안했습니다. 그러자 그는 '음, 듣고 보니 당신 말이 맞군요'라며 인정했습니다. 우리는 한동안 대화를 계속 나눴습니다. 그러고 나서 그는 비서를 시켜 다음 달에 3만 5000달러 정도의 제품을 주문하게 했습니다.

수년 동안 수천 달러의 거래를 셀 수 없이 놓치고 나서야 마침내 저는 언쟁을 벌이는 게 전혀 도움이 안 된다는 걸 깨달았습니다. 또한 상대방의 관점에서 바라보고 상대방에게 '네, 맞아요'라는 대답을 얻어내는 것이 훨씬 더 이득이고 흥미롭다는 사실도 알게 되었습니다."

'아테네의 잔소리꾼'인 소크라테스는 세계 역사상 가장 위대한 철학자 중 한 사람이다. 그는 역사를 통틀어 오로지 몇 안 되는 사람만이 할 수 있었던 일을 해냈다. 소크라테스는 인간의 사고방식을 통째로 바꿨다. 소크라테스는 운명한 지 2300년이 지난 지금도 여전히 논쟁이 끊이지 않는, 이 세상에 큰 영향을 미친 최고의 현인으로 칭송받고 있다.

그의 방법은 무엇이었을까? 소크라테스가 남들에게 틀렸다고 말했던가? 소크라테스는 결코 그러지 않았다.

그는 훨씬 노련하게 대처했다. 지금은 '소크라테스 문답법'이라 불리는 그의 기술은 전부 '네, 맞아요'라는 답변을 얻어내는 게 기본이다. 소크라테스는 상대가 동의할 수밖에 없는 질문을 던졌다. 그리고 상대방이 충분히 동의할 때까지 계속해서 동의를 구했다. 소크라테스는 상대방이 결국 자신도 모르게 자기가 결사반대하던 결론을 받아들일 때까지 끊임없이 질문했다.

누군가에게 잘못을 지적하고 싶은 충동을 느낄 때면 소크라테스가 남긴 노장의 지혜를 기억하라. 그리고 '네, 맞아요'라는 대답을 끌어낼 수 있는 질문을 공손하게 건네라.

중국에는 동양의 오래된 지혜를 담고 있는 속담이 있다. "사뿐히 걷는 사람이 멀리 간다." 교양 있는 중국인들은 5000년

넘게 인간의 본성을 연구해오면서 수많은 통찰력을 얻었다. "사뿐히 걷는 사람이 멀리 간다"라는 이 격언도 그러하다.

그러므로 상대를 설득하고 싶다면, 다음과 같이 해보라.

 상대방을 설득하는 방법 5

상대방으로부터 '네, 맞아요'라는 대답을 빨리 이끌어내라.

불평불만을 해소하는 안전밸브

상대방을 설득하려 애쓰는 사람들은 대부분 지나치게 자기 말만 하는 경우가 많다. 상대방이 스스로 나서서 말하게 하라. 상대방은 자신의 일이나 문제에 대해 당신보다 훨씬 더 잘 알고 있다. 그러므로 상대방에게 물어보라. 당신에게 이야기를 털어놓게 하라.

만약 당신이 상대방과 의견이 맞지 않는다면, 말하는 도중에 끼어들고 싶은 충동을 느낄 수도 있다. 그럴지라도 끼어들지 마라. 그런 행동은 위험하다. 상대방이 꺼내고 싶어 안달이 난 이야기들을 다 끝내지 못하는 한, 그는 당신의 말을 들으려 하지 않을 것이다. 그러니 마음을 열고 끈기 있게 귀를 기울여라. 진지한 태도로 말이다. 상대방이 충분히 자신의 생각을 말할 수 있도록 도와라.

비즈니스에서도 이런 방법이 도움이 될까? 한번 살펴보도록 하자. 여기 이 방법을 쓸 수밖에 없었던 한 영업 사원의 이야기가 있다.

미국 최대 자동차 생산 기업 중 한 곳에서 1년 동안 쓸 자동차 내장재 시트 원단의 구매 협상을 진행하고 있었다. 주요 생산 업체 세 곳에서 견본을 제작했다. 자동차 회사의 경영진들은 각 생산 업체의 사장들에게 견본을 모두 검토한 뒤, 정해진 날짜에 계약 체결을 위한 최종 협의를 하게 될 것이라고 알렸다. 그중 한 생산 업체의 담당자인 G. B. R.도 협의를 하기 위해 그 지역에 도착했는데, 당시 그는 심각한 후두염을 앓고 있었다. 카네기 강좌에서 그는 당시의 일을 이렇게 얘기했다.

"경영진들과의 회의에서 제 차례가 되었을 때였습니다. 당시 저는 목소리가 나오지 않았습니다. 속삭이는 것조차 힘들었죠. 안내를 받고 회의실로 들어서자 섬유 기술자, 구매 관리자, 영업 이사, 사장이 있더군요. 저는 일어나 자리에서 일어나 말을 하려고 애썼지만, 쉰 소리를 내는 것 말고는 아무 말도 할 수 없었습니다.

모두 테이블에 둘러앉아 있었고, 할 수 없이 저는 메모지에 '여러분, 저는 지금 목이 쉬어서 말을 할 수가 없습니다'라고 적어 보여주었습니다.

그러자 '그럼 내가 대신 말하지'라며 그 회사 사장이 나섰습니다. 사장은 저희 회사의 견본을 꺼내 보더니 장점을 칭찬했습니다. 이어 저희 회사 상품의 장단점에 대한 열띤 토론이 이루어졌습니다. 사장은 저를 대신해 말한 뒤 토론이 진행되는 동안 제가 해야 할 일들을 모두 도맡아주었고, 제가 한 일이라고는 미소를 짓거나 고개를 끄덕이며 몇몇 동작을 취하는 게 전부였습니다.

이런 식의 특별한 회의를 한 결과, 저는 지금까지 성사시킨 계약 중 최대 규모인 총 160만 달러에 해당하는 약 46미터 이상의 내장재 원단 공급 계약을 체결하게 되었습니다.

저는 계약 조건에 대해 그들과 전부 다른 생각을 가지고 있었기 때문에 만약 당시 목이 쉬지 않았다면 계약을 놓쳤을 겁니다. 우연히 저는 가끔은 상대방이 말하도록 하는 게 얼마나 큰 이득이 되는지 알게 되었습니다."

필라델피아 전기 회사에 근무하는 조셉 S. 웨브도 같은 사실을 깨달았다. 그가 네덜란드 출신 농부들이 사는 펜실베이니아의 부유한 농장 지역에 시설을 점검하러 갔을 때의 일이다.

"왜 저 사람들은 전기를 쓰지 않죠?" 잘 단장된 농가 앞을 지나면서 웨브가 지역 담당자에게 물었다.

"저 사람들은 구두쇠라서 저들에게는 아무것도 팔 수가 없습니다." 지역 담당자가 혐오스럽다는 듯이 말했다. "우리 회사로서는 골칫덩어리들이죠. 전기를 공급하기 위해 노력해봤지만 소용이 없었어요."

그 말이 사실이었을지도 모른다. 하지만 웨브는 다시 한 번 시도해보려고 한 농가의 문을 두드렸다. 문이 조금 열리더니 나이 지긋한 드러켄브로드 부인이 밖을 내다보았다. 그 뒤 이야기는 웨브에게 직접 들어보자.

"제가 전기 회사에서 나온 것을 확인하더니 면전에서 문을 닫아버리더군요. 다시 노크를 하자 부인은 다시 문을 열었습니다. 그러더니 이번에는 우리와 우리 회사에 대해 나쁜 말을 쏟아놓기 시작했습니다.

'드러켄브로드 부인, 귀찮게 해드려서 죄송합니다. 하지만 저희는 전기를 팔러 온 게 아닙니다. 단지 달걀을 조금 사러 왔을 뿐입니다.'

그러자 그녀는 문을 좀 더 열더니 우리를 미심쩍은 눈으로 살펴보았습니다.

'보니까 좋은 도미니크 종 닭을 키우고 계시더군요. 신선한 달걀을 한 꾸러미 사고 싶습니다.'

이번에는 문이 좀 더 열렸습니다. '우리 닭이 도미니크 종인지 어떻게 아셨어요?' 부인이 궁금한 듯 제게 물었습니다.

'저도 닭을 키우고 있습니다. 그런데 이렇게 좋은 도미니크 종 닭들은 처음 봅니다'라고 제가 대답했습니다.

'그럼 왜 댁네 달걀을 쓰지 않는 거죠?' 아직도 뭔가 의심스럽다는 듯이 부인이 물어보았습니다.

'저희 집 닭은 레그혼 종이어서 달걀이 희거든요. 직접 요리도 하실 테니 잘 아시겠지만, 케이크를 만들 때는 흰 달걀이 갈색 달걀에 비할 수가 없죠. 저희 집사람은 케이크를 잘 만들기로 자부하는 사람이라서요.'

이쯤 되니 드러켄브로드 부인은 훨씬 우호적인 태도로 현관 밖으로 나와 있었습니다. 그사이에도 제 눈은 부지런히 여기저기 살피다가 농장에 아주 훌륭한 양계 시설이 있다는 걸 발견 했습니다. 저는 계속해서 이렇게 말했습니다.

'사실 남편께서 기르시는 소보다 부인께서 기르시는 닭에서 수입이 더 많이 나올 거란 생각이 듭니다. 그렇죠?'

빙고! 그 말은 부인의 마음에 쏙 드는 말이었습니다. 부인은 그 이야기에 관해 말을 하고 싶었지만, 그녀의 완고한 남편은 이를 인정하지 않으려 했던 모양입니다.

부인은 우리를 닭장으로 안내해주었습니다. 여기저기 둘러 보던 와중에 부인이 직접 고안한 조그만 장치들이 보이기에 저 는 후하게 평가하고 진심으로 칭찬해주었습니다. 괜찮은 사료 와 사육 온도에 대해서 제가 조언을 하기도 하고, 몇 가지는 부 인에게 물어보기도 했습니다. 부인과 저는 서로의 경험을 나누 며 기분 좋은 대화를 나누었습니다.

이윽고 부인은 이웃들 중에 닭장에 전등을 설치해 달걀 수확 량을 올린 사람이 있다고 말했습니다. 그러면서 자신도 그렇게 하면 수입이 늘어나게 될지 솔직한 저의 의견을 듣고 싶다고 했습니다.

2주 후, 드러켄브로드 부인의 도미니크 종 암탉들은 환한 전 등불 밑에서 모이를 쪼아 먹게 되었습니다. 물론 전기를 넣어 달라는 주문을 제가 받은 거죠. 그녀는 더 많은 달걀을 수확하 게 되었고, 모두가 만족스러웠습니다. 결국 모든 사람에게 이 득이 되었습니다.

이 이야기의 핵심은 바로 이겁니다. 만약 그 부인이 스스로 먼저 대화를 이어나가게 만들지 못했다면, 저는 그 펜실베이니아에 있는 네덜란드 출신 농부네 집에 전기를 팔 수 없었을 것입니다!

뭔가를 팔기 어려운 사람에게는 그들이 사도록 만들어야 합니다."

언젠가 뉴욕의 어느 신문 경제면에 특별한 능력과 경험을 지닌 사람을 찾는다는 구인 광고가 크게 실린 적이 있었다. 광고를 본 찰스 T. 쿠벨리스는 광고에 기재된 사서함으로 답신을 보냈다.

며칠 후 그는 우편으로 면접을 보러 오라는 안내문을 받았다. 면접을 보러 가기 전, 쿠벨리스는 월스트리트를 돌아다니며 회사 창립자에 관한 가능한 많은 정보를 수집했다. 면접에서 그는 "훌륭한 업적을 지닌 이 회사에서 일하게 된다면 무척 영광일 것입니다. 저는 사장님께서 28년 전에 달랑 사무실 한 칸에서 속기사 한 명을 두고 사업을 시작하신 걸로 알고 있습니다. 그게 사실입니까?"라고 물었다.

성공한 사람들은 으레 사업 초기의 어려운 시절을 떠올리기를 좋아한다. 그 사람도 예외는 아니었다. 사장은 사업 아이디어와 450달러만 가지고 어떻게 일을 시작했는지에 대해 한참이나 얘기했다. 일요일과 공휴일은 물론 하루에 12~16시간씩 일하며 어떻게 좌절과 비웃음을 견디고 이겨냈는지, 결국 온갖 역경을 극복하고 이제는 월스트리트의 최고 중역들이 정보를 얻고 자문을 구하러 자신을 찾아온다는 자랑도 늘어놓았다. 그는 이 같은 업적을 자랑스러워했다.

그는 마땅히 자랑스러워할 만했고, 이야기를 하면서 무척 즐거워했다. 마침내 그는 쿠벨리스에게 경력을 간단히 물어보고는 부사장을 불러 "이 사람이 우리가 찾는 사람일세"라고 말했다.

쿠벨리스는 고용주의 업적을 알아보는 수고를 아끼지 않았다. 그는 상대방과 그 사람의 문제에 관심을 가졌다. 그는 상대방이 모든 걸 얘기할 수 있도록 노력했고, 호감 가는 좋은 인상을 심어주었다.

주변의 친구조차도 당신의 자랑을 듣기보다 자신의 성공담을 말하고 싶어 하기 마련이다.

프랑스의 철학자 라 로슈푸코도 이렇게 말했다. "적을 만들고 싶다면 당신의 친구를 능가하라. 하지만 친구를 얻으려면 친구가 당신을 능가하게 두어라."

어째서 이 이야기가 맞는 말일까? 그 까닭은 친구가 우리보다 잘났다고 여길 때 자신이 중요한 존재인 듯한 느낌을 받지만, 우리가 친구보다 잘나거나 앞서게 되면 그 친구는 열등감이나 시기심을 느끼게 되기 때문이다.

독일에는 이런 속담이 있다. "Die reinste Freude ist die Schadenfreude." 번역하자면 "우리가 질투하는 사람들의 불행이 우리에게는 가장 큰 즐거움이다" 혹은 "다른 사람이 곤경에 빠졌을 때 우리는 가장 큰 기쁨을 느낀다" 정도가 될 것이다.

그렇다. 당신의 친구들 중에서도 당신이 잘나갈 때보다는 어려움에 처했을 때 더 만족스러워하는 사람이 분명 있을 것이다.

그러므로 당신이 이룬 것을 드러내지 말아야 한다. 겸손해야 한다. 이 말은 언제나 유용하다. 어빈 코브는 이를 잘 지켰다. 언젠가 법정에 증인으로 나선 코브에게 변호사가 이렇게 물은 적이 있었다.

"코브 씨, 제가 알기로 당신은 미국에서 가장 유명한 작가 중 한 분입니다. 그렇죠?" 그러자 코브는 이렇게 대답했다. "분에 넘치게 운이 좋았을 뿐입니다."

누구든 겸손해야 한다. 당신이나 나나 따지고 보면 100년 후에는 죽어서 사람들의 기억에서 완전히 사라지고 없을 대단치 않은 존재들이다. 짧은 인생을 살면서 그리 대단치도 않은 자신의 업적을 자랑함으로써 다른 사람들을 불편하게 만들 필요는 없다. 대신 다른 사람이 말을 하게 독려하자. 생각해보면 남들에게 뽐낼 만한 것도 별로 없다.

우리와 백치의 차이가 뭔지 아는가? 그리 큰 차이도 아니다. 우리의 갑상선 안에 들어 있는, 5센트 동전 하나면 살 수 있는 요오드의 차이일 뿐이다. 만약 의사가 우리의 목에 있는 갑상선을 열고 소량의 요오드만 제거하면 우리는 백치가 되고 만다. 길거리 약국에서 5센트만 주면 살 수 있는 요오드가 정신적으로 병에 걸린 사람과 우리의 차이점이다. 5센트어치 요오드일 뿐이다! 그들 앞에서 우리가 그리 우쭐할 것도 없지 않은가?

그러므로 상대를 설득하고 싶다면, 다음과 같이 해보라.

 상대방을 설득하는 방법 6

나보다 상대가 더 많이 얘기하게 하라.

협력을 이끌어내는 방법

　당신은 남이 알려준 아이디어보다 스스로 생각해낸 아이디어가 더 믿음이 가지 않는가? 만일 그렇다면 다른 사람에게 당신의 의견을 강요하는 것은 잘못된 판단이 아닐까? 당신은 몇 가지 제안만 하고 상대방이 결론을 내리도록 하는 게 더 현명하지 않을까?

　예를 들어보자. 카네기 강좌 수강생 중에 필라델피아에 사는 자동차 대리점의 영업 관리자 아돌프 젤츠라는 사람이 있었다. 그는 의욕도 없고, 준비도 제대로 안 하는 자동차 판매원들에게 열정을 불어넣어야겠다는 생각을 하게 되었다. 젤츠는 영업 회의를 소집해 영업 사원들에게 자기한테 바라는 게 무엇인지 정확히 알려달라고 말했다. 그는 영업 사원들의 의견을 칠판에 적었다. 그리고 말했다. "여러분이 바라는 것들을 모두 들어드리겠습니다. 이제 제가 여러분에게 무엇을 기대해도 되는지 말씀해주시기 바랍니다."

순식간에 답변들이 쏟아져나왔다. 충성, 정직, 적극적인 자세, 낙관적 사고, 팀워크, 하루 8시간 열정적으로 일하는 자세 등의 답변이 나왔고, 어느 영업 사원은 하루 14시간 근무를 자청하기까지 했다. 회의는 직원들에게 새로운 용기와 의욕을 북돋으며 끝이 났다. 이후 매출은 놀랍도록 많이 늘었다며 젤츠가 알려주었다.

"직원들이 저와 일종의 신뢰의 거래를 한 셈이죠." 젤츠가 말했다. "제가 제 역할을 다하는 한, 그들도 자신들의 역할을 다하겠다고 다짐했습니다. 영업 사원들의 요구와 바람을 들어주는 일이 그들에게 꼭 필요한 자극이었던 셈이죠."

무언가를 억지로 사거나 명령받는 것을 좋아하는 사람은 아무도 없다. 우리는 자기 마음대로 물건을 사거나 자신의 생각대로 행동하기를 더 좋아한다. 우리는 우리의 요구, 바람, 생각에 대해 상대방이 묻기를 바란다.

유진 웨슨의 경우를 보자. 그는 셀 수 없이 많은 돈을 대가로 치르고 나서야 이 사실을 알게 되었다. 웨슨은 스타일리스트나 직물 제조업자에게 디자인 도안을 파는 일을 했다. 그는 3년 동안 일주일에 한 번씩 뉴욕의 유명한 스타일리스트를 만나러 갔다. "제 고객이 저를 만나지 않겠다고 하지는 않습니다. 하지만 제 도안을 사지도 않습니다. 항상 제 도안을 세심히 관찰한 후 '웨슨 씨, 오늘도 안 되겠네요'라고 말하죠."

150번의 실패 끝에 웨슨은 자신이 너무 틀에 박힌 생각에 사로잡혀 있었다는 생각이 들었다. 그는 새로운 아이디어를 개발하고 다시 의욕적으로 일하기 위해 일주일에 하루 저녁은 사람을 다루는 방법을 공부하기로 마음먹었다.

얼마 안 가 웨슨은 새로운 접근 방식을 시도해보고 싶었다. 그래서 미완성 스케치 대여섯 점을 옆구리에 끼고 고객의 회사로 찾아갔다. "죄송하지만 부탁할 게 있습니다. 여기 미완성 도안이 있습니다. 이 도안을 어떻게 완성해야 당신에게 도움이 될지 조언을 부탁드립니다"라고 웨슨은 말했다.

그 고객은 아무 말 없이 한동안 스케치를 바라보았다. 그러더니 마침내 "며칠 동안 여기 놔두세요. 그리고 며칠 후에 다시 봅시다"라고 말했다.

사흘 후 웨슨은 다시 그 고객을 방문해 그의 의견을 들었고, 그 도안을 다시 가져가 그 고객이 말한 대로 완성시켰다. 결과는 어땠을까? 물론 모두 채택되었다.

그 일이 있은 후 9개월이 지난 지금까지 그 고객은 자신의 아이디어를 바탕으로 한 스케치 수십 장을 구매했고, 웨슨은 6000달러 넘게 벌었다. 웨슨은 이렇게 얘기했다. "이제 저는 지난 수년간 왜 그 고객에게 도안을 팔지 못했는지 알게 되었습니다. 제 입장에서 생각한 것을 그 사람에게 사라고 강요했기 때문이었습니다. 이제는 정반대로 그에게 생각을 알려달라고 요청합니다. 지금 그 고객은 자신이 디자인을 만들고 있다고 생각하고 있습니다. 그리고 실제로 그가 만들고 있습니다. 이제 저는 그에게 판매하지 않습니다. 그가 구매합니다."

시어도어 루스벨트는 뉴욕 주지사 시절 뛰어난 재주를 발휘했다. 정치 지도자들과 좋은 관계를 유지하면서도 그들이 거세게 반대하는 개혁을 밀고 나가는 수완을 발휘했던 것이다. 그가 했던 방법은 이렇다. 중요한 보직에 사람을 뽑아야 할 경우 정치 지도자들의 추천을 받았다. 후에 루스벨트는 이에 관해 이렇게 얘기했다.

"처음에는 자기 정당에서 '챙겨줘야 할 필요가 있는' 별 볼일 없는 정치꾼들을 추천하곤 합니다. 그러면 저는 유권자들이 용납하지 않을 테니 그들을 임명하는 건 좋은 정치가 아니라고 말합니다.

그러면 그다음에는 자신에게 그다지 유리하지도 불리하지도 않은, 자기 당에서 한자리 정도 하고 있는 사람을 추천합니다. 그러면 저는 그 사람이 유권자의 기대에 미치지 못하니, 그 자리에 좀 더 어울리는 사람을 찾아줄 수 없느냐고 다시 부탁합니다.

세 번째로 추천되는 사람은 거의 괜찮은 정도이긴 하지만, 아직 충분치 못한 경우가 많습니다.

그러면 저는 고맙다고 말하면서 한 번 더 추천을 요청하고, 결국 네 번째는 괜찮은 사람이 추천됩니다. 이렇게 추천된 사람은 제가 직접 선택했을 만한 사람들입니다. 저는 추천한 사람들에게 도와줘서 고맙다고 하면서 그 사람을 임명합니다. 그리고 그 임명에 대해 그 사람들이 책임감을 느끼도록 합니다. 그리고 그들의 추천을 받아들였으므로 이제는 그들이 나를 기쁘게 해줄 차례라고 말하곤 합니다."

그리고 그들은 보답을 했다. 루스벨트의 개혁 법안이었던 공무원 법이나 프랜차이즈 과세 법률을 지지함으로써 루스벨트의 기대에 부응했다.

기억할 것은 루스벨트가 남의 의견을 듣기 위해 많은 노력을 했고, 또 그들의 조언을 존중했다는 사실이다. 중요한 자리에 사람을 임명할 때 루스벨트는 정치 지도자들로 하여금 자신들이 후보를 추천했으며, 선출 기준 역시 자신들의 것이었다고 느끼도록 만들었다.

롱아일랜드에 있는 중고차 중개상이 스코틀랜드 부부에게 중고차를 판매할 때도 역시 같은 방법을 사용했다. 이 중개상은 그 부부에게 중고차를 수도 없이 많이 보여주었다. 하지만 그들은 어느 자동차도 마음에 들어 하지 않았다. 이 차는 어울리지 않고, 저 차는 상태가 안 좋고 하는 식이었다. 그리고 가격이 맞지 않는 게 늘 문제였다. 그들은 중고차의 가격이 자신들의 판단보다 늘 높게 매겨져 있다고 생각했다. 카네기 강좌를 수강하던 그 중개상은 이런 상황에서는 어떻게 하는 게 좋겠냐고 도움을 청했다.

우리는 그 부부에게 차를 팔려고 하지 말고 그 부부가 차를 사게 만들라고 답했다. 그들에게 어떤 차를 사라고 하지 말고, 그들이 어떤 차를 사겠다고 말하게 만들라는 것이다. 즉 자신의 생각이라고 느끼게 만들어야 한다고 했다.

중개상이 생각하기에도 일리가 있는 말이었다. 그래서 며칠 후 자신의 차를 팔고 싶어 하는 고객이 오자, 중개상은 이 방법을 사용하기로 했다. 중개상이 보기에 이번 차는 스코틀랜드 부부가 좋아할 만한 차였다. 그래서 중개상은 스코틀랜드 부부에게 전화를 걸어 잠깐 시간을 내서 조언을 해달라고 했다.

부부가 오자 중개상은 이렇게 말했다. "손님께서는 차를 꼼꼼하게 살피고 또 차의 가격을 매길 줄 아시니까, 이 차를 타보시고 제가 얼마쯤에 이 차를 사면 좋을지 가르쳐주시지 않겠습니까?" 그 부부는 자신들의 의견이 존중되고 있고, 또 능력을 인정받고 있는 상황이라 여기며 크게 웃음을 지어 보이면서 좋아했다. 그들은 차를 끌고 나가서 자메이카에서 포레스트 힐즈까지 퀸스 거리를 돌아오더니 이렇게 말했다. "이 차는 300달러에 사두시면 적당할 것 같군요."

"그럼 제가 300달러에 이 차를 확보하면 그 가격에 손님께서 사실 의향이 있으신가요?" 물론 그들은 사겠다고 했다. 300달러는 그들이 매긴 가격이었다. 그리고 거래는 바로 성사되었다.

또 다른 예도 있다. 어느 엑스레이 제조업자가 브루클린에 있는 가장 큰 병원 중 한 곳에 자신의 제품을 팔면서 같은 심리를 이용했다. 이 병원은 증축을 마치고 미국에서 가장 좋은 엑스레이 부서와 장비를 갖추려 하고 있었다. 방사선과 담당자였던 L박사는 자기 회사 장비의 장점을 늘어놓는 영업 사원들에게 시달리고 있었다.

하지만 이 제조업자는 더 노련했다. 그는 다른 영업 사원들보다 사람의 심리를 다루는 법을 더 잘 알고 있었다. 그는 아래와 같은 편지를 L박사에게 보냈다.

"저희 공장은 최근 신기종 엑스레이 장비를 완성했습니다. 첫 제품이 이제 막 저희 사무실에 도착했습니다. 이 제품은 아직 완벽하지 않습니다. 저희도 그 점을 잘 알고 있기 때문에 성능을 더 향상시키고 싶습니다. 그래서 박사님께서 시간을 내서 장비를 살펴보시고 어떻게 개선해야 업무에 더 도움이 될지 알려주신다면 정말 감사하겠습니다. 박사님께서 얼마나 바쁘신지 알기에 시간을 정해주시면 언제든지 차를 보내드리겠습니다."

직접 카네기 강좌에 온 L박사는 당시의 일에 대해 이렇게 얘기했다.

"편지를 받고 놀랐습니다. 놀랍기도 하고 기분이 좋기도 했죠. 지금까지 제 조언을 요청한 엑스레이 제조업자는 없었습니다. 그 요청을 받고 나니 제가 정말 중요한 사람이 된 것같이 느껴졌습니다. 그 주에는 저녁 스케줄이 꽉 차 있었지만, 장비를 살펴보기 위해 약속을 하나 취소했습니다. 그 장비를 알면 알수록 장비가 마음에 들었습니다.

그 회사의 누구도 저에게 장비를 팔려고 하지 않았습니다. 하지만 저는 병원을 위해서 장비를 구입해야겠다는 생각이 들었습니다. 장비의 뛰어난 성능이 마음에 들어 결국 장비를 구입했고 설치했습니다."

에드워드 M. 하우스 장군은 우드로 윌슨이 대통령에 재임하고 있을 때 국내 및 국제 문제에 막강한 영향력을 행사했다. 윌슨 대통령은 자신의 각료들보다도 하우스 장군의 권고나 조언을 은근히 더 신뢰했다. 대통령에게 영향력을 미치기 위해 장군이 사용한 방법은 무엇이었을까?

다행히도 하우스 장군은 그 비밀을 아서 호든 스미스에게 밝혔고, 스미스가 〈더 새터데이 이브닝 포스트〉에 장군의 말을 인용함으로써 우리는 그 비밀을 알게 되었다.

"윌슨 대통령을 알게 된 후 그의 생각을 바꾸는 최상의 방법은 대통령이 관심을 갖도록 만드는 게 아니라 그 스스로 생각해낸 것처럼 만들어서 무심결에 어떤 생각을 주입시키는 것이라는 사실을 깨달았습니다. 처음 이 방법은 우연히 효력이 드러났죠. 저는 백악관에서 대통령을 만나 어떤 정책을 주장했는데, 대통령은 허가하지 않을 것처럼 보였죠. 며칠 후 저녁 식사를 함께했는데, 대통령이 제 제안을 자신의 생각인 것처럼 자랑하는 걸 듣고 몹시 놀랐습니다."

하우스가 대통령의 말을 가로막고 "그건 당신 생각이 아닙니다. 그건 제 아이디어예요"라고 말했을까? 절대 아니다. 하우스는 그렇게 하지 않았다. 그는 훨씬 노련해서 누가 생각해냈느냐 하는 데는 신경 쓰지 않았다. 단지 결과를 원했다. 그래서 그 아이디어가 자신의 생각이라고 대통령이 느끼도록 놔두었다. 하우스 장군은 거기에서 한 발 더 나아가 대중들도 그 아이디어가 윌슨 대통령이 생각해낸 거라고 믿게 만들었다.

우리가 만나는 모든 사람들은 윌슨 대통령과 같은 사람임을 기억해야 한다. 그러므로 하우스 장군의 기술을 사용해보자. 캐나다의 뉴브런즈윅에서 온 한 남자가 이 기술을 나에게 적용했다. 그걸 기회로 나는 그 회사의 충성 고객이 되었다. 당시 나는 뉴브런즈윅에서 낚시와 카누를 할 계획이었고, 정보를 얻기 위해 여행 안내소에 편지를 썼다. 그러면서 내 이름과 주소가 DM 리스트에 포함되었다. 이후 나는 캠프 운영자와 여행 가이드로부터 너무나 많은 양의 편지와 책자, 그리고 체험 후기가 담긴 안내장을 받게 되었다. 나는 도대체 어떤 것을 골라야 할지 몰랐다. 그런데 그중 한 캠프 사장은 지혜로웠다. 그는 자신이 운영하는 캠프에 머물렀던 뉴요커들의 이름과 전화번호를 내게 보내 그들에게 전화해서 그 캠프가 어떠했는지 직접 물어보라고 했다.

놀랍게도 보내준 리스트에서 내가 아는 사람을 발견했다. 나는 그에게 전화해서 캠프가 어땠는지 알아보았고, 결국 그 캠프에 연락해 희망 예약 날짜를 알려주었다. 다른 사람들은 자신들의 서비스를 파는 데만 정신이 팔려 있었지만, 단 한 사람은 내게 스스로 알아보도록 했던 것이다. 그리고 그 캠프 사장이 이겼다.

2500년 전, 중국 현자인 노자는 오늘날 이 책을 읽는 사람들도 명심해야 할 명언을 남겼다.

"강과 바다가 산골짜기 시냇물의 존경을 받는 이유는 시냇물 아래에서 잔잔히 흐르기 때문이다. 그렇게 하여 강과 바다가 그 많은 시냇물을 아우를 수 있었던 것이다. 그러므로 어떤 현자가 사람들 위에 있기를 원한다면 자신을 그들 아래 두어야 하며, 사람들 앞에 서기를 원한다면 자신을 사람들 뒤에 두어야 한다. 그러면 그가 위에 있어도 사람들이 그의 무게를 느끼지 않으며, 그가 앞에 있어도 무례하다고 생각하지 않는다."

　그러므로 상대를 설득하고 싶다면, 다음과 같이 해보라.

 상대방을 설득하는 방법 7

　상대가 스스로 생각해냈다고 느끼게 하라.

기적의 공식

남들이 완전히 틀릴 수도 있다. 하지만 그들은 자신이 틀렸다고 생각하지 않는다. 그런 그들을 비난하지 마라. 바보들이나 그렇게 한다. 그들을 이해하려고 하라. 현명하고 참을성 있는 특별한 사람만이 그렇게 할 수 있다.

다른 사람이 그렇게 생각하고 행동하는 데는 이유가 있다. 이유를 밝혀내라. 그의 행동이나 성격에 그 실마리가 있다. 솔직하게 그의 입장이 되어보라. '내가 그의 입장이었다면 어떻게 느꼈고 어떻게 행동했을까?'라고 스스로에게 물어보라. 그러면 화를 낼 필요가 없어지고 낭비되는 시간을 아낄 수 있다. '원인을 알고 나면 마음에 들지 않던 결과도 이해하게 되기' 때문이다. 게다가 인간관계의 기술도 크게 향상된다.

케네스 M. 구드는 자신의 책《사람을 황금처럼 빛나게 하는 방법》에서 '잠깐 멈추라'라고 말한다.

"잠시 동안 멈춰 서서 당신이 정말 중요하게 생각하는 자신의 일과 덜 중요하게 생각하는 다른 사람의 일을 비교해보라. 그러면 다른 사람들이 나와 똑같이 느낀다는 것을 깨닫게 된다. 그러면 링컨과 루스벨트처럼 당신도 인간관계의 기본을 이해하게 된다. 즉 인간관계에서 성공하느냐 실패하느냐는 다른 사람의 입장에 서서 그 사람에게 얼마나 공감할 수 있는가에 달려 있다."

나는 집 근처의 공원에서 걷거나 자전거 타는 것을 좋아한다. 고대 갈리아의 드루이드교 신자처럼 떡갈나무를 너무 소중히 여기기 때문에 매년 어린 나무와 관목이 부주의한 화재로 인해 사라지는 것을 보면 마음이 괴롭다. 담배꽁초로 인해 화재가 나는 게 아니다. 대부분은 아이들에 의해 화재가 발생한다. 그들은 대자연을 만끽하기 위해 공원에 모여 나무 아래에서 불을 피우고 소시지나 계란을 요리하다 일을 그르친다. 가끔은 큰불을 진화하기 위해 소방차를 불러야 할 만큼 사납게 번지기도 한다.

공원에서 화기를 사용하는 사람은 벌금과 구속에 처해질 수 있다는 표지판이 공원 한쪽에 세워져 있다. 하지만 한적한 곳에서 정작 불을 낸 사람들은 그 표지판을 거의 보지 못한다. 기마경찰이 공원을 지키곤 있지만, 그 임무에 충실한 편이 아니라 화재는 매년 계속되었다. 한번은 내가 경찰에게 달려가서 공원에 불이 빠르게 번지고 있으니 즉시 소방서에 알리라고 말했다. 그런데 그는 자기 관할 구역이 아니기 때문에 알 바 아니라며 태연하게 대답하는 게 아닌가! 나는 다급하게 자전거를 몰아 화재 현장으로 달려가서 마치 공공재산 보호 위원처럼 행동했다.

불행하게도 처음에 나는 다른 사람의 입장에서 이 일을 생각해보지 않았다. 나무 아래 커지는 불꽃을 보고 너무 화가 났고, 올바른 일을 해야겠다는 생각에 사로잡혀 그른 행동을 하고 말았다. 나는 자전거를 타고 소년들에게 다가가 여기서 불을 피우면 감옥에 간다고 경고했고, 권위적인 목소리로 불을 끄라고 명령했다. 그리고 그들이 불을 끄지 않으면 경찰을 불러 체포시키겠다고 위협했다. 나는 타인의 시각에서 생각하기보다는 그저 내 감정을 표현하는 데 급급했다.

결과는 어떠했을까? 그들은 불만이 가득한 얼굴로 마지못해 내 말을 따랐다. 내가 언덕을 내려가고 나서 그들은 아마 다시 불을 지폈을 것이고, 온 공원에 불을 확 지르고 싶었을지도 모른다.

몇 년이 지난 후 나는 인간관계에 대해 더 잘 알게 되었고, 좀 더 요령이 생겼으며, 타인의 입장에서 사물을 보는 법을 알게 되었다. 이후 아이들에게 명령하기보다는 불이 번지는 쪽으로 달려가 이렇게 말하기 시작했다.

"즐거운 시간 보내고 있니? 저녁 식사로 뭘 요리할 생각이야? 나도 어렸을 때 불 피우기를 좋아했고, 실은 지금도 그래. 그런데 공원에서 불을 피우는 건 아주 위험해. 물론 너희가 어떤 피해도 줄 생각이 없다는 걸 알아. 하지만 조심스럽지 않은 아이들도 있거든. 그 아이들이 여기 와서 너희들이 불 피우는 걸 보고 따라 했다가 불을 다 안 끄고 집에 돌아가면, 건조한 잎사귀로 불이 번져서 나무를 다 태워버릴 수도 있어. 우리가 조심하지 않으면 여기 있는 나무들 모두 타버릴 거야. 어쩌면 너희들도 불을 피웠기 때문에 감옥에 갈 수도 있단다. 너희들에게 명령하거나 즐거운 시간을 방해하고 싶지는 않아. 그래도 불 근처에 있는 낙엽들은 지금 바로 치우는 게 좋겠구나. 그리고 떠나기 전에 불에다가 흙을, 많은 흙을 넣고 가렴. 그리고 다음에 불을 지필 때는 모래가 있는 언덕 위에서 하면 좋겠어. 거기서는 놀아도 문제가 없으니까. 고맙다, 얘들아. 그럼, 안녕!"

이렇게 말하면 얼마나 다른가? 아이들은 이 말을 듣고 협조하고 싶어 했다. 볼멘 표정이나 심술도 없었다. 명령에 복종하도록 강요하지 않아도 된다. 나는 그들의 체면을 살려주었다. 그들의 입장이 되어 상황을 해결했기 때문에 그들도 기분 좋았고, 나도 그랬다.

앞으로 누군가에게 불을 끄라고 하거나, 우리 제품을 사라고 하거나, 또는 자선단체에 기부하라고 하기 전에 잠시 멈춰 눈을 감고 타인의 시각으로 모든 상황을 생각해보는 건 어떨까? '왜 다른 사람들이 이렇게 하기를 원하는가?' 이렇게 생각하면 시간이 좀 더 드는 건 사실이다. 하지만 적을 만들지 않으면서도 좋은 결과를 얻을 수 있다. 물론 갈등도, 수고도 덜 수 있다.

하버드 비즈니스 스쿨의 돈험 학장은 다음과 같이 말했다. "다른 사람과 면담을 하러 갈 때는 내가 무슨 말을 할 것이며, 상대방이 어떻게 대답할 것인지를 생각합니다. 이를 통해 상대방의 관심과 동기가 파악되지 않는 경우에는 그의 사무실로 바로 들어가지 않고 두 시간 정도 사무실 앞에서 서성입니다."

이 말은 매우 중요하므로 강조하기 위해 다시 한 번 쓰고 반복해보겠다. "다른 사람과 면담을 하러 갈 때는 내가 무슨 말을 할 것이며, 상대방이 어떻게 대답할 것인지를 생각합니다. 이를 통해 상대방의 관심과 동기가 파악되지 않는 경우에는 그의 사무실로 바로 들어가지 않고 두 시간 정도 사무실 앞에서 서성입니다."

이 책을 읽고 '타인의 시각에서 생각하고 자기 자신은 물론 상대의 관점에서 사물을 보려고 노력하려는 자세'만이라도 갖출 수 있어도 앞으로 당신이 발전하는 데 훌륭한 밑거름이 될 것이다.

그러므로 상대의 기분을 상하게 하거나 원한을 사지 않으면서 상대를 변화시키고 싶다면, 다음과 같이 해보라.

 상대방을 설득하는 방법 8

상대방의 관점에서 사물을 보려고 진심으로 노력하라.

모든 사람이 원하는 것

　말싸움을 멈추게 하고, 반감을 날려버리고, 호의를 불러일으키며, 상대가 귀 기울이도록 해주는 마법 같은 말이 있다. 알고 싶지 않은가?

　바로 이것이다. "그렇게 생각하시는 게 당연합니다. 제가 당신이었어도 분명 그렇게 생각했을 겁니다."

　이렇게 말하면 상대가 아무리 고약한 사람이라도 누그러질 것이다. 당신이 상대방의 입장이라면 당신 또한 그와 같은 심정일 게 분명하기 때문에 이 말에는 진심이 담겨 있다.

　갱단의 두목이었던 알 카포네의 예를 들어보자. 만일 당신이 알 카포네와 똑같은 몸과 마음과 기질을 가지고 있다고 가정하자. 그리고 그와 같은 환경에서 같은 경험들을 해왔다고 생각해보자. 그렇다면 당신은 정확히 그와 같아지고, 그와 동일한 상황에 놓이게 될 것이다. 알 카포네를 그답게 하는 것은 다름 아닌 이 요인들이기 때문이다. 가령 우리가 방울뱀이 아닌 유일한 이유는 우리의 부모가 방울뱀이 아니기 때문이다. 당신이 소에게 입 맞추거나 뱀을 신성하게 여기지 않는 이유는 당신이 인도의 브라마푸트라 강가에 사는 힌두교 가정에서 태어나지 않았기 때문이다.

당신이 잘나서 현재의 모습이 된 게 아니다. 그리고 우리에게 화내고, 말도 안 통하고, 고집불통인 사람도 그렇게 된 데는 다 이유가 있다. 그러므로 그들을 불쌍히 여기고 동정하는 마음을 가져야 한다. 그들의 마음을 이해해야 한다. 존 B. 가프는 주정뱅이가 거리에서 비틀거리는 모습을 보며 이렇게 말했다. "하나님의 은혜가 없었더라면 나도 저렇게 되었을 거야."

당신이 만나는 사람 가운데 네 명 중 세 명은 공감에 굶주리고 목마른 사람들이다. 따라서 그들에게 공감해준다면 그들은 당신을 사랑하게 될 것이다.

나는 예전에 《작은 아씨들》의 작가인 루이자 메이 올컷에 관한 방송에 출연한 적이 있었다. 분명히 나는 그녀가 매사추세츠 주의 콩코드라는 마을에서 살면서 불후의 명작들을 써왔다는 사실을 알고 있었다. 하지만 나는 무심코 뉴햄프셔 주에 있는 그녀의 집을 방문했다고 말해버렸다. 내가 만약 뉴햄프셔라고 한 번만 말했더라면 용서받았을지도 모른다. 하지만 안타깝게도 두 번이나 잘못 말하는 바람에 수많은 편지와 전보, 벌떼처럼 쏘아대는 따가운 메시지가 쇄도했다. 많은 사람들이 화를 냈는데, 모욕적인 말을 서슴지 않은 사람들도 있었다.

매사추세츠 주의 콩코드에서 계속 살다가 당시에는 필라델피아에서 살고 있다는 어느 여성은 내게 몹시 화를 냈다. 아마 내가 올컷을 뉴기니의 식인종이라고 욕했어도 그렇게 화내지는 않았을 것이다. 그 편지를 읽었을 때 나는 혼잣말로 이렇게 중얼거렸다. "하나님, 제가 이런 여성과 결혼하지 않게 해주셔서 감사합니다." 나는 그녀에게 편지를 써서 비록 지명을 잘못 말한 것은 내 실수지만, 당신은 예절을 지키지 않은 더 큰 실수를 했다고 말해주고 싶었다. 이 말은 첫마디에 불과했으리라. 그러고 나서 본격적으로 그녀와 시비를 가리고 싶었다. 하지만 그러지 않았다. 내 자신을 억눌렀다. 바보라면 그럴 수 있고, 바보들 대부분은 정말로 그렇게 행동하곤 한다.

하지만 나는 바보보다는 더 나은 사람이 되고 싶었다. 그래서 그녀의 반감을 돌려 친분을 쌓아보리라 마음먹었다. 그것은 도전이었고, 내겐 일종의 게임이었다. 나는 내 자신에게 말했다. "어찌 됐든 간에 내가 그녀였다면 나도 아마 그녀처럼 느꼈을 거야."

그래서 나는 그녀의 눈높이에서 공감하기로 결심했다. 이후에 내가 필라델피아에 가게 되었을 때, 그녀에게 전화를 걸었다. 대화는 이런 식으로 이어졌다.

나: 안녕하세요, 부인. 몇 주 전에 보내주신 편지는 잘 받았습니다. 감사드리고 싶어서 전화드렸습니다.

부인: (날카롭지만 교양 있고 예의 바른 목소리로) 전화하신 분은 누구시죠?

나: 잘 모르실 겁니다. 저는 데일 카네기라고 합니다. 몇 주 전 일요일에 제가 방송에서 루이자 메이 올컷에 대해 말했던 방송을 들으셨을 텐데, 제가 그만 올컷이 뉴햄프셔 주 콩코드에 살았다고 어처구니없는 실수를 저질렀습니다. 정말 말도 안 되는 실수라서 사과를 드리고 싶군요. 기꺼이 시간 내어 제게 편지를 써주신 점도 감사드리고요.

부인: 카네기 씨, 그런 편지를 보내 죄송합니다. 제가 잠시 이성을 잃었습니다. 사과드립니다.

나: 아니요, 아닙니다. 사과할 사람은 부인이 아니라 접니다. 초등학생이라도 다 알 만한 사실을 제가 실수했습니다. 그 다음 주 일요일에 방송에서 사과했습니다만, 지금 개인적으로 부인께 사과드리고 싶습니다.

부인: 저는 매사추세츠 주 콩코드 출신입니다. 우리 가족은 지난 200년간 매사추세츠 주에서는 이름난 집안이었고, 저도 제 고향을 아주 자랑스러워합니다. 그래서 카네기 씨께서 올컷이 뉴햄프셔 주에 살았다고 말씀하시는 걸 듣고 마음이 상했습니다. 그렇다 하더라도 제가 보낸 편지는 정말이지 부끄럽습니다.

나: 제가 부인보다 열 배는 더 마음고생을 했다는 점을 말씀드리지 않을 수 없군요. 제 말실수가 매사추세츠 주에 누가 되지는 않을 겁니다. 다만 제 자신에게 상처가 됐을 뿐입니다. 부인처럼 지위가 있고 교양 있는 사람치고 라디오에 나온 사람한테 시간을 내서 편지 쓰는 게 쉬운 일은 아

니었을 겁니다. 앞으로 제가 또 실수하더라도 잘 지도해주시기 바랍니다.

부인: 제 비판을 이렇게 받아주시니 저도 마음이 한결 편해졌답니다. 정말 좋은 분이신 것 같군요. 앞으로 기회가 있으면 만나뵐 수 있기를 바랍니다.

그렇게 내가 사과하고 상대의 입장에서 동정심을 보이자, 그녀도 사과와 함께 내 입장을 이해해주었다. 그리고 나는 내 감정을 조절했다는 만족감과 함께 모욕을 받고도 호의를 보여주었다는 성취감도 얻었다. 그녀에게 강에나 빠져버리라고 욕하기보다 나에게 호감을 갖게끔 만들었다는 사실도 더없이 보람 있고 즐거웠다.

백악관의 주인이 된 사람이라면 누구나 매일 곤란한 인간관계에 부딪히게 된다. 태프트 대통령도 예외는 아니었다. 그는 수많은 일을 겪으면서 상대의 반감을 누그러뜨리는 데 공감이 얼마나 큰 힘을 발휘하는지 알게 되었다. 태프트 대통령은 자신의 저서 《공직자의 윤리》에서 자기 욕심을 채우지 못해 실망한 나머지, 화가 난 어느 부인과의 일화에서 상대방의 화를 어떻게 누그러뜨렸는지 보여준다.

"워싱턴에서 정치적으로 제법 영향력을 갖고 있는 어떤 이의 부인이 자기 아들을 보직에 앉히려고 6주 이상이나 계속 찾아왔습니다. 이 부인은 상원과 하원 의원들을 자기편으로 만들어 자기 아들을 계속 추천하도록 압력을 넣었죠. 하지만 그 직책을 수행하려면 전문적인 자격이 필요해서 주무부서의 추천에 따라 다른 사람을 임명했습니다. 그러고 나서 그 부인으로부터 편지를 받았습니다. 내용인즉 제가 조금만 도와주면 좋았을 텐데 그러지 않아서 아주 배은망덕하다고 탓하더군요. 그 부인은 제가 각별히 신경 쓰고 있던 법안에 자기가 속한 주의 의원들을 동원해 지지표를 몰아주었는데, 고작 이런 식으로 갚을 수 있냐며 따졌습니다.

이런 편지를 받으면 적절치도 않을 뿐만 아니라 무례한 행동이라 여겨져서 본때를 보여주고 싶어집니다. 그리고 곧장 답장을 씁니다.

하지만 현명한 사람이라면 편지를 책상 서랍에 넣어두고는 잠가둘 겁니다. 그런 서신은 이틀 정도 늦게 보내도 큰 문제가 되지 않기 때문이죠. 그런데 이틀쯤 지난 후에 꺼내 보면 보내고 싶은 마음은 어느덧 사라지곤 합니다. 저는 그런 식으로 대처했습니다. 그러고 나서 최대한 예의를 갖춰 '그 상황에서 어머니로서 느낄 수 있는 실망감을 이해하지만, 그 직책은 단순히 제 호감만으로는 섣불리 임명할 수 없을 정도로 전문 자격을 요구하는지라 주무부서 책임자의 추천을 따라야 했다'라는 내용의 편지를 썼습니다. 또 아들은 지금 맡고 있는 지위에서도 부인의 기대를 충분히 만족시켜줄 것이라고 말해주었습니다. 부인은 화가 누그러져 그런 편지를 보내 미안하다고 연락해왔습니다.

하지만 제가 임명한 사람은 빨리 승인이 나지 않았고, 그사이 이전 편지와 필체가 같지만 남편이라고 하는 사람에게서 편지가 왔습니다. 부인이 이 일로 실망이 크던 차에 신경쇠약에 걸려 몸져눕더니 심각한 위암에 걸렸다는 내용이었습니다. 애초 임명했던 사람 대신 자기 아들을 지명하면 아내의 병세가 호전되지 않겠냐고 부탁했죠. 이번에는 남편에게 편지를 써서 부인에게 내려진 진단이 정확하지 않기를 바라며, 아내의 중환으로 상심이 큰 남편의 처지는 이해하지만 이미 내려진 임명을 철회할 수는 없다고 써야 했습니다. 결국 제가 지명했던 사람은 승인되었고, 편지를 받은 이틀 후에 백악관에서 음악회를 열게 되었습니다. 그 음악회에서 저와 제 부인에게 제일 먼저 인사를 건넨 사람은 얼마 전까지만 해도 임종 직전에 있다던 그 부인과 남편이었습니다."

솔 휴로크는 아마 미국 음악계 최고의 공연기획자일 것이다. 거의 반세기 동안 그는 샬랴핀, 이사도라 던컨, 파블로바 같은 세계적인 예술가들과 일했다. 휴로크는 자신이 개성 강한 유명인들을 대하면서 배운 가장 큰 교훈들 중 하나는 공감하고, 또 공감하며, 그리고 그들의 이상한 행동에도 더욱 공감해주는 것이었다며 내게 말했다.

휴로크는 대도시의 까다로운 관객들마저 전율케 할 정도로 대단한 베이스 가수였던 표도르 샬랴핀을 3년간 관리했다. 하지만 샬랴핀은 늘 고민거리였다. 철부지 아이처럼 굴기 일쑤였기 때문이다. 휴로크의 표현을 빌자면 '샬랴핀은 하는 일마다 골칫덩이 같은 친구'였다.

예를 들면 공연이 잡힌 날 점심때쯤 휴로크에게 전화를 걸어 "솔, 기분이 최악이군요. 햄버거를 날로 삼킨 것마냥 목 상태가 좋지 않아요. 오늘 밤 노래하기는 힘들겠어요"라고 말하는 식이었다. 휴로크는 샬라핀과 다투었을까? 그렇지 않다. 휴로크는 공연의 흥행을 책임지는 사람으로서 예술가를 그런 식으로 다루면 안 된다는 걸 알고 있었다. 그래서 휴로크는 샬라핀에 십분 공감하는 심정으로 그가 묵고 있는 호텔로 달려갔다. "정말 안됐군요"라며 휴로크는 아쉬운 마음을 표했다. "정말 아쉽군요. 이런 상태라면 당연히 노래를 불러선 안 됩니다. 일정을 바로 취소할게요. 2000달러 정도 손해 보겠지만, 그런 상태로 노래를 부르다 명성이 떨어지는 것보단 낫죠."

그러면 샬라핀은 한숨을 내쉬며 이렇게 말한다. "나중에 다시 한 번 들러주면 좋겠군요. 5시쯤 와서 그때 제 상태가 어떤지 좀 봐주세요."

5시에 휴로크는 다시 호텔로 가 동정심을 표했다. 역시나 일정을 취소하자고 주장하자, 샬라핀은 또 한숨을 내쉬며 말했다. "좀 더 있다가 한 번 더 와줄래요? 그때는 더 좋아질지도 모르니까."

7시 30분이 되자 이 대가수는 휴로크가 무대 위로 올라가 자기가 심한 감기에 걸려 목 상태가 좋지 않다고 말해준다는 전제하에 공연을 하기로 했다. 샬라핀을 무대 위에 세우려면 이 방법밖에 없기 때문에 휴로크는 거짓말을 했고, 샬라핀은 무대에 올랐다.

아서 I. 게이츠 박사는《교육 심리학》이라는 자신의 명저에서 이렇게 말한다.

"인간은 보편적으로 동정심을 받고 싶어 갈망한다. 아이들은 동정을 받으려고 상처를 내거나 자해하기까지 한다. 어른도 같은 목적으로 상처를 보여주고 사고나 병, 특히 수술에 대해서는 매우 상세히 설명한다. 현실의 일이든 가상의 일이든 불행한 처지에 대한 '사기연민'은 누구에게나 어느 정도는 있다."

그러므로 상대를 설득하고 싶다면, 다음과 같이 해보라.

 상대방을 설득하는 방법 9

상대의 생각과 욕구에 공감하라.

모든 사람이 좋아하는 호소법

나는 유명한 악당인 제시 제임스의 출신지인 미주리 주 외곽 시골에서 자랐다. 언젠가 미주리 주 커니에 있는 그의 농장을 가보았는데, 당시 농장에는 제임스의 아들이 살고 있었다. 그의 아내는 제임스가 열차를 강탈하거나 은행을 털고 나서 돈을 이웃 농부들에게 나눠주며 빚을 갚도록 했던 이야기를 들려주었다.

제시 제임스는 다음 세대로 이어지는 더치 슐츠나 쌍권총 크로울리, 알 카포네, 그리고 여타 조직범죄의 우두머리들처럼 자신을 이상주의자로 생각했던 모양이다. 사실 사람들은 누구나 자신을 높이 평가하며, 훌륭하고, 이기심 없는 사람으로 생각하곤 한다.

미국의 대은행가이자 미술품 수집가로 유명한 J. P. 모건은 자신의 경험을 이야기하면서 인간의 행위에는 두 가지 이유가 있다고 말했다. 하나는 듣기 좋은 이유이고, 다른 하나는 진짜 이유다.

사람들이 어떤 행동을 하는 데는 진짜 이유가 있다. 이 사실은 특별히 강조할 필요도 없다. 하지만 사람은 본디 이상주의적인 경향이 있어서 좋게 포장된 동기로 둘러대고 싶어 한다. 따라서 다른 사람의 마음을 바꾸고 싶다면 보다 고상한 동기에 호소하면 된다.

너무 이상적이라 비즈니스에 적용하기 어려울까? 펜실베이니아 주 글레놀던에 있는 파렐 미첼 사의 해밀턴 J. 파렐의 사례를 들어보자. 파렐은 세를 놓는데, 세입자 중 한 명이 이사를 하겠다고 우기며 투덜거렸다. 세입자의 계약 기간은 아직 4개월이나 남았는데도 남은 기간에 상관없이 바로 집을 비우겠다고 통보해온 것이다. 파렐은 카네기 강좌에 와서 자신의 이야기를 들려주었다.

"이 사람들은 1년 중 비용이 가장 많이 드는 겨울 내내 우리 아파트에 살았습니다. 가을이 될 때까지는 아파트에 세를 놓기가 어렵다는 걸 알고 있었죠. 임대 수입이 사라질 게 뻔해서 화가 났어요. 평소 같았으면 그 세입자에게 가서 임대 계약을 다시 확인해보라고 했겠죠. 그래도 이사 가겠다면 남은 계약 기간의 집세를 당장 내야 하고, 나 역시 그 돈을 다 받아낼 거라고 말했을 겁니다. 하지만 분을 못 참고 한바탕 소란을 피우기보다 다른 수를 써야겠다고 생각했습니다. 이렇게 말이죠.

'선생 말씀은 잘 들었습니다. 하지만 여전히 선생이 이사한다는 게 믿겨지지 않네요. 몇 년간 임대업을 하다 보니 사람 보

는 눈이 생겼는데, 첫눈에 봐도 선생은 약속을 지키는 분이라
고 믿었습니다. 사실 저는 이 점에 대해서는 내기를 해도 좋을
정도로 확신하고 있습니다.

제안을 하나 드리지요. 결정을 며칠만 미루고 다시 생각해주
십시오. 다음 달 첫날 집세 마감 전에 한 번만 더 찾아와 주십
시오. 그때도 꼭 이사를 하시겠다면 그 결정을 받아들이기로
하겠습니다. 이사를 보장해드리고 저는 제 판단이 틀린 걸 인
정하는 수밖에요. 하지만 저는 여전히 선생이 약속을 지키는
분이고, 계약대로 하실 거라고 믿고 있습니다. 그럼에도 모든
일이 결국 사람이 하는 거라 원하는 대로 되지 않을 수도 있고,
어쨌거나 각자 내린 선택에는 책임을 져야겠죠.'

다음 달이 되자, 그 세입자는 집세를 직접 전해주러 왔습니
다. 그들 부부는 이 문제를 두고 상의한 끝에 계속 살기로 결정
했다고 합니다. 떳떳하게 살려면 계약을 지킬 수밖에 없다고
결론을 내린 겁니다."

고인이 된 노스클리프 경은 자기가 공개하고 싶지 않았던 사
진이 신문에 실린 것을 보고는 신문사 편집장에게 편지를 썼
다. 하지만 "내 마음에 들지 않으니 그 사진을 더 이상 싣지 말
아주십시오"라고 말했을까? 그렇지 않다. 그는 보다 고상한 동
기에 호소했다. 그는 모든 사람들이 어머니를 향해 품는 존경
과 사랑의 감정에 호소했다. "부디 제 사진을 더 이상 싣지 말
아주셨으면 합니다. 제 어머니께서 싫어하신답니다."

존 D. 록펠러 2세도 자녀들의 사진이 신문에 실리지 않게 하

려고 고상한 동기에 호소했다. 그는 "우리 아이들의 사진이 실리지 않았으면 합니다"라고 말하지 않았다. 그는 아이들이 다치지 않기를 바라는 이 세상 모든 부모들의 욕구에 호소했다. 그는 이렇게 말했다. "왜 그런지 여러분도 잘 알지 않습니까? 여러분 중에 자녀를 두신 분도 있으리라 생각합니다. 어린아이들이 세상에 너무 많이 알려진다면 좋을 리 없지 않겠습니까?"

사이러스 H. K. 커티스는 메인 주의 가난한 집안 출신으로, 〈새터데이 이브닝 포스트〉와 〈레이디스 홈 저널〉을 창간해 갑부가 되었다. 백만장자가 되는 화려한 이력을 쌓기 시작할 초창기 시절, 그는 다른 잡지사만큼 원고료를 지불할 형편이 되지 못했다. 그래서 고상한 동기에 호소하기로 했다. 예를 들어 《작은 아씨들》이라는 불멸의 역작을 쓴 루이자 메이 올컷이 절정의 명성을 누릴 당시에 그녀에게 원고를 써달라는 청탁에 성공했다. 그는 100달러짜리 수표를 주는 대신 그녀가 가장 선호하던 자선단체에 기부하겠노라고 제안했던 것이다.

이쯤 되면 회의주의자들은 이렇게 말할지도 모른다. "노스클리프나 록펠러, 또는 감상에 젖은 소설가들한테는 통할지도 몰라. 하지만 밀린 돈을 내지 않으려는 집요한 사람들한테도 통하는지 보고 싶군." 그럴 수도 있다. 모든 상황에 들어맞거나 모든 사람들에게 통하는 방법은 없다. 만약 지금의 결과에 만족한다면 바꿀 필요가 없다. 하지만 만족하지 못한다면 시도해볼 만하지 않은가?

아무튼 전에 카네기 강좌를 수강했던 제임스 L. 토머스의 실제 경험담을 들어보기 바란다.

어느 자동차 회사의 고객 여섯 명이 수리비를 내지 않으려고 했다. 이들 중 수리비 전체를 거부하는 사람은 없었지만, 각자 어느 한 항목의 비용이 잘못 산출되었다고 주장했다. 각각의 서비스가 발생할 때마다 고객들은 모두 서명을 했기 때문에 회사 측은 잘못된 게 없다고 생각했다. 하지만 그것이 첫 번째 실수였다.

회사 측의 채권 회수 담당 직원은 미수금을 받으려고 아래의 절차를 밟았다. 과연 이들이 성공했을 것 같은가?

1. 직원들은 고객을 한 명씩 방문해 오래전에 기한이 지난 미수금을 받으러 왔다고 퉁명스럽게 말했다.
2. 직원들은 회사의 청구가 아주 정확하기 때문에 고객이 틀렸다는 점을 명확하게 말했다.
3. 직원들은 은연중에 자동차에 관해서는 회사가 고객보다 더 잘 알고 있다고 말했다. 그러니 논쟁의 여지가 없다고 설명했다.
4. 그 결과 시비가 벌어졌다.

이중 어느 하나라도 고객의 마음을 돌리고 돈을 받아내는 데 도움이 되었을까? 답은 독자도 잘 알 것이라 생각한다.

상황이 이쯤 되자 수금 관리자는 법률 소송을 준비하려 했는데, 마침 부장이 이 사실을 알게 되었다. 부장은 미수금 고객들을 조사하고 나서 그들 모두 평소에는 제때 수리비를 내던 사람들이란 사실을 알아냈다. 그는 수금 방법에 큰 문제가 있다고 생각했다. 그래서 제임스 L. 토머스를 불러 이 문제를 해결하도록 지시했다.

여기 토머스의 말을 빌려 그가 취한 조치들을 소개한다.

"1. 저 역시 장기 미수금을 받기 위해서 고객들을 각각 방문했습니다. 하지만 미수금에 대해 말하지 않았습니다. 저는 회사가 했던 일, 또는 하려다가 실패한 일들에 대해 알아보기 위해 방문했다고 설명했습니다.

2. 저는 고객의 이야기를 다 들을 때까지 어떤 판단도 내리지 않겠다는 점을 분명히 했습니다. 고객들에게 회사가 절대적으로 옳다고 주장하는 게 아니라고 말했습니다.

3. 저는 단지 고객님의 차에 대해서만 관심이 있으며, 고객이 자신의 차에 대해서는 누구보다도 잘 알고 있기에 그 주제에 대해서는 최고의 권위자라고 말했습니다.

4. 저는 고객이 말하도록 하고는 모든 관심과 주의를 기울여 그의 이야기를 들어주었습니다. 그것이 고객이 원하고 기대하는 것이었습니다.

5. 마침내 고객이 냉정을 찾자 저는 모든 것을 그의 공정한 판단에 맡겼습니다. 저는 고상한 동기에 호소하며 이렇게 말했습니다.

'먼저 저 역시 이 일이 매우 잘못 처리되어왔음을 느끼고 있다는 점을 알아주셨으면 좋겠습니다. 고객님은 저희 직원들 중한 명 때문에 그간 불편을 겪고, 성가시고, 짜증이 나셨던 것으로 알고 있습니다. 그에 유감을 표하고, 회사를 대표해 사과드립니다. 이곳에서 고객님의 이야기를 듣다 보니 고객님의 공정함과 인내심에 감동하지 않을 수 없었습니다. 이처럼 공정하고인내심이 있는 분이시기 때문에 고객님께 한 가지 부탁을 드리려 합니다. 그 부탁은 다른 누구보다도 고객님께서 잘하실 수있는 일이고, 다른 누구보다도 고객님께서 잘 알고 있는 일이기 때문입니다. 여기 고객님의 청구서가 있습니다. 고객님께서저희 회사 사장이라고 생각하고 이 청구서를 직접 정정해주셨으면 좋겠습니다. 어떻게 하시든지 그대로 따르겠습니다.'

그 고객들이 청구서를 수정했을까요? 물론 그렇게 했습니다. 그리고 꽤나 즐거워했습니다. 청구서 금액은 150달러에서400달러까지 다양했지만, 고객들이 모두 자신들에게 유리하게만 고쳤을까요? 그렇습니다. 한 사람은 그렇게 했습니다! 그들 중 한 사람은 논란이 된 금액에 대해 한 푼도 내지 않았습니다. 하지만 다른 다섯 명은 회사에 최고의 이익을 돌려주었습니다! 그리고 이 모든 과정에서 가장 재미있는 부분은 우리가이들 여섯 명의 고객들 모두에게 2년 안에 새로운 차를 팔았다는 사실입니다.

저는 경험을 통해 배웠습니다. 고객에 대해 어떠한 정보도없을 때 고객이 진실되고 정직하고 사실 그대로이며, 그들이옳다고 확신이 들면 기꺼이 요금을 지불할 사람들이라고 전제하는 것만이 상황을 진전시킬 수 있는 탄탄한 기초가 됩니다. 이걸 다르게 표현하자면, 아니 더 명확히 말하자면 사람들은 정직하지만 그들에게 부과된 짐을 덜어내기를 원한다고 전제하는 겁니다. 이 규칙에 예외는 비교적 적은 편입니다. 그리고 저는 행여 속이려 하는 사람들도, 당신이 그들을 정직하고 올곧으며 공정하다고 여긴다는 사실을 느끼게 해준다면 대부분 호의적으로 반응할 거라고 확신합니다."

그러므로 상대를 설득하고 싶다면, 다음과 같이 해보라.

 상대방을 설득하는 방법 10

상대의 고상한 동기에 호소하라.

영화와 TV에서 사용하는 방법

수년 전 〈필라델피아 이브닝 불리틴〉지는 악의적인 소문에 시달리고 있었다. 신문에 광고만 너무 많고 뉴스는 적어서 더 이상 독자들을 끌어들이기 힘들다는 소문이 광고주들에게 퍼지고 있었다. 발 빠르게 대응해 그 소문을 잠재울 필요가 있었다.

하지만 어떻게 해야 할까? 그들은 이렇게 했다.

그 신문사는 보통 하루에 발간되는 모든 종류의 읽을거리들을 발췌, 분리해 책으로 출간했고 《원 데이》라고 이름 붙였다. 신문사는 하드커버 책에 버금가는 307쪽 분량의 그 책을 2달러가 아닌 2센트에 팔았다.

책을 출간함으로써 그 신문사가 방대한 양의 재미있는 읽을거리를 제공한다는 사실을 더 강조할 수 있었다. 수치나 단순한 설명의 기사를 내는 것보다 더 생생하고 흥미롭고 인상적으로 사실을 전달할 수 있었다.

케네스 구드와 젠 카우프만이 쓴 《비즈니스에서의 쇼맨십》이라는 책에는 연출을 통해 매출을 늘린 여러 가지 생생한 사례가 소개되어 있다. 예를 들어 자사의 냉장고가 얼마나 조용한지를 극적으로 보여주기 위해 고객의 귀에 성냥 긋는 소리를 들려주었던 일렉트로룩스 사 이야기, 1.95달러짜리 모자에 명배우 앤 소던의 자필 서명을 넣음으로써 유명인을 활용한 사례가 된 시어즈 로벅 사의 카탈로그, 움직이는 쇼윈도 진열 상품들이 멈추면 고객들의 관심도가 80퍼센트나 줄어든다는 사실을 알아낸 조지 웰바움 이야기, 5년 전 1000달러였던 주식 리스트 두 개를 보여줌으로써 유가증권을 판매한 퍼시 화이트닝 이야기, 미키마우스가 백과사전에 오르게 된 사연과 장난감에 미키마우스의 이름을 붙여서 망해가던 회사가 되살아난 이야기, 창문을 더글러스 항공기의 실제 조종간처럼 만들어 고객들을 창가에 앉도록 유도한 이스턴 항공 이야기, 자사 제품과 경쟁사 제품이 벌이는 가상의 복싱 경기를 방송해 세일즈맨들의 사기를 북돋아주었던 해리 알렉산더 이야기, 진열된 캔디에 우연히 스포트라이트를 비추었더니 매상이 두 배나 늘어났던 이야기, 자사의 자동차가 얼마나 튼튼한지 보여주기 위해서 차 위에 코끼리를 올려놓았던 크라이슬러 사 이야기 등이 실려 있다.

뉴욕 대학의 리처드 보든과 앨빈 뷔스는 1만 5000건의 세일즈 상담을 분석했다. 그들은 《논쟁에서 이기는 방법》이라는 책을 썼고, 같은 주제로 '판매의 여섯 가지 원칙'이라는 강의를 했다. 이후에 책 내용을 담은 영화도 만들어져 수백 개 대기업의 영업 사원들 앞에서 상영되었다. 그들은 자신들이 밝혀낸 원칙들을 설명했을 뿐 아니라, 그 원칙들이 실제로 어떻게 구현되는지 보여주기도 했다. 관객들을 앞에 놓고 논쟁을 벌여 판매를 하는 좋은 방법과 나쁜 방법을 보여주는 식이었다.

지금은 연출의 시대다. 사실을 단순히 말로 표현하는 것만으로는 부족하다. 생생하고 흥미롭고 극적으로 표현해야 한다. 사람들의 이목을 끌고 즐겁게 하는 기술, 즉 쇼맨십을 발휘해야 한다. 영화도 그렇게 하고 있고, TV도 그렇게 한다. 주목받기 원한다면 그렇게 해야만 한다.

쇼윈도 디스플레이 전문가들은 연출의 힘을 잘 알고 있다. 예를 들어 새로운 쥐약을 개발한 어느 회사는 판매자들에게 살아 있는 쥐 두 마리를 쇼윈도에 전시해 보여주었다. 쥐들을 보여준 그 주의 매출은 평소보다 다섯 배 증가했다.

〈아메리칸 위클리〉의 제임스 B. 보인튼은 장문의 시장 보고서를 브리핑해야 했다. 그의 회사는 콜드크림 시장을 선도하는 제품에 대해 방대한 조사를 막 끝낸 상태였다. 해당 시장의 경쟁 상황에 대해 당장이라도 자료를 필요로 하는 고객은 광고계에서 가장 큰 거물이었다. 하지만 보인튼의 첫 번째 시도는 시작도 하기 전에 실패할 뻔했다. 보인튼의 말을 들어보자.

"처음 방문했을 때 저는 조사 방법을 얘기하느라 의미 없는 대화로 빠져버렸습니다. 고객은 고객대로, 저는 저대로 논쟁을 했죠. 그는 제가 틀렸다고 했고, 저는 제가 옳다는 걸 증명하려 했죠. 결국 제 주장이 받아들여지긴 했지만, 상담 시간이 다 끝나버렸고 저는 아무런 성과도 올리지 못했습니다.

두 번째 방문 때는 데이터나 숫자들이 가득한 표에 연연하지 않고 제가 조사한 사실을 극적으로 연출했습니다. 사무실에 들어서니 그는 전화 통화로 분주했습니다. 그가 통화하는 동안 저는 가방에서 그가 알고 있는 경쟁 회사의 콜드크림 제품 32개를 모두 책상 위에 꺼내 놓았습니다. 저는 시장 조사 결과를 항목별로 기입한 꼬리표를 각 병마다 붙였습니다. 그 꼬리표에는 간략하고 극적으로 해당 상품에 대한 정보가 적혀 있었습니다. 어떻게 됐을까요? 논쟁은 없었습니다. 기존과 다른 신선한 방식이었으니까요. 그는 콜드크림 병을 하나씩 들어 꼬리표에 있는 내용을 읽었습니다. 그러면서 편안한 대화가 오갔습니다.

그는 추가로 질문을 하면서 매우 흥미로워했습니다. 원래 제게 허락된 시간은 10분이었지만, 10분, 20분, 40분, 한 시간이 지나도 우리는 대화를 계속하고 있었습니다. 사실 예전에 설명했던 내용과 별로 다른 건 없었습니다. 하지만 이번에는 극적인 표현과 쇼맨십을 사용했고, 결과는 지난번과 전혀 달랐습니다."

그러므로 상대를 설득하고 싶다면, 다음과 같이 해보라.

 상대방을 설득하는 방법 11

당신의 생각을 극적으로 연출하라.

어떤 방법도 통하지 않을 때는
이렇게 하라

찰스 슈왑이 경영하는 공장 중에 생산량을 채우지 못하는 공장이 있었다. 슈왑은 공장장에게 "당신처럼 유능한 관리자가 할당된 생산량을 채우지 못하다니 어찌된 일입니까?"라고 물었다.

공장장은 이렇게 대답했다. "저도 모르겠습니다. 사람들을 구슬리기도 하고, 밀어붙여 보기도 하고, 혼내보기도 하고, 해고시키겠다고 위협도 해보았습니다만 통하지 않습니다. 사람들이 일을 하려고 하질 않습니다."

이 대화를 나눌 때는 야간 근무조가 오기 바로 전, 그러니까 주간 근무가 끝날 즈음이었다. 찰스 슈왑은 공장장에게 분필 하나를 가져다 달라고 하면서 가까이 있는 직원에게 이렇게 물었다.

"오늘 몇 번이나 주물을 부었나요?"

"여섯 번입니다."

슈왑은 아무 말도 하지 않고 분필로 바닥에 '6'이라고 크게 적어놓고 나가버렸다. 나중에 야간 교대조가 와서 '6'이라고 쓰인 것을 보고 무슨 뜻인지 물었다.

"오늘 사장님이 오셨는데 주물을 몇 번 부었냐고 물어보시기에 여섯 번이라고 대답했어. 그 말을 듣더니 사장님이 바닥에 쓰신 거야"라고 사람들이 말했다.

다음 날 아침 슈왑이 다시 공장을 방문했다. 야간 교대조가 '6'이라고 쓴 숫자를 지우고 크게 '7'이라고 바꿔놓았다. 그러자 주간 교대 조가 아침에 출근했을 때 바닥에 분필로 크게 '7'이라고 쓰인 것을 보았다. 야간 교대조는 그들이 주간 교대조보다 낫다고 생각하지 않았겠는가? 그러자 주간 교대조도 야간 교대조에게 뭔가를 보여줘야겠다고 생각했다. 주간 교대조는 열심히 일했고, 저녁이 되어 업무를 마칠 때쯤에는 뽐내기라도 하듯이 '10'이라는 숫자를 크게 남겼다. 이렇게 일은 계속 진행되었다.

생산량이 한참 뒤처져 있던 공장은 얼마 안 되어 같은 단지에 있는 다른 공장들보다 더 많은 실적을 올리게 되었다.

이유가 무엇이었을까? 찰스 슈왑의 말을 빌자면 다음과 같다. "일이 되게 하려면 경쟁심을 자극해야 합니다. 돈을 버는데 급급한 치사한 경쟁심이 아니라 남보다 앞서고 싶다는 경쟁심 말입니다."

남보다 더 잘하려는 욕구, 도전, 어려움을 극복하려는 의지 등은 사람들에게 호소하는 확실한 방법이다.

도전 정신이 아니었다면 시어도어 루스벨트도 미국의 대통령이 되지 못했을 것이다. 러프 라이더 연대를 모집해 스페인과의 전쟁에 참여했던 루스벨트는 쿠바에서 돌아온 직후 뉴욕 주지사가 되었다. 반대파는 루스벨트가 법률상 뉴욕 주의 거주민이라는 요건을 충족하지 못한다는 사실을 발견했고, 위협을 느낀 루스벨트는 자리에서 물러나고 싶어 했다. 그러자 당시 뉴욕 주 상원 의원이었던 토머스 콜리어 플래트가 그에게 도전 의욕을 불러일으켰다. 그는 시어도어 루스벨트를 찾아가 쩌렁쩌렁한 목소리로 다음과 같이 호통을 쳤다.

　"스페인전의 영웅이 겁쟁이가 되었단 말인가?"

　루스벨트는 계속 맞서 싸웠고, 그 뒷이야기는 역사가 보여주는 대로다. 도전 정신이 그의 인생을 바꿨을 뿐만 아니라 그의 조국인 미국의 미래에도 큰 영향을 미쳤다.

　찰스 슈왑은 도전이 가진 엄청난 힘을 알고 있었다. 플랫 상원 의원도 그랬고, 알 스미스도 그랬다. 알 스미스는 뉴욕의 주지사 시절 이런 도전에 직면했다. 데블스 아일랜드 서쪽에 위치한, 그 당시 가장 악명 높았던 형무소인 싱싱 교도소에는 교도소장이 없었다. 부정부패와 온갖 추한 소문이 교도소 안팎에 넘쳐나고 있었다. 스미스 주지사가 생각하기에는 싱싱 교도소를 관리할 강력한 인물이 필요했다. 누구를 보낼 것인가? 스미스는 뉴 햄프턴의 루이스 E. 로스를 불렀다.

　"자네가 싱싱 교도소를 맡아보는 게 어떻겠나?" 스미스는 루이스 앞에서 기분 좋게 말했다. "경험이 많은 사람이 필요한 자리네."

루이스는 난처했다. 그는 싱싱 교도소의 문제를 알고 있었다. 그곳은 변덕스럽고 기괴한 정치 놀음에 좌지우지되는 자리였다. 교도소장은 매번 바뀌었다. 심지어 임기가 3주에 불과했던 교도소장도 있었다. 그는 경력을 고려하지 않을 수 없었다. 위험을 감당할 가치가 있는 자리인지 고민했다.

그렇게 망설이는 루이스를 본 스미스는 몸을 뒤로 젖혀 의자에 기대고는 미소를 지으며 말했다. "젊은이, 겁먹는다고 해서 자네에게 뭐라 하지는 않겠네. 그 자리는 대단히 힘든 자리네. 그 자리에서 버티려면 큰 인물이어야겠지."

그렇게 스미스는 도전적인 말을 던졌다. 루이스는 '큰' 인물이 필요한 자리에 도전한다는 게 마음에 들었다. 그래서 그 직책을 받아들였고, 당대 가장 유명한 교도소장이 되었다. 그가 직접 쓴 《싱싱 교도소에서 보낸 2만 년》이라는 책은 수십만 권이나 팔렸다. 그는 방송에도 출연했으며, 교도소 생활에 대한 그의 이야기에 영감을 얻은 영화가 10여 편 제작되기도 했다. 그는 수감자들을 인간적으로 대우해주면서 교도소 개혁이라는 기적을 일으켰다.

유명한 파이어스톤 타이어 앤드 러버 컴퍼니를 창립한 하비 S. 파이어스톤은 이렇게 말했다. "돈만 준다고 인재를 불러들이고 또 유지할 수는 없습니다. 경쟁과 도전을 부추기는 게임 같은 요소가 있어야 합니다."

성공하는 사람은 누구나 게임을 즐긴다. 자신이 가치 있으며 탁월하고 이길 수 있음을 입증하는 기회이기 때문에 사람들은 도보 경주, 고함지르기 대회, 파이 먹기 대회 등에 참가한다. 더 잘하고 싶은 욕구, 존재감을 확인하고 싶은 욕구야말로 중요한 동기다.

그러므로 다른 사람, 그중에서도 용기 있는 사람, 열정이 넘치는 사람을 설득하고 싶다면, 다음과 같이 해보라.

 상대방을 설득하는 방법 12

도전 의욕을 불러일으켜라.

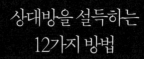

상대방을 설득하는
12가지 방법

1. 논쟁에서 이기는 방법은 논쟁을 피하는 것뿐이다.

2. 다른 사람의 의견을 존중하라. 상대가 틀렸다고 절대 말하지 마라.

3. 잘못했으면 빨리, 그리고 진심으로 잘못을 인정하라.

4. 우호적으로 시작하라.

5. 상대방으로부터 '네, 맞아요'라는 대답을 빨리 이끌어내라.

6. 나보다 상대가 더 많이 얘기하게 하라.

7. 상대가 스스로 생각해냈다고 느끼게 하라.

8. 상대방의 관점에서 사물을 보려고 진심으로 노력하라.

9. 상대의 생각과 욕구에 공감하라.

10. 상대의 고상한 동기에 호소하라.

11. 당신의 생각을 극적으로 연출하라.

12. 도전 의욕을 불러일으켜라.

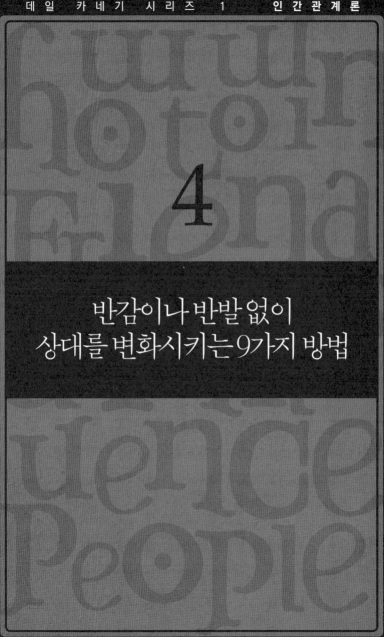

4

반감이나 반발 없이
상대를 변화시키는 9가지 방법

How to

win friends

&

influence

people

칭찬과 감사의 말로 시작하라

　캘빈 쿨리지 대통령 시절에 내 친구 중 한 명이 백악관에 손님으로 일주일간 머문 적이 있었다. 그 친구는 쿨리지 대통령이 개인 집무실로 들어가며 비서에게 하는 말을 듣게 되었다. "오늘 옷이 참 예쁘군. 당신은 정말 매력적인 아가씨야."

　평소 과묵한 쿨리지 대통령이 비서에게 했던 가장 과한 칭찬이었을 것이다. 그런 경우가 너무 드물어서 전혀 예상치 못했던 비서는 당황해서 얼굴을 붉혔다. 그러자 쿨리지 대통령이 말했다. "자, 너무 우쭐해하진 말게. 그냥 기분 좋으라고 한 말이니까. 이제부터는 글을 받아쓸 때 구두점 표기에 좀 더 신경 써 주면 좋겠네."

　쿨리지의 방법은 속이 너무 뻔히 드러나 보이는 게 사실이다. 하지만 인간 심리에 대한 그의 이해만큼은 훌륭했다. 누구든 좋은 점을 먼저 칭찬받고 나면 불쾌한 말은 좀 더 쉽게 받아들인다.

이발사는 손님을 면도해주기 전에 비누 거품부터 칠한다. 바로 이게 매킨리가 1896년 대통령에 출마했을 당시 사용했던 방법이다. 그 당시 공화당의 어느 열혈 당원이 선거 연설문을 작성해왔는데, 그는 자신의 연설문이 키케로와 패트릭 헨리, 그리고 다니엘 웹스터가 쓴 것을 모두 합친 것보다도 낫다고 생각했다. 너무 기쁜 나머지 그는 불멸의 연설문을 매킨리에게 큰 소리로 읽어주었다.

연설문은 나름 훌륭한 부분도 있었지만, 어쨌든 그대로 쓰기에는 적당치 않았다. 비난의 화살이 쏟아질 게 뻔했다. 하지만 그는 상대의 감정을 상하게 하고 싶지 않았다. 한편으로는 그의 훌륭한 열정을 망쳐서도 안 되지만, 다른 한편으로는 안 된다고 말해야만 하는 입장이 되었다. 그럼 매킨리가 얼마나 노련하게 그 상황을 처리했는지 살펴보자. 그는 이렇게 말했다.

"자네 연설문은 아주 훌륭해. 정말 감동적이네. 누구도 이보다 더 좋은 연설문을 쓸 수는 없을 걸세. 내용도 아주 적절한 부분이 많군. 하지만 이번 대선과 같은 특별한 상황에서는 적당할지 의문이군. 개인의 관점에서는 흠잡을 데 없이 맞는 말이겠지만, 나는 당의 관점에서 그 효과를 고려해야 한다고 생각하네. 돌아가서 내가 지적한 부분을 연설문에 반영해서 한 부 보내주게나."

그는 매킨리의 요청대로 했다. 매킨리는 그의 두 번째 연설문을 검토하고 그가 원고를 다시 고쳐 쓸 수 있도록 도와주었다. 그리하여 매킨리는 선거운동 중에 매우 영향력 있는 연설을 할 수 있었다.

다음으로 살펴볼 글은 에이브러햄 링컨이 쓴 편지 중에서 두 번째로 유명한 편지다(그의 가장 유명한 편지는 빅스비 부인에게 쓴 것이다. 그는 다섯 아들을 전쟁에서 잃은 그 부인에게 애도를 표했다). 링컨은 이 편지를 5분 만에 써 내려간 것으로 보인다. 그런데도 1926년 경매에 붙여졌을 때 이 편지는 1만 2000달러에 팔렸으며, 이 금액은 링컨이 반세기 동안 힘들게 일해서 모았던 돈보다 더 많았다.

남북전쟁에서 북군이 가장 힘든 시기에 쓴 이 편지는 1863년 4월 26일에 조셉 후커 장군에게 보낸 편지다. 당시 18개월 동안 링컨이 임명한 장군들이 지휘한 북군은 패배에 패배를 거듭하고 있었다. 아무런 성과도 없이 인명 피해만 늘어나고 있을 뿐이었다.

사람들은 침통해했다. 수천 명의 군인이 탈영했고, 심지어 링컨이 소속된 공화당 상원 의원들까지 링컨의 퇴진을 요구하기에 이르렀다. 당시 링컨은 이렇게 말했다. "우리는 지금 파멸 직전에 있습니다. 신마저도 우리를 버린 것 같습니다. 한 줄기 희망의 빛도 보이지 않습니다." 편지는 이처럼 깊은 슬픔과 혼란으로 가득한 시기에 쓰였다.

여기서 이 편지를 인용하는 이유는 국가의 운명이 장군 한 사람의 손에 좌우될 수도 있던 그때, 다루기 힘든 장군을 바꾸기 위해 링컨이 어떻게 했는지 잘 보여주기 때문이다. 이 편지는 링컨이 대통령이 된 후 쓴 편지 가운데 가장 비판적인 편지다. 하지만 여기에서도 링컨은 후커 장군의 중대한 과오를 지적하기 전에 먼저 그를 칭찬했음을 주목하라.

후커 장군은 분명 중대한 잘못을 저질렀지만, 링컨은 이를 지적하지 않았다. 링컨은 보다 신중하게 외교적 수완을 발휘해서 이렇게 표현했다. "장군에게 만족스럽지 못한 점이 몇 가지 있습니다." 정말 재치 있고 사교적이지 않은가! 링컨이 후커 장군에게 쓴 편지는 다음과 같다.

나는 포토맥 부대의 지휘관으로 장군을 임명했습니다. 물론 충분한 자격이 있다고 여겼기에 그렇게 했습니다. 하지만 장군에게 만족스럽지 못한 점이 몇 가지 있다는 것을 알아주었으면 좋겠습니다.

나는 장군이 용감하고 능력 있는 군인이라 믿고 있고, 그 점을 높이 삽니다. 또한 장군이 정치와 군인 본연의 임무를 구분하고 있다고 믿고 있으며, 그런 면에서 장군은 올바르게 처신하고 있다고 생각합니다. 장군은 자신감을 갖고 있으며, 이는 군인에게 반드시 필요한 조건은 아닐지 몰라도 아주 소중한 자질입니다.

장군은 야심을 갖고 있습니다. 이는 정도를 넘지 않는 한, 해가 되기보다는 도움이 됩니다. 하지만 장군이 번사이드 장군의 지휘를 받는 동안에 너무 야심에만 사로잡혀 명령에 불복종함으로써 혁혁한 전공을 쌓은 영예로운 동료 장군과 국가에 큰 잘못을 저질렀습니다.

나는 장군이 군대나 국가에 독재자가 필요하다고 최근에 말했음을 전해 들어 알고 있습니다. 장군이 그 말을 했기 때문에 내가 장군을 지휘관으로 임명한 게 아니라, 그런 말을 했음에도 불구하고 지휘관으로 임명한 것입니다. 성공을 거둔 장군들만이 자신을 독재자라 칭할 수 있습니다. 내가 지금 장군에게 요구하는 것은 군사적 성공입니다. 그러면 나는 장군의 독재도 감수할 생각이 있습니다. 정부는 최선을 다해 장군을 지원할 것입니다. 지금껏 그렇게 해왔고, 앞으로도 모든 지휘관들에게 그렇게 할 것입니다. 장군은 병사들 사이에서 지휘관을 비판하고, 지휘관을 불신하는 풍조가 군대 내에 퍼지도록 만들었습니다. 이제 그 결과가 장군에게 되돌아오는 건 아닌지 상당히 걱정됩니다. 나는 최선을 다해 그러한 사태를 막을 수 있도록 장군을 도울 것입니다.

행여 나폴레옹이 다시 살아난다고 해도 그런 분위기가 만연한 군대를 이끌고는 좋은 결과를 거둘 수 없을 것입니다. 그러니 이제는 경솔한 언동을 삼가시기 바랍니다. 경솔하지 않도록 하되, 전심전력을 다해 힘차게 전진하여 우리에게 승리를 안겨주시기 바랍니다.

당신은 쿨리지도, 맥킨리도, 링컨도 아니다. 따라서 이러한 전략이 일상적인 비즈니스 관계에도 적용될 수 있을지 궁금할 것이다. 과연 어떠할지 한번 살펴보자. 필라델피아에 있는 와크 컴퍼니의 직원인 W. P. 고의 경우를 살펴보자.

와크 컴퍼니는 지정된 날짜까지 필라델피아에 대형 사무용

건물을 짓는다는 건설 계약을 맺었다. 모든 일이 순조롭게 진행되어 건물이 거의 완공될 무렵, 갑자기 건물 외관의 청동 장식을 맡은 하청 업자가 일정에 맞춰 납품할 수 없다고 통보해 왔다. 이럴 수가! 건물 완공이 미뤄지다니! 어마어마한 위약금과 큰 손실까지! 단지 그 하청 업자 때문에!

수차례나 장거리 전화를 하며 다투었고, 대화는 과열되었다. 하지만 모두 헛수고였다. 결국 고는 하청 업체와 담판을 벌이기 위해 뉴욕으로 파견되었다.

"브루클린에 사장님과 같은 이름을 가진 사람이 사장님 한 분뿐이라는 걸 알고 계신가요?" 서로의 소개가 끝나자 고는 하청 업체의 사장에게 물어보았다. "아니요. 전혀 몰랐습니다." 사장은 놀라며 대답했다.

"오늘 아침에 기차에서 내려서 이곳 주소를 찾으려고 전화번호부를 보았는데, 브루클린 전화부에 등록된 사람들 중 사장님 말고 같은 이름을 가진 분은 없었습니다."

"전혀 몰랐던 사실입니다." 사장이 대답했다. 그는 솔깃해서 전화번호부를 뒤져보았다. "글쎄, 흔치 않은 이름이긴 하죠" 하면서 으스대듯 말했다. "우리 집안은 약 200년 전에 네덜란드에서 뉴욕으로 건너와 정착했습니다." 그리고 그는 자신의 가족과 조상에 관해 잠시 이야기했다. 사장이 이야기를 마치자, 고는 그동안 방문했던 비슷한 공장과 비교해 공장 규모가 상당히 크다며 칭찬했다. "이곳은 제가 본 청동 공장 중에 가장 깨끗하고 잘 정돈되어 있군요."

사장이 대답했다. "평생을 고생하면서 일군 사업입니다. 꽤 자랑스럽긴 합니다. 공장 주변 좀 둘러보시겠습니까?"

공장을 둘러보면서 고는 공장의 제작 방식을 칭찬하면서, 어떤 점에서, 그리고 왜 이 공장이 다른 경쟁업체에 비해 뛰어난지를 말했다. 고가 일부 생소해 보이는 기계에 대해 칭찬하자, 사장은 자신이 직접 고안한 거라며 자랑했다. 그는 꽤 긴 시간 동안 그 기계들이 어떻게 작동하는지, 그리고 얼마나 멋진 작품을 만들어내는지 보여주었다. 사장은 자신을 방문한 손님에게 점심을 대접하겠다고 고집했다. 자, 지금까지 고가 공장을 방문한 진짜 의도에 대해서는 한마디도 하지 않았다는 것을 잘 기억하길 바란다.

점심 식사 후에 사장이 말했다. "자, 이제 본론으로 들어가 봅시다. 당신이 왜 이곳에 왔는지 너무도 잘 알고 있습니다. 사실 우리가 만나서 이렇게 즐거울 거라고는 기대하지 않았습니다. 설령 다른 주문들이 지연되더라도 귀사에서 주문하신 물건은 제 시간에 제작해서 보내겠다고 약속드릴 테니, 이제 그만 필라델피아로 돌아가셔도 됩니다."

고는 어떤 요구도 하지 않았지만 자신이 원했던 것을 모두 얻었다. 물건은 제때에 도착했고, 건물은 계약서에 명시된 날짜에 완공되었다. 만일 고가 그런 경우에 흔히 하듯이 화부터 내면서 비난하는 방법을 선택했더라면 이런 결과를 얻을 수 있었을까?

그러므로 반감이나 반발을 사지 않으면서 다른 사람을 변화시키고자 한다면, 다음과 같이 해보라.

 반감이나 반발 없이 상대를 변화시키는 방법 1

칭찬과 솔직한 감사의 말로 시작하라.

원망받지 않고 비판하는 방법

어느 날 정오 무렵, 자신의 제철 공장 중 한 곳을 지나던 찰스 슈왑은 직원 몇 명이 담배를 피우고 있는 것을 보게 되었다. 그 직원들 바로 위에는 '금연' 표시가 있었다. 슈왑이 그 표시를 가리키면서 이렇게 말했을까? "이거 안 보이나?" 슈왑은 그러지 않았다. 그는 직원들에게 다가가 시가 한 대씩을 건네주면서 이렇게 말했다. "젊은 친구들, 밖에 나가서 피워주면 고맙겠네."

직원들은 자신들이 규칙을 어겼다는 사실을 슈왑이 알고 있다는 걸 눈치챘다. 규칙을 어긴 걸 알면서도 그에 대해서는 한마디도 하지 않고, 오히려 자신들에게 작은 선물을 주면서 존중하는 태도로 대해주었기 때문에 그들은 슈왑을 존경했다. 당신이라면 이런 사람을 어떻게 싫어할 수 있겠는가?

존 워너메이커 역시 이와 똑같은 방법을 사용했다. 그는 필라델피아에 있는 자신의 백화점을 매일같이 둘러보았다. 그러던 중 한번은 고객 한 명이 계산대에서 계산을 기다리고 있는 걸 보게 되었다. 그 고객에게 신경 쓰는 사람은 단 한 명도 없었다. 직원들은 다들 어디 있지? 아, 그들은 저쪽 계산대 반대편에서 자기들끼리 모여서 웃고 떠드느라 정신이 없었다. 워너메이커는 한마디도 하지 않았다. 조용히 계산대로 가서 직접 계산을 처리한 뒤, 직원들에게 건네주며 포장하라고 지시하고는 자리를 떠났다.

1887년 3월 8일에 뛰어난 설교가인 헨리 워드 비처가 세상을 떠났다. 그 주 일요일에 라이먼 애버트는 비처의 사망으로 고요해진 연단에서 설교해달라는 초대를 받았다. 그는 최선을 다해 설교 내용을 쓰고 또 쓰면서 마치 소설가 플로베르처럼 세심하게 주의를 기울여 내용을 다듬었다. 그런 다음 설교문을 아내에게 읽어주었다. 글로 작성한 연설문이 흔히 그렇듯 그의 설교문도 딱딱하고 형편없었다.

만약 부인이 판단력이 좀 부족했다면 이렇게 말했을 것이다. "여보, 도저히 못 들어주겠어요. 그 연설문으로는 정말 안 될 것 같아요. 그렇게 설교했다가는 사람들이 모두 졸고 말 거예요. 백과사전을 읽는 것같이 들리거든요. 지금껏 수년을 설교해왔으면 더 잘해야 되는 거잖아요. 제발 좀 자연스럽게 말하는 것처럼 해보세요. 그런 식으로 딱딱하게 읽었다가는 창피만 당할 게 뻔해요."

정말 그의 부인이 그렇게 말했다면 어떤 일이 일어났을지 당신도 예상할 수 있을 것이다. 그의 부인도 역시 이를 알고 있었다. 그래서 부인은 〈노스 아메리칸 리뷰〉에 실린다면 좋을 법한 글이라고만 이야기했다. 달리 말하자면 부인은 한편으로는 칭찬하는 동시에 다른 한편으로는 연설문으로는 딱딱하고 부족하다는 것을 간접적으로 이야기한 것이다. 라이먼은 그 뜻을 알아차렸다. 그는 아주 열심히 준비했던 원고를 찢어버리고 노트 없이 강단에 섰다.

그러므로 반감이나 반발을 사지 않으면서 다른 사람을 변화시키고자 한다면, 다음과 같이 해보라.

 반감이나 반발 없이 상대를 변화시키는 방법 2

상대의 잘못을 간접적으로 알려주어라.

자신의 잘못을 먼저 이야기하라

오래전 조카인 조세핀 카네기가 내 비서로 일하겠다며 뉴욕으로 왔다. 당시 열아홉 살이던 조카는 3년 전에 고등학교를 졸업했지만, 업무 경험이 거의 없었다. 훗날 조세핀은 수에즈 서쪽에서 유능한 비서가 되었지만, 처음에는 나아질 수 있을지 걱정스러울 정도였다.

내가 조카를 혼내야겠다고 생각한 어느 날, 나는 스스로에게 말했다. '잠깐만, 데일 카네기. 네 나이는 조세핀의 두 배고, 업무 경험은 몇만 배나 더 많아. 네 수준도 보통이긴 하지만, 어떻게 조세핀에게 네가 가진 정도의 시야와 판단력과 추진력을 바랄 수 있겠어? 그리고 잠깐 데일, 너는 열아홉에 뭘 했지? 네가 저질렀던 터무니없는 실수와 어리석은 잘못을 떠올려 봐. 숱한 잘못을 저지르던 그때를 기억해보란 말이야.'

이처럼 솔직하고 공정하게 살펴보고 난 뒤에 나는 조세핀의 평균 업무 점수가 내가 열아홉 살이던 때보다 훨씬 높다는 결론을 내렸다. 고백하기 부끄럽지만, 그런 조세핀에게 충분한 칭찬을 해주지 못했음을 깨달았다.

그 후로 나는 조세핀의 실수를 지적하고자 할 때는 이렇게 말을 시작하곤 했다. "조세핀, 여기 실수한 게 있구나. 하지만 예전에 내가 저질렀던 실수에 비하면 아무것도 아니란 걸 하나님은 알고 계실 거다. 사람은 날 때부터 완벽할 순 없어. 판단력은 경험을 통해 얻어지는 것이고, 너는 네 나이 때의 나보다는 잘하는 편이야. 그만큼 나는 어리석고 바보 같은 짓을 많이 해서 네가 아니라 어느 누구라도 나무랄 처지가 못 된단다. 하지만 네가 이런 식으로 했다면 훨씬 더 좋지 않았겠니?"

야단치는 사람이 자신도 전혀 완벽하지 않다며 겸손하게 먼저 인정하면, 실수를 지적받는 사람이 받아들이기 훨씬 수월해진다.

베른하르트 폰 뷜로는 1909년에 이런 방식이 필요하다는 걸 확실히 배웠다. 폰 뷜로는 당시 독일의 수상이었고, 국왕은 빌헬름 2세였다. 거만하고 오만한 태도로 악명이 높은 독일 제국의 마지막 황제이며, 사나운 맹수와 같은 육군과 해군을 보유하고 있던 것으로 유명한 그 빌헬름 2세다.

그런데 놀라운 일이 벌어졌다. 황제가 있을 수 없는 실수를 저질렀다. 황제의 어떤 발언으로 인해 유럽 대륙이 뒤흔들렸고, 전 세계 곳곳에서 아우성이 들리기 시작했다. 이처럼 사태가 돌이킬 수 없게 된 것은 황제가 대중 앞에서 한 아둔하고 독선적이며 말도 안 되는 발표 때문이었다. 그는 영국을 방문하던 중에 어처구니없는 발언을 하면서 일간신문인 〈데일리 텔레그래프〉에 실으라고까지 했다. 예를 들어 황제는 자신이 영국에 우호적인 유일한 독일인이고, 일본의 위협에 대항해 해군을 창설하고 있다고 선언했다. 또 영국이 러시아와 프랑스에 굴욕을 당하고 있을 때 혼자서 영국을 구해냈으며, 영국의 로버츠 경이 남아프리카의 보어인을 무찌른 것도 자신이 세운 작전 계획 넉분이었다는 등 여러 터무니없는 발언을 했다.

100년간 지속된 평화로운 시기에 유럽의 왕이 그런 놀라운 말을 직접 한 적은 이전에 한 번도 없었다. 유럽 대륙은 벌집통을 쑤셔놓은 듯 들끓었다. 영국은 격분했고, 독일 정치인도 경악했다. 그리고 이러한 소동의 한가운데서 황제는 전전긍긍하며 독일 제국의 수상인 폰 뷜로에게 책임을 떠넘겼다. 그렇다. 황제는 폰 뷜로가 이 모든 책임은 황제에게 잘못 조언한 자신의 잘못이라고 발표하기를 바랐다.

폰 뷜로는 항변했다. "하지만 폐하, 그건 정말 말도 안 되는 이야기입니다. 독일이나 영국의 어느 누가 감히 제가 군주께 그런 말로 충고할 수 있다고 상상이나 하겠습니까."

폰 뷜로는 이 말을 하자마자 자기가 엄청난 실수를 했다는 것을 깨달았다. 황제는 폭발했다. "자네는 내가 어리석어서 자네라면 절대 저지르지 않을 실수나 하고 다니는 바보로 보는 건가!"

폰 뷜로는 그를 비난하기 전에 찬사를 보냈어야 한다는 걸 알고 있었다. 하지만 너무 늦었다. 결국 차선책을 찾아야 했다.

그는 비난한 다음에 찬사를 보냈다. 그리고 그 일은 흔히 그렇듯 놀라운 결과를 불러왔다.

폰 뷜로는 아주 공손하게 말했다.

"저는 그런 제안을 하기엔 부족합니다. 황제께서는 해군 등 군사적인 지식만이 아니라 자연과학의 모든 면에 걸쳐 여러모로 저를 능가하십니다. 저는 황제께서 기압계나 무선전신, 엑스선을 설명하실 때 감탄하며 경청할 뿐입니다. 저는 부끄럽게도 자연과학에 무지하고, 화학이나 물리학 개념도 모르며, 간단한 자연현상도 잘 설명하지 못합니다. 하지만 그 대신 약간의 역사적 지식이나 정치학, 특히 외교적 측면에서 유용한 지식이 조금 있을 뿐입니다."

황제는 활짝 웃었다. 폰 뷜로는 빌헬름에게 찬사를 보내며 그를 치켜세우고 자신을 낮추었던 것이다. 황제는 이후 모든 것을 용서했다. 그는 흥분된 어조로 말했다.

"짐이 항상 말하지 않았던가! 우리는 하늘이 짝지어준 인연이야. 서로 곁에 함께 있어야 하니 앞으로 떨어지지 말자고!"

황제는 폰 뷜로와 몇 번이고 악수했다. 그리고 그날 저녁 황제는 매우 들떠서 주먹을 쥐고 소리쳤다. "누구든 나에게 폰 뷜로에 대한 안 좋은 말을 하면 얼굴에 주먹을 날려버릴 테다."

폰 뷜로는 더 늦기 전에 화를 피했지만, 영리한 외교관인 그도 한 가지 실수를 저질렀다. 그는 황제가 아둔해서 보호자가 필요한 사람이라는 암시를 풍기기 이전에, 자신의 부족한 점과 황제의 뛰어난 점을 먼저 말했어야 했다.

자신은 낮추고 상대를 칭찬하는 말 몇 마디만으로도 거만하고 모멸감을 느낀 황제도 충실한 친구로 바꿀 수 있다면, 겸손과 칭찬이 우리의 일상생활에서 얼마나 대단한 일을 해낼지 생각해보라. 제대로 사용한다면 겸손과 칭찬은 커다란 기적을 일으킬 수 있다.

그러므로 반감이나 반발을 사지 않으면서 다른 사람을 변화시키고자 한다면, 다음과 같이 해보라.

 반감이나 반발 없이 상대를 변화시키는 방법 3

상대를 비판하기 전에 자신의 잘못을 먼저 이야기하라.

명령받고 싶은 사람은 아무도 없다

언젠가 나는 미국 전기작가들의 대모라 할 수 있는 아이다 타벨 여사와 식사를 한 적이 있었다. 나는 그녀에게 이 책을 쓰고 있다고 말했다. 우리는 인간관계에 관한 중요한 주제에 대해 대화를 시작했고, 그녀는 이와 관련된 경험을 들려주었다.

그녀는 오웬 D. 영의 자서전을 쓰느라 영과 3년 동안이나 같은 사무실을 썼던 사람을 인터뷰한 적이 있다고 말했다. 그 남자는 그동안 영이 다른 사람에게 직접적으로 지시하는 것을 듣지 못했다고 했다.

영은 항상 지시하지 않고 제안을 했다. 예를 들어 그는 "이것 또는 저것을 해라" 아니면 "이것 또는 저것을 하지 마세요"라고 하지 않았다. 그는 "이렇게 생각해볼 수도 있지 않을까요?" 또는 "이렇게 할 생각이에요?"라고 했다. 그는 편지를 구술한 다음에도 "어떻게 생각해요?"라고 자주 말했다. 또 비서가 쓴 서류를 훑어보고는 "이런 방식으로 문구를 쓰는 게 더 나을 것

같아요"라는 식으로 말했다. 그는 항상 사람들에게 스스로 할 수 있는 기회를 주었고, 비서에게 무엇을 하라고 절대 지시하지 않았다. 상대가 알아서 하고, 또 실수를 통해 스스로 배우도록 했다.

그런 방식은 사람들이 실수를 빠르게 수정해나가도록 만들었다. 그리고 사람들의 자존심을 지켜주고, 그들 모두가 스스로 중요한 사람이라는 생각이 들도록 해주었다. 또한 반발 없이 협력하려는 마음을 북돋아주었다.

그러므로 반감이나 반발을 사지 않으면서 다른 사람을 변화시키고자 한다면, 다음과 같이 해보라.

 반감이나 반발 없이 상대를 변화시키는 방법 4

직접적으로 명령하지 말고 요청하라.

다른 사람의 체면을 세워줘라

　수년 전 제너럴일렉트릭 사는 찰스 스타인메츠를 부서장 자리에서 물러나게 해야 하는 까다로운 문제에 부딪혔다. 스타인메츠는 전기 부문에서는 뛰어난 천재였지만, 회계 부문을 이끌기에는 문제가 많았다. 회사는 그의 기분을 상하게 할까 걱정했다. 그는 꼭 필요한 사람이었지만, 대단히 예민한 사람이기도 했다. 그래서 회사는 'GE 기술고문'이라는 새로운 자리를 만들어 그를 임명했다. 그리고 그가 맡았던 부서장 자리는 다른 사람이 맡도록 했다. 스타인메츠는 전혀 기분이 상하지 않았다.

　제너럴일렉트릭 사의 임원들도 안도했다. 회사는 그의 체면을 세워줌으로써 큰 소란 없이 회사 내의 가장 괴팍한 인물의 인사 문제를 해결한 것이다.

　체면을 세워주는 것! 얼마나 중요한 문제인가! 하지만 이에 대해 오랫동안 깊게 생각하는 사람은 얼마나 되는가? 우리는 자기만의 방식을 고집하며 상대의 결점을 찾고, 문제시하고, 다른 사람 앞에서 아이들이나 종업원을 나무라고, 심지어 다른 사람의 자존심에 상처를 주기도 하면서 그 사람의 감정을 함부로 다룬다. 반면 잠깐의 생각이나 사려 깊은 몇 마디의 말이나 상대의 행동에 대한 진정한 이해는 마음의 상처를 감싸준다.

앞으로 종업원을 해고하거나 질책해야 할 불편한 상황에 직면하면 이를 기억하도록 하자. 지금부터 공인회계사인 마셜 A. 그레인저가 내게 쓴 편지를 인용해 소개해보겠다.

"해고당하는 일이야 말할 필요도 없겠지만, 직원을 해고하는 일도 괴로운 일입니다. 우리 사업은 계절의 영향을 매우 많이 받습니다. 그래서 우리는 소득세 신고 기간이 끝난 후에는 많은 사람을 내보내야 합니다.

회계 쪽에서 흔히 하는 표현으로 '누구도 도끼 휘두르기를 좋아하지 않는다'라는 말이 있습니다. 따라서 가급적 빨리 처리하는 게 관례여서 일반적으로 다음과 같은 방식으로 합니다. '앉으세요, 스미스 씨. 시즌이 끝났으니 이제 당신께 맡길 업무가 더 이상 없는 것 같습니다. 물론 당신을 바쁜 시즌에만 고용하는 조건으로 채용했던 건 알고 계시리라 생각합니다 등등….'

이런 말을 들으면 사람들은 실망감과 함께 모멸감을 느낍니다. 대부분 평생을 회계 관련 업무에 몸담은 사람들입니다. 그리고 이렇게 쉽게 자신을 해고하는 회사에 특별한 애정은 없습니다.

최근에 저는 임시직 인력을 내보낼 때 좀 더 지혜롭고 사려 깊은 방법을 써야겠다고 결심했습니다. 그래서 면담을 하기 전에 그가 겨울 동안 해온 일을 잘 살펴본 뒤 이렇게 말했습니다.

'스미스 씨, 그동안 일을 참 잘 해주셨습니다. 지난번 뉴욕에 출장 갔을 때 맡으셨던 업무는 꽤 어려운 일이었습니다. 그런데도 그렇게 훌륭하게 임무를 완수해주셔서 진심으로 고맙게 생각하고 있습니다. 워낙 능력이 있으신 분이니 어디에서 일하시든 잘하실 수 있으리라 생각합니다. 우리는 스미스 씨의 능력을 믿고 있으며, 언제나 응원하고 있음을 잊지 말아주십시오.'

그 효과가 어땠냐고요? 사람들은 비록 직장을 떠나야 했지만, 예전보다 훨씬 더 편안한 마음으로 떠났습니다. 버림받았다는 느낌도 갖지 않았습니다. 그들은 만약 우리가 맡길 일이 있었다면 자신을 계속 고용했을 거라는 사실을 알고 있습니다. 그리고 그들이 필요로 할 때면 그들은 애정을 가지고 다시 합류할 것입니다."

이미 고인이 된 드와이트 머로는 툭하면 다투는 사람들을 화해시키는 비상한 재주를 갖고 있었다. 도대체 그는 어떻게 했을까? 머로는 양쪽 편의 정당하고 옳은 부분을 세심하게 찾아내어 이를 칭찬하고 강조하며 은밀히 드러나게 만들었다. 그리고 어떻게 해결되더라도 어느 한쪽이 틀렸다는 결론으로 마무리되지 않도록 했다.

이처럼 상대방의 체면을 살려주는 것은 모든 중재자들이 중요시 여기는 일이다. 진짜 위대한 사람은 자신의 개인적인 승리에 도취한 나머지 어리석게 행동하지 않는다. 예를 들어보자.

1922년, 수백 년에 걸친 극한 대립 끝에 터키인들은 자기네 영토에서 그리스인들을 완전히 몰아내기로 결정했다. 무스타파 케말은 병사들에게 나폴레옹처럼 위대한 포부를 담은 연설을 했다. "여러분들의 목표는 지중해다." 이 연설과 함께 현대사에서 가장 치열한 전쟁이 일어났다. 승리한 쪽은 터키였다. 그리스의 두 장군, 트리코피스와 디오니스가 항복하기 위해 케말이 있는 곳으로 가는 동안 터키 사람들은 패배한 적에게 끝없는 저주를 퍼부어댔다.

하지만 케말은 승리자처럼 행동하지 않았다. "앉으세요, 신사분들." 케말이 그들의 손을 잡으며 말했다. "피곤하실 겁니다." 그런 다음 전쟁에 관해 이런저런 이야기를 나누고 나서, 그는 상대가 패배를 너무 심각하게 받아들이지 않도록 배려했다. 그는 군인 대 군인으로 이렇게 말했다. "전쟁이란 게 마치 게임처럼 때로는 더 뛰어난 사람이 지는 경우도 있습니다."

승리의 환희 속에서도 케말은 다음과 같은 중요한 원칙을 잊지 않고 있었다.

 반감이나 반발 없이 상대를 변화시키는 방법 5

다른 사람의 체면을 세워줘라.

사람들을 성공으로 이끄는 방법

　피터 바로우는 나의 오랜 친구다. 그는 동물 쇼를 하면서 평생을 서커스단과 곡마단을 따라 떠돌아 다녔다. 나는 피터가 새로운 개를 훈련시키는 광경을 보는 것을 아주 좋아했다. 피터는 개가 약간이라도 진전을 보이면, 개를 쓰다듬으며 칭찬해주고 고기를 주어 개가 더 잘할 수 있도록 유도했다. 이것은 전혀 새로울 게 없는 방법이다. 수세기 동안 동물 조련사들이 해온 방법이다.

　나는 문득 개를 훈련시킬 때 하는 것과 같은 상식적인 방법을 우리는 왜 사람을 변화시키고자 할 때는 사용하지 않는지 궁금해졌다. 왜 우리는 채찍 대신 당근을 사용하지 않을까? 왜 우리는 비난 대신 칭찬을 사용하지 않을까? 아주 작은 발전이라도 칭찬을 해보자. 칭찬은 다른 사람이 계속해서 발전할 수 있도록 힘을 북돋아준다.

　루이스 E. 로스 교도소장은 범죄를 저질러놓고도 가책을 느끼지 못하는 싱싱 교도소의 수감자들조차도 사소한 발전에 칭찬을 해주면 변화가 생긴다는 사실을 발견했다. 이 책을 쓰는 도중에 나는 루이스 소장으로부터 편지를 받았다. 편지에는 다음과 같은 구절이 있었다.

"재소자들의 노력에 대해 적절하게 칭찬하는 게 그들의 잘못을 나무라고 벌주는 것보다 협조를 이끌어내기 더 수월하다는 것을 알게 되었습니다. 또한 그들이 결국 사회에 다시 적응하는 것을 돕는 데도 훨씬 나은 결과를 가져온다는 사실도 발견했습니다."

나는 교도소에 갇혀본 적이 없다. 적어도 현재까지는 그렇다. 하지만 내 삶을 되돌아보면 몇 마디 칭찬의 말이 나의 미래를 송두리째 바꿔놓았던 때가 있음을 알 수 있다. 당신의 인생에도 그런 경우가 있지 않은가? 역사에는 칭찬이 마법 같은 기적을 일으키는 놀라운 이야기들로 가득 차 있다.

예를 들어 아주 오래전 나폴리에 있는 한 공장에서 일하고 있던 열 살 된 소년은 가수가 되기를 간절히 원했다. 하지만 그의 첫 번째 선생은 그를 좌절하게 만들었다. 그 선생은 소년에게 이렇게 말했다. "너는 가수가 될 수 없어. 네 목소리는 가수가 되기엔 좋지 않아. 마치 덧문을 흔드는 바람 소리 같아."

하지만 가난한 소작농이었던 그의 어머니는 그를 품에 안고 '너는 노래를 부를 수 있고 이미 발전을 보이고 있다'라며 칭찬해주었다. 그리고 아들의 음악 레슨비를 모으기 위해 신발도 없이 맨발로 다니기도 했다. 그 가난한 소작농인 어머니의 칭찬과 격려는 소년의 인생을 완전히 바꾸어놓았다. 그 소년이 바로 당대에 가장 위대하고 유명한 오페라 가수인 엔리코 카루소다.

19세기 초 런던에 살고 있던 한 젊은이는 작가가 되고 싶었다. 하지만 모든 것이 그의 길을 막아선 듯 보였다. 그는 학교를 고작 4년밖에 다니지 못했다. 그의 아버지는 빚을 갚지 못해 감옥에 있었고, 그는 자주 굶주림에 시달렸다. 결국 그 젊은이는 쥐가 우글거리는 창고에서 검정색 구두약 통에 라벨을 붙이는 일을 하게 되었다. 그리고 밤에는 런던의 빈민가 출신의 두 소년과 함께 음침한 다락방에서 잠을 잤다.

그는 자신의 글재주에 자신이 없었다. 그래서 다른 사람의 비웃음을 사지 않으려고 한밤중에 아무도 모르게 자신의 원고를 출판사에 보냈다. 하지만 매번 거절당했다. 그러던 어느 날, 그의 원고가 받아들여지는 믿기지 않는 일이 생겼다. 비록 원고료는 한 푼도 받지 못했지만, 그는 편집장이 자기를 칭찬해준 것에 감격했다. 편집장으로부터 인정을 받은 것이었다. 그는 너무 기쁜 나머지 두 볼에 눈물이 흘러내리는 것도 잊은 채 거리 여기저기를 뛰어다녔다.

출판된 한 편의 이야기를 통해 그는 칭찬과 인정을 받았고, 인생이 송두리째 바뀌었다. 만약 그런 격려가 없었다면 그는 아마도 한평생을 쥐가 우글거리는 공장에서 보냈을 것이다. 당신은 그 소년의 이름을 들어보았을 것이다. 그의 이름은 찰스 디킨스다.

영국에 살고 있던 또 다른 소년은 직물 가게의 점원으로 살아가고 있었다. 그는 새벽 5시에 일어나 가게를 청소하고, 하루 14시간을 고되게 일했다. 일이 너무 힘들고 단순해서 소년은 그 일이 너무 싫었다. 2년 후 어느 날 아침, 소년은 더 이상 그 일을 견딜 수 없어 아침 식사도 거른 채 24킬로미터를 걸어 가정부로 일하고 있는 어머니를 찾아갔다.

소년은 제정신이 아니었다. 그는 눈물을 흘리며 어머니에게 애원했다. 앞으로도 그 가게에서 계속 일해야 한다면 죽어버리겠다고 말했다. 그러고 나서 예전 학교 선생님에게 길고 애처로운 편지를 썼다. 자신은 비탄에 빠져 있고 더 이상 살고 싶지 않다는 내용이었다. 선생님은 소년을 우선 칭찬한 뒤, 그가 아주 똑똑하기 때문에 더 나은 일에 어울린다며 학교에서 일할 수 있는 자리를 마련해주었다.

그때의 칭찬 한마디가 소년의 미래를 바꾸었고, 영국 문학사에 길이 남을 유산을 쓸 수 있게 만들었다. 그 소년은 셀 수 없이 많은 베스트셀러 책을 썼고, 많은 돈을 벌었다. 당신은 아마도 그의 이름을 들어보았을 것이다. 그 소년이 바로 《타임머신》의 작가 H. G. 웰스였다.

1922년 캘리포니아 주 변두리에서 아내를 부양하며 힘든 시절을 보내던 한 남자가 있었다. 그는 일요일에 교회 성가대에서 노래를 했고, 간혹 결혼식장에서 〈내게 약속해주오〉라는 노래를 불러 5달러씩 벌기도 했다. 집안 형편이 너무나 어려웠기 때문에 시내에서 살 수 없었던 그는 포도 농장에 있는 낡은 오두막에 겨우 12달러 50센트짜리 세를 들어 살고 있었다. 하지만 그렇게 싼 월세도 돈이 없어 열 달째 밀려 있었다. 그는 포도 농장에서 포도 따는 일을 하면서 밀린 월세를 조금씩 갚아나갔다. 후에 그 남자는 포도 말고는 먹을 게 없었던 시절이 있었노라고 내게 말했다. 너무 의기소침해진 그는 가수의 꿈을 접고 생계를 위해 트럭 파는 일을 하려고 했다. 그때 루퍼트 휴즈가 그를 칭찬할 일이 있었다. 휴즈는 이렇게 말했다. "자네는 훌륭한 가수가 될 소질이 있네. 뉴욕으로 가서 공부해보게."

그 젊은이는 최근 나에게 그 작은 칭찬 몇 마디와 약간의 격려가 자신의 인생을 바꾸어놓았다고 말했다. 그 말을 듣고 그는 2500달러를 빌려 동부로 떠났기 때문이다. 그가 바로 미국 서부 출신의 전설적인 바리톤 로렌스 티베트다.

사람을 변화시키는 것은 가능하다. 만약 당신이나 내가 상대에게 영감을 불어넣어 그들의 숨은 재능을 깨달을 수 있도록 격려한다면, 우리는 그 사람의 인생을 크게 변화시킬 수 있다. 단순히 변화시키는 것을 넘어 그야말로 완전히 탈바꿈시킬 수도 있다.

이 말이 과장으로 들리는가? 그러면 미국이 배출한 가장 유명한 심리학자이자 철학자 중 한 명인 윌리엄 제임스의 말을 들어보자.

"우리가 가진 잠재력에 비추어볼 때 우리는 지금 절반만 깨어 있다. 우리는 신체적, 정신적 자원의 일부만을 사용하고 있을 뿐이다. 따라서 일반적으로 인간 개개인은 자신의 한계에 한참 못 미치는 삶을 살고 있다. 인간에게는 으레 사용되지 못하고 있는 다양한 종류의 능력이 있다."

그렇다. 지금 이 책을 읽고 있는 당신도 충분히 활용하지 못하고 있는 다양한 종류의 능력을 가지고 있다. 그리고 아마도 당신이 충분히 사용하지 못하고 있는 이러한 능력들 가운데 하나는 다른 사람들이 잠재 능력을 깨달을 수 있도록 격려하고 칭찬하는 아주 특별한 능력일 것이다.

그러므로 반감이나 반발을 사지 않으면서 다른 사람을 변화시키고자 한다면, 다음과 같이 해보라.

 반감이나 반발 없이 상대를 변화시키는 방법 6

아주 작은 발전이라도 칭찬하라.
발전이 있을 때마다 칭찬하라.
"진심으로 인정하고 아낌없이 칭찬하라."

개에게도 좋게 말해주어라

뉴욕 스카스데일에 살고 있는 내 친구 어니스트 젠트 부인은 최근에 하녀를 한 명 고용하기로 했다. 면담을 통해 지원자들 중에서 한 명을 뽑은 뒤 월요일부터 출근하라고 했다. 그리고 그사이에 하녀가 전에 일하던 집에 전화를 걸어 그녀에 대해 물어보았다. 그런데 평판이 그리 좋지 않았다. 월요일에 그녀가 일하러 오자, 부인은 이렇게 말했다.

"넬리, 네가 전에 일하던 집에 전화를 해보았단다. 그 집 안주인은 네가 정직하고 믿을 만하며, 요리도 잘하고, 아이들도 잘 돌본다고 하더구나. 그런데 네가 깔끔하지 못하고, 집안 청소를 잘하지 못한다는 말도 했단다. 나는 그녀가 거짓말을 했다고 생각한단다. 누가 보더라도 넌 복장이 단정하잖니. 네가 옷 입는 것과 마찬가지로 집도 깨끗하게 정돈할 거라고 믿는다. 너랑 나는 사이좋게 지낼 수 있을 거 같구나."

그리고 실제로 그들은 사이좋게 지냈다. 넬리에 대한 좋은 평가는 그녀가 지켜야 할 기준이 되었다. 그리고 넬리는 그 기준에 맞춰 행동했다. 집 안은 항상 깨끗하고 잘 정돈되었다. 넬리는 겐트 부인의 기대를 저버리지 않기 위해서 정해진 일과 시간이 끝난 후에도 집 안을 털고 닦고 하는 노력을 게을리하지 않았다.

볼드윈 로코모티브 웍스 사의 사장인 새뮤얼 보클레인은 이렇게 말했다. "사람들은 대부분 자신이 존경하는 사람이 자기에게 있는 어떤 능력을 높이 평가할 경우, 그가 이끄는 대로 쉽게 움직인다."

간단히 말해서 상대의 어떤 부분을 개선하고 싶으면, 그 부분이 이미 상대의 뛰어난 점 가운데 하나인 것처럼 행동해야 한다. 셰익스피어는 이렇게 말했다. "내가 가지고 있지 않은 미덕은 이미 갖고 있는 것처럼 행동하라." 그러므로 상대의 어떤 장점을 개발해주고 싶다면, 상대가 그런 장점을 갖고 있다고 생각하면서 공개적으로 말하는 게 좋다. 상대에게 그가 갖고 싶을 만한 괜찮은 평판을 주어라. 그러면 그는 당신을 실망시키지 않기 위해서라도 열심히 노력하게 될 것이다.

조제트 르블랑은 자신의 저서 《추억, 마테를링크와 함께한 삶》에서 어느 보잘것없는 벨기에 출신의 미천한 여자애가 고귀한 신데렐라로 변하는 놀라운 이야기를 했다. 그녀는 이렇게 썼다.

"이웃 호텔에서 온 하녀가 내 식사를 가져왔다. 그녀는 주방 보조로 일을 시작했기 때문에 '접시닦이 마리'라고 불리고 있었다. 그녀는 사팔뜨기에 휜 다리, 그리고 가련한 몸과 정신을 가진, 한마디로 못난이였다.

어느 날 그녀가 거칠어진 손으로 내 마카로니 접시를 들고 서 있을 때, 나는 마리에게 이렇게 말했다. '너는 네 안에 어떤 보물이 있는지 모르고 있구나.'

감정을 숨기는 데 익숙해 있던 마리는 행여나 일이 잘못되기라도 할까 봐 한동안 꼼짝도 못하고 있었다. 잠시 후 그녀는 접시를 테이블 위에 올려놓더니 한숨을 쉬며 솔직하게 말했다.

'부인, 그런 생각은 이제껏 한 번도 해보지 못했습니다.' 그녀는 내 말을 의심하지 않았고, 의문을 제기하지도 않았다. 부엌으로 돌아가 내가 한 말을 몇 번이고 되뇌었다. 그녀의 믿음은 너무나 확고해서 더 이상 누구도 그녀를 놀릴 수 없었다. 그날 이후로 나는 그녀를 눈여겨보았다.

가장 신기한 변화는 보잘것없던 마리 자신에게서 일어났다. 자기 안에 감춰진 보물이 있다는 믿음을 갖게 되자, 그녀는 얼굴과 몸을 아주 조심스레 가꾸기 시작했다. 시간이 지나면서 소녀 특유의 젊음이 피어나고 못생긴 외모도 조금씩 나아졌다.

두 달 후 그녀는 주방장 조카와 곧 결혼할 예정이라고 내게 말했다. '저는 숙녀가 될 거예요.' 그녀는 이렇게 말하며 나에게 감사를 표했다. 몇 마디의 말이 그녀의 인생 전체를 바꾸어 놓았던 것이다."

조제트 르블랑은 '접시닦이 마리'에게 갖고 싶은 평판을 주었고, 그 평판은 그녀의 삶을 완전히 바꾸어놓았다.

헨리 클레이 리스너가 프랑스에 주둔 중이던 미 보병부대 병사들의 태도를 개선하고자 했을 때도 똑같은 방법을 사용했다. 미국에서 가장 유명한 장군 제임스 G. 하보드가 한번은 리스너에게 프랑스에 주둔 중인 200만의 미군 보병들이 이제껏 자신이 보거나 아니면 책에서 읽은 군인들 중에서 가장 깨끗하며 이상적이라고 생각한다고 말했다.

과장된 칭찬이었을까? 그럴지도 모른다. 하지만 리스너가 그 말을 듣고 어떻게 했는지 살펴보자. 그는 이렇게 쓰고 있다.

"나는 장군이 한 이야기를 기회가 있을 때마다 병사들에게 말해주었습니다. 그 말에 대해 한 번도 의심하지 않았습니다. 설령 사실이 아니라 하더라도 하보드 장군이 그렇게 생각한다는 것을 아는 것만으로도 병사들이 그 평판에 맞추고자 노력할 것임을 알고 있었기 때문입니다."

옛말에 "개에게 나쁜 낙인을 찍는 것은 그 개를 목매다는 것이나 마찬가지다"라는 말이 있다. 그렇다면 좋은 평판을 해주고 어떤 일이 벌어지는지 지켜보면 어떨까?

부자이건 가난한 사람이건, 거지이건 도둑이건, 대부분의 사람들은 자신이 정직하다는 평판이 나면 그 평판대로 살려고 노력한다.

싱싱 교도소 소장으로 죄수들에 대해 누구보다 잘 아는 로스는 이렇게 말한다. "악당을 다뤄야만 하는 상황에서 그들을 이길 수 있는 유일한 방법은 그들을 존경할 만한 사람처럼 대해주는 것뿐이다. 상대가 그런 대우를 받을 만하다고 여겨라. 그렇게 대해주면 자신을 믿어준다는 것에 상대도 기분이 좋아져서 그런 대우에 어울리게 행동하려 한다."

이 말은 너무도 옳고 중요한 말이기 때문에 한 번 더 적어보겠다. "악당을 다뤄야만 하는 상황에서 그들을 이길 수 있는 유일한 방법은 그들을 존경할 만한 사람처럼 대해주는 것뿐이다. 상대가 그런 대우를 받을 만하다고 여겨라. 그렇게 대해주면 자신을 믿어준다는 것에 상대도 기분이 좋아져서 그런 대우에 어울리게 행동하려 한다."

그러므로 반감이나 반발을 사지 않으면서 다른 사람을 변화시키고자 한다면, 다음과 같이 해보라.

 반감이나 반발 없이 상대를 변화시키는 방법 7

상대방이 갖고 싶어 하는 좋은 평판을 주어라.

상대의 결점을 고치기 쉬운 것처럼
느끼도록 하라

얼마 전 마흔이 다 된 내 친구는 독신 생활을 접고 약혼을 했는데, 약혼녀의 설득으로 늦은 나이에 댄스 교습을 받게 되었다. 그 친구가 그때의 이야기를 해주었다.

"내가 댄스 교습을 받아야 한다는 건 누구나 알 만한 일이었지. 내 춤은 처음 춤을 배우던 20년 전과 비교해 나아진 게 하나도 없었거든. 내 첫 번째 선생은 아마 내게 진실을 말했을 거야. 선생은 내 춤이 엉망이기 때문에 모든 것을 잊고 처음부터 다시 시작해야 한다고 말씀하셨지. 하지만 그 말을 듣자 나는 춤을 배우고 싶은 마음이 사라졌어. 배울 의욕이 사라지더군. 그래서 댄스 교습을 그만두었어.

그다음에 만난 선생은 거짓말을 했을지도 모르지만, 난 그게 좋았어. 선생은 별일 아니라는 듯이 내 춤이 조금 구식이긴 하지만 기본은 잘되어 있으니, 몇 가지 새로운 스텝을 배우는 건 별로 어렵지 않을 거라고 말해주었어. 첫 번째 선생은 잘못을 지적해서 내 의욕을 꺾어놓았지만, 새로운 선생은 그와 정반대였지. 내가 잘한 건 계속 칭찬해주고 실수는 가볍게 넘어가 주셨어. '리듬감을 타고났네요' '정말 타고난 춤꾼이시네요'라며 내 의욕을 북돋아주었어. 지금 상식적으로 생각해봐도 난 언제나 삼류 댄서였고, 앞으로도 계속 그럴 거야. 하지만 내 마음 깊은 곳에는 여전히 그 선생의 말이 사실일 수도 있다는 생각이 있지 않나 싶어. 분명한 건 내가 수강료를 내니까 선생이 그런 말을 했겠지만, 그게 뭐 대수겠어?

어쨌거나 난 리듬감을 타고났다는 얘기를 듣기 전보다는 이제 춤을 더 잘 추게 되었다고 생각해. 새로운 선생의 칭찬이 내게 용기를 북돋아주었지. 나에게 희망을 주고 더 분발하도록 만들어주었어."

당신이 자녀나 배우자나 직원에게 '어리석다' '멍청하다' '재능이 없다' '엉망으로 한다'라고 말한다면, 그들이 개선하기 위해 노력하려는 의욕을 모조리 꺾어놓게 된다. 하지만 그와 반대의 방법을 사용해보라. 격려를 아끼지 마라. 쉽게 할 수 있는 일이라고 말해주어라. 상대가 그 일을 할 수 있는 능력이 있음을 당신이 믿고 있다고 알려주어라. 상대에게 감춰진 재능이 있음을 깨닫게 하라. 그러면 그는 더 나아지기 위해 밤낮을 가리지 않고 노력할 것이다.

인간관계의 대가, 로웰 토머스도 이 기술을 사용한다. 그는 상대를 칭찬하고, 자신감을 심어주며, 믿음을 갖게 한다. 예를 들어보자. 토머스 부부와 함께 보낸 토요일 저녁에 그는 내게 따뜻한 화로 앞에 앉아 편안하게 브리지 게임을 하자고 했다. 브리지 게임을? 오, 아니, 안 해. 난 브리지 게임을 하지 않아. 난 그 게임에 대해 전혀 모른다고. 그 게임은 언제나 내게 영원한 수수께끼 자체란 말이야. 못 해! 못 한다고! 내겐 불가능해!

그러자 로웰이 이렇게 말했다. "한번 해보게, 데일. 이 게임은 별거 아닐세. 기억력과 판단력이 필요하다는 것만 빼면 브리지 게임은 어렵지 않거든. 그런데 자네는 기억력에 관한 책도 썼잖은가. 브리지 게임은 자네에게 땅 짚고 헤엄치기일 걸세. 자네한테 딱 맞는 게임이란 말일세."

이윽고 내가 무엇을 하고 있는지 깨달았을 때는 나는 이미 생전 처음으로 브리지 게임을 하고 있었다. 그럴 수 있었던 데는 내가 그 게임에 타고난 재능이 있다는 말을 듣기도 했거니와 게임이 쉬워 보였기 때문이기도 하다.

브리지 게임에 대해 말하고 있자니 일리 컬버트슨이 떠오른다. 그가 브리지 게임에 대해 쓴 책들은 12개 언어로 번역되었으며, 수백만 부가 팔렸다. 하지만 그가 내게 말하길, 한 젊은 여인이 자신에게 게임에 대한 재능이 있다는 믿음을 불어넣어 주지 않았더라면 자신이 그 게임을 직업으로 삼는 일은 없었을 거라고 했다.

1922년 컬버트슨은 미국에 도착했다. 그는 철학과 사회학을 가르치는 직업을 얻으려고 노력했지만 구할 수 없었다. 그래서 석탄 판매업을 해보았지만 실패했고, 커피도 팔아보았지만 역시 실패했다.

그는 브리지 게임을 몇 번 해보긴 했지만, 당시에는 자신이 언젠가 그 게임을 가르치게 될 거라고는 전혀 생각지 못했다. 그는 게임에 서툴렀을 뿐만 아니라 게임을 같이하기에는 매우 어려운 고집쟁이였다. 그는 너무 많은 질문을 했을 뿐만 아니라, 경기가 끝난 후에도 하도 캐묻는 바람에 아무도 그와 게임을 하려 들지 않았다.

그러던 어느 날, 그는 조세핀 딜런이라는 예쁜 브리지 게임 교사를 만나 사랑에 빠졌고, 그녀와 결혼했다. 조세핀은 그가 카드 게임을 세세하게 분석하는 것을 보고는, 그가 브리지 게임에 천재적인 소질이 있음을 확신시켜주었다. 컬버트슨에 따르면, 그가 브리지를 직업으로 선택하게 된 이유는 그녀의 격려, 단지 격려 몇 마디 때문이었다고 한다.

그러므로 반감이나 반발을 사지 않으면서 다른 사람을 변화시키고자 한다면, 다음과 같이 해보라.

 반감이나 반발 없이 상대를 변화시키는 방법 8

격려하라. 상대에게 고쳐주고 싶은 잘못이 보이면 그 잘못이
고치기 쉬운 것으로 느껴지게 하라.
상대가 했으면 하는 것이 하기 쉬운 것처럼 보이도록 하라.

내가 원하는 바를
상대가 기꺼이 돕도록 만드는 방법

1915년 미국은 난처한 입장에 처해 있었다. 1년이 넘도록 유럽 국가들 간에 일찍이 그 유례를 찾아볼 수 없는 대학살이 진행되고 있었기 때문이다. 평화가 찾아올 수 있을까? 그 누구도 알 수 없었다. 하지만 우드로 윌슨은 평화를 회복하기 위해 노력하기로 결심했다. 그는 자신을 대신하는 평화 사절단을 유럽의 전쟁 당사국 지도자들에게 보내 협의하기로 했다.

'평화 옹호론자, 브라이언'으로 알려진 윌리엄 제닝스 브라이언 국무 장관이 그 임무를 맡고 싶어 했다. 그는 그 일을 통해 위대한 업적을 세워 자신의 이름을 영원히 남길 수 있는 기회로 삼고 싶어 했다. 하지만 윌슨 대통령은 브라이언이 아닌, 자신의 가까운 친구이자 고문인 에드워드 하우스 대령에게 그 일을 맡겼다. 그리하여 하우스 대령은 브라이언의 기분이 상하지 않게 이 반갑지 않은 소식을 전해야 하는 곤란한 임무도 맡게 되었다. 하우스 대령은 자신의 일기에 이렇게 적고 있다.

"브라이언은 내가 평화 사절단으로 유럽에 가게 되었다는 소식을 듣고 매우 실망했다. 그는 자신이 그 일을 하기 위해 계획을 세워왔다고 말했다.

나는 그에게 대통령은 누구든 이 일을 공식적으로 수행하는 것은 현명하지 못한 방법이며, 만일 국무 장관이 가게 된다면 너무 많은 관심이 쏠릴 것이고, 사람들은 왜 그가 왔는지 이상하게 여길 것이라고 말해주었다."

당신은 이 말이 의미하는 바를 알 수 있는가? 하우스는 사실상 브라이언이 이 임무를 맡기에는 지나치게 중요한 인물이라고 이야기함으로써 브라이언의 기분을 상하지 않게 하면서 소식을 전할 수 있었다.

노련하고 경험이 많은 하우스 대령은 인간관계의 중요한 원칙 가운데 하나를 따른 것이다. '당신이 제안하는 일을 상대가 기꺼이 하게 만들어라.'

우드로 윌슨 대통령이 윌리엄 깁스 맥아두를 각료로 입각시킬 때도 이 원칙을 지켰다. 각료로 임명하는 것은 윌슨이 누군가에게 줄 수 있는 최고의 영예지만, 그는 그럴 때도 상대가 인정받고 있다는 느낌을 더욱 많이 느낄 수 있도록 만들었다. 맥아두의 입을 통해 그 이야기를 들어보자. "윌슨 대통령은 자신이 내각을 구성하고 있는데, 내가 재무 장관을 맡아주면 정말 기쁘겠다고 말했습니다. 그런 영광스런 제안을 하면서도 그는 내가 호의를 베풀고 있는 것 같은 기분이 들게 만드는 재주를 갖고 있었습니다."

불행히도 윌슨 대통령은 항상 그런 방법을 사용하지는 않았다. 만일 그가 항상 그런 방법을 사용했더라면 역사가 바뀌었을지도 모른다. 예를 들어 미국이 국제연합에 가입하려고 할 때 상원과 공화당이 기쁘게 느낄 수 있도록 만들어주지 않았다. 윌슨은 국제연맹을 구성하기 위해 평화 회담을 하러 가면서 엘리후 루트, 찰스 에반스 휴즈 또는 헨리 캐보트 로지와 같은 쟁쟁한 공화당 지도자들을 데려가지 않았다. 대신 자기 당에서 이름이 알려지지 않은 의원들을 데리고 갔다. 그는 공화당원을 무시했고, 국제연맹 가입이 그와 공화당의 생각이라 여겨지는 것이 싫었으며, 공화당이 관여하도록 놔두고 싶지 않았다. 이렇게 인간관계를 형편없이 처리한 결과 윌슨은 결국 실각하게 되고, 건강이 나빠지면서 수명도 짧아졌으며, 이로 인해 미국은 국제연맹에 가입하지 못하게 됨으로써 세계 역사도 달라졌다.

유명한 출판사 더블데이 페이지는 '당신이 제안하는 일을 상대가 기꺼이 하게 만들어라'라는 규칙을 언제나 충실히 지켰다. 이 출판사가 어찌나 이 규칙을 잘 사용했던지, 오 헨리는 다른 출판사가 자신의 소설을 출판하겠다고 통보할 때보다 더블데이 페이지 사가 자신의 가치를 인정해주면서도 정중하게 출판을 거절할 때 오히려 더 기분이 좋아진다고 말할 정도였다.

내가 아는 사람 중에 시간이 없어서 강연 초청을 많이 거절해야만 하는 이가 있다. 거절할 수밖에 없는 초청 중에는 친구들이 부탁한 것도 있고, 신세를 진 사람들이 부탁한 것도 있었다. 하지만 그는 거절을 하더라도 상대가 만족할 수 있도록 노련하게 처리했다. 그는 어떻게 그럴 수 있었을까? 이런저런 사정이 있어서라고 단지 얘기만 하는 방식은 아니다. 절대로 아니었다. 초청에 대한 감사의 의미와 초청을 받아들일 수 없는 자신의 상황에 대한 유감의 뜻을 표한 뒤, 그는 자신을 대신할 만한 다른 강연자를 추천했다. 다시 말해 그는 상대가 거절당했다고 기분 나빠할 틈을 주지 않고, 순식간에 상대의 생각을 자기를 대신할 수 있는 다른 강연자에게로 돌려놓은 것이다.

"제 친구 중에 〈브루클린 이글〉에서 편집장을 맡고 있는 이가 있는데, 그 친구에게 강연을 부탁해보면 어떨까요? 아니면 가이 히콕은 어떠신지요? 그는 유럽 특파원으로 파리에서 15년간 근무한 경험이 있기 때문에 화제가 아주 풍부하답니다. 아니면 리빙스턴 롱펠로는 어떠신가요? 그는 인도에서 사냥에 관한 훌륭한 영화를 제작한 경험이 있답니다."

뉴욕의 가장 큰 인쇄 회사 가운데 하나인 J. A. 원트 오가니제이션을 운영하고 있는 J. A. 원트에게는 고민거리가 하나 있었다. 한 기계공의 태도를 바로잡아주어야 하는데, 그가 반발하지 않도록 하고 싶었다. 그 기계공은 타자기를 비롯해 밤낮으로 쉴 새 없이 돌아가는 수십 대의 기계를 관리하고 있었다. 그런데 작업이 너무 많다거나, 근무시간이 너무 길다거나, 조수를 붙여달라는 등 늘 불만을 늘어놓고 있었다.

원트는 조수를 붙여주지도 않고, 작업 시간이나 작업량을 줄이지 않으면서도 그 기계공이 만족하도록 하는 데 성공했다.

어떻게 했을까? 그는 기계공에게 개인 사무실을 내주었다. 방문에는 그의 이름이 적혀 있었고, 그 옆에는 '서비스 부문 매니저'라는 그의 직함도 붙어 있었다.

그는 이제 누구나 불러서 명령을 내릴 수 있는 수리공이 아니었다. 그는 서비스 부분의 매니저였다. 권위도 생기고 인정도 받으니 자신이 중요한 존재가 된 느낌도 들었다. 그 이후 그는 불평하지 않고 만족하면서 일하게 되었다.

유치한가? 그럴지도 모른다. 하지만 나폴레옹이 레지옹 도뇌르 훈장을 만들어 1500명의 군인들에게 수여하고, 18명의 장군에게 '프랑스 대원수'라는 직위를 하사하며, 자신의 군대를 '대육군'이라고 불렀을 때도 사람들은 유치하다고 했다. 역전의 용사들에게 유치하게 '장난감'이나 줄 수 있느냐고 비판하자, 나폴레옹은 이렇게 대답했다. "장난감으로 지배당하는 게 인간이다."

이처럼 직위와 권위를 부여하는 방식은 나폴레옹에게 유용한 수단이 되었고, 이는 당신에게도 유용할 것이다. 예를 들어 뉴욕 스카이데일에 사는 내 친구 겐트 부인은 잔디밭을 마구 뛰어다니며 잔디를 망가뜨리는 아이들로 골치를 썩은 적이 있었다. 그녀는 야단을 치고 달래도 보았지만 소용이 없었다. 그래서 아이들 중에 대장 노릇을 하는 아이에게 직위를 주고 권위를 느낄 수 있도록 했다. 그녀는 그 아이에게 '탐정'이라는 칭호를 주고, 아이들이 잔디밭에 들어가지 못하도록 하는 일을 맡겼다. 그러자 문제는 깨끗이 해결되었다. 그녀의 '탐정'이 뒤

뜰에 모닥불을 피워 쇠꼬챙이를 빨갛게 달구고는 어떤 녀석이든 잔디밭에 들어가기만 하면 뜨거운 맛을 보여주겠다고 겁을 준 것이다.

이것이 인간의 본성이다.

그러므로 반감이나 반발을 사지 않으면서 다른 사람을 변화시키고자 한다면, 다음과 같이 해보라.

 반감이나 반발 없이 상대를 변화시키는 방법 9

당신이 제안하는 일을 상대가 기꺼이 하게 만들어라.

반감이나 반발 없이
상대를 변화시키는 9가지 방법

1. 칭찬과 솔직한 감사의 말로 시작하라.

2. 상대의 잘못을 간접적으로 알려주어라.

3. 상대를 비판하기 전에 자신의 잘못을 먼저 이야기하라.

4. 직접적으로 명령하지 말고 요청하라.

5. 다른 사람의 체면을 세워줘라.

6. 아주 작은 발전이라도 칭찬하라. 발전이 있을 때마다 칭찬
   하라. 진심으로 인정하고 아낌없이 칭찬하라.

7. 상대방이 갖고 싶어 하는 좋은 평판을 주어라.

8. 격려하라. 상대에게 고쳐주고 싶은 잘못이 보이면 그 잘못
   이 고치기 쉬운 것으로 느껴지게 하라. 상대가 했으면 하는
   것이 하기 쉬운 것처럼 보이도록 하라.

9. 당신이 제안하는 일을 상대가 기꺼이 하게 만들어라.

5

기적을 일으킨
편지들

How to

win friends

&

influence

people

기적을 일으킨
편지들

당신이 지금 어떤 생각을 하고 있는지 나도 잘 안다. 아마 혼
잣말로 이렇게 말하고 있을 것이다. "기적을 일으킨 편지들이
라니! 웃기는군. 마치 만병통치약 광고 같군."

사실 그렇게 생각하더라도 무리는 아니다. 나 역시 15년 전
에 이런 책을 봤다면 그렇게 생각했을 것이다. 너무 회의적인
태도인가? 나는 쉽사리 믿지 않는 사람들을 좋아한다. 나는 미
주리 주에서 태어나 스무 살까지 그곳에서 자랐다. 당신도 잘
알다시피, 미주리 주의 별명은 '의심 많은 주(Show Me State)'다.
그래서 나도 의심하면서 쉽게 믿지 않는 사람들을 좋아한다.
인류 사상이 진보할 수 있었던 것은 예수의 부활을 쉽게 믿지
않았던 사도 도마처럼 묻고, 의심하고, 도전하는 사람들이 있었
기 때문이다.

솔직하게 얘기해보자. '기적을 일으킨 편지들'이란 제목이
정확한 것일까?

아니다. 솔직히 말해 이런 제목은 정확하지 않다.

이 제목은 사실을 의도적으로 겸손하게 표현한 것이다. 이번 장에서 소개하는 몇몇 편지는 두 배의 기적이라고 평가해야 할 정도의 결과를 거두었다. 이런 평가는 누가 했을까? 예전에 존 스맨빌 사의 판촉 활동 매니저였다가 지금은 콜게이트 파몰리브 피트 사의 홍보 매니저이면서 전미 광고주협회 이사장직을 맡고 있는, 미국에서 가장 유명한 판촉 활동 전문가인 켄 R. 다이크가 했다.

다이크는 정보 수집을 위해 딜러들에게 편지를 보내면 응답률이 5 내지 8퍼센트를 넘는 경우가 거의 없다고 한다. 만약 응답률이 15퍼센트가 되면 정말 대단한 것이고, 20퍼센트가 되면 거의 기적으로 봐도 된다고 말했다.

하지만 이 책에 소개한 다이크의 편지는 응답률이 42.5퍼센트에 달했다고 한다. 달리 말하자면 그 편지는 응답률에서 두 배의 기적을 거둔 셈이다. 그저 웃어넘길 만한 일이 아니다. 그리고 이런 결과는 장난이나 요행이나 우연히 생긴 것이 아니었다. 다른 수십 통의 편지에서도 비슷한 결과가 나왔다.

그는 어떻게 이런 놀라운 결과를 만들어낼 수 있었을까? 켄 다이크는 이렇게 설명한다. "편지의 응답률이 이토록 놀랍게 올라간 것은 제가 '효과적인 화술과 인간관계'라는 카네기 코스를 수강한 덕분입니다. 코스에 참가하고 난 뒤, 저는 전에 사용하던 접근 방식이 옳지 않다는 사실을 깨달았습니다. 그래서 이 책에서 가르치고 있는 원칙들을 적용해보기로 마음먹었지요.

그랬더니 정보를 요청하는 제 편지에 대한 응답률이 다섯 배에서 여덟 배까지 올라갔습니다."

여기에 그 편지가 있다. 편지는 약간의 호의를 베풀어달라는 부탁을 함으로써 상대를 기쁘게 만들고 있다. 부탁은 상대를 중요하게 여긴다는 느낌을 갖게 한다.

편지에 대한 내 소감은 괄호 안에 적어두었다.

존 ○○ 귀하

다소 어려움에 처한 저를 귀하께서 도와주실 수 있는지 여쭙고자 이렇게 편지를 보냅니다.

(어떤 상황인지 생각해보자. 애리조나 주에 있는 목재 딜러가 존스맨빌 사의 임원으로부터 이런 편지를 받았다고 해보자. 그런데 편지 첫 줄에 뉴욕의 잘 나가는 임원이 자신에게 어려움을 해결할 수 있도록 도와달라고 한다. 애리조나 주의 딜러는 이렇게 생각할 것이다. '음, 뉴욕에 있는 이 친구가 뭔가 난처한 상황에 처해 있다면 사람을 제대로 찾아왔군. 나는 너그러운 사람이고 사람들을 자주 도와주곤 하니 말이야. 어디 , 무슨 문제인가 보자고!')

지난해 저는 지붕 보수공사 매출 증대를 위해 딜러 여러분들이 가장 절실히 바라던 것, 즉 본사에서 비용을 부담해 연중 끊임없이 DM을 발송하도록 회사를 설득하는 데 성공했습니다.

(애리조나 주의 딜러는 아마 이렇게 생각할 것이다. '당연히 자기들이 부담해야지. 이익의 대부분을 자기들이 가져가잖아. 나는 임대료 내기도 버거운

데 본사는 수백만 달러를 버니까 말이야. 근데 이 친구는 무슨 어려움에 빠졌다는 거야?')

최근 저는 DM 계획에 참여했던 1600명의 딜러들에게 설문지를 발송했으며, 수백 통의 답변을 받았습니다. 기꺼이 협조해주신 딜러 여러분들께 감사의 말씀을 드리며, 보내주신 답변은 유용하게 사용하겠습니다.

이런 협조에 힘입어 우리는 딜러 여러분들이 더욱 좋아하실 새로운 DM 계획을 준비하기로 했습니다.

그런데 오늘 아침 사장님께서는 전년도 계획 시행 결과 보고서에 대해 논의하시면서, DM발송이 실제로 매출과 연결되는 비율이 얼마나 되느냐고 물으셨습니다. 사장으로서 당연한 질문이었습니다. 저는 이 질문에 답하기 위해 딜러 여러분의 도움을 청하고자 합니다.

('이 질문에 답하기 위해 딜러 여러분의 도움을 청하고자 합니다'라는 표현은 괜찮다. 뉴욕의 거물이 속내를 털어놓음으로써, 그가 솔직하고도 진지하게 애리조나 주에 있는 존스맨빌 사의 거래 상대방을 인정하고 있다는 뜻이다. 그리고 켄 다이크가 자기 회사가 얼마나 중요한지 얘기하는데 시간을 낭비하고 있지 않다는 점에 주목해야 한다. 대신 그는 자신이 상대에게 얼마나 의지하고 있는가를 바로 얘기하고 있다. 켄 다이크는 상대방의 도움 없이는 회사 사장에게 제출할 보고서를 작성하지 못한다는 사실을 인정하고 있다. 애리조나 주에 있는 딜러도 인간인지라 이런 식의 어투를 당연히 좋아한다.)

도움을 요청하는 부분은 다음과 같습니다. (1) 지난해 발송된 DM이 어느 정도나 실제로 지붕 공사 혹은 지붕 보수공사로 연결되었는지, (2) (작업에 투여한 비용 대비) 예상 매출액이 얼마나 되는지, 가능하면 센트까지 정확하게 계산해 동봉한 엽서에 적어 보내주시기 바랍니다.

보내주신 정보는 유용하게 사용할 것이며, 친절하게 도움 주신 점에 미리 매우 감사드립니다

—판촉 담당 매니저, 켄 다이크

(마지막 문단에서 그가 얼마나 자신을 낮추면서 상대를 높이고 있는지 주목하기 바란다. 그가 '매우 감사' '친절' '도움' 등의 말을 얼마나 잘 사용하는지도 주목하기 바란다.)

단순한 편지다. 그렇지 않은가? 하지만 이 편지는 상대에게 약간의 부탁을 함으로써 상대방을 중요하게 생각하고 있다는 느낌을 주어 '기적'을 만들어냈다.

이런 심리 활용법은 당신이 석면으로 된 지붕 재료를 팔고 있건, 멋진 차를 타고 유럽을 여행하고 있건 어느 경우에나 효과를 발휘한다.

예를 들어보자. 나는 같은 고향 출신 작가인 호머 크로이와 프랑스 내륙 지방을 자동차로 여행하다가 길을 잃었다. 구형 모델인 T형 포드를 길가에 세우고, 근처 농부들에게 가까운 마을로 가려면 어디로 가야 하느냐고 물어보았다.

질문의 효과는 엄청났다. 나막신을 신고 있던 농부들은 미국

사람이면 다 부자인 줄 알고 있었던 것 같다. 게다가 그 지역에서는 자동차를 보는 것도 아주 드문 일이었다. 자동차를 타고 프랑스 여행을 하는 미국인들이라니! 분명 우리가 백만장자로 보였을 것이다. 어쩌면 헨리 포드의 사촌쯤 되는 사람들일 거라고 생각했을지도 모르겠다. 그런데 그런 우리가 모르는 것을 그들은 알고 있었다. 우리가 그들보다 돈은 많았지만, 가까운 마을로 가는 길을 찾기 위해서는 그들에게 다가가 모자를 벗고 공손하게 물어봐야 했던 것이다. 그런 행동만으로도 그들은 자신들이 의미 있는 존재가 된 듯한 느낌을 받았다. 그들은 모두가 한꺼번에 입을 열어 말하기 시작했다. 그중 한 사람이 기회를 놓칠세라 얼른 나서서 다른 모든 사람의 입을 다물게 했다. 길을 가르쳐주는 뿌듯함을 혼자만 즐기고 싶었던 것이다.

당신도 한번 해보기 바란다. 다음번에 낯선 도시에 가게 되면 경제적으로나 사회적 지위 면에서 당신보다 낮은 사람에게 이렇게 물어보라. "제가 조금 어려움을 겪고 있는데 도움을 주실 수 있으신가요? 이러저러한 곳에 가려면 어떻게 해야 하는지 가르쳐주시겠습니까?"

벤저민 프랭클린도 이런 방법을 써서 자신을 신랄하게 비판하던 적을 평생의 친구로 만들었다. 젊은 시절 프랭클린은 저축해두었던 돈을 모두 조그만 인쇄 회사에 투자하고 있었다. 이후 그는 필라델피아 의회 서기로 선출되었는데, 모든 공문서 인쇄를 관장하는 자리였다. 그 일은 수입이 좋아서 그는 자리를 유지하고 싶어 했지만, 곧 커다란 위협이 닥쳤다. 돈 많은 거물급 의원 한 명이 그를 몹시 싫어했던 것이다. 단순히 싫어한 정도가 아니라 공공연하게 그를 비난하고 다녔다.

위험해도 아주 위험한 상황이었다. 그래서 프랭클린은 그 의원이 자기를 좋아하게 만들어야겠다고 마음먹었다.

하지만 어떻게 할 것인가? 그것이 문제였다. 적에게 호의를 베풀면 될까? 아니다. 그렇게 하면 상대의 의심을 살 뿐 아니라 상대가 비웃을지도 모를 일이었다.

프랭클린은 현명하고 노련해서 그런 초보적인 함정에 빠지지 않았다. 오히려 그는 정반대로 행동했다. 적에게 호의를 베풀어달라고 요청했던 것이다.

프랭클린은 돈을 좀 꿔달라는 식의 부탁은 하지 않았다. 그런 부탁은 절대 통하지 않는다! 그는 상대를 기쁘게 하는 부탁, 즉 상대의 허영심을 채워주고, 상대의 존재를 인정하며, 자신이 상대의 지식과 업적을 존경하고 있음을 은연중에 드러내는 부탁을 했다.

프랭클린은 이에 대해 다음과 같이 이야기했다.

"그의 장서 가운데 대단히 귀하고 진기한 책이 있다는 얘기를 듣고, 나는 그 책을 꼭 한번 보고 싶으니 며칠간만 빌려달라고 요청하는 편지를 보냈다.

그는 즉시 책을 보내왔고, 나는 그 책을 일주일 정도 갖고 있다가 그의 호의에 정말 감사한다는 편지와 함께 돌려보냈다.

의회에서 그를 다시 만났을 때 그는 내게 아주 정중하게 말을 건넸다(그때까지 그가 내게 말을 건넨 적은 한 번도 없었다). 그리고 그 이후로 내 부탁은 언제나 기꺼이 들어주었고, 그렇게 해서 우리는 가까운 친구가 되었다. 우리의 우정은 그가 죽을 때까지 지속되었다."

벤저민 프랭클린이 세상을 떠난 지 이제 150여 년이 지났지만, 상대에게 호의를 요청함으로써 상대의 마음을 사로잡던 심리 활용법은 지금도 여전히 유용하다.

예를 들어 내 강좌를 수강한 앨버트 B. 암젤이라는 사람은 이 방법을 사용해 큰 성공을 거두었다. 배관 및 난방 장치 세일즈맨인 암젤은 브루클린에 있는 한 배관업자를 고객으로 만들기 위해 수년간 노력했다. 그 배관업자는 사업 규모가 매우 컸고, 신용도도 매우 좋았다. 하지만 암젤은 그와 거래를 시작조차 하지 못했다. 그 배관업자는 거칠고 심술궂어서 대하기 힘든 사람 가운데 한 명이었다. 암젤이 그의 사무실에 들어설 때마다 그는 책상 뒤에 앉아 시가를 비스듬히 문 채 이렇게 소리쳤다. "오늘은 아무것도 안 사요. 서로 시간 낭비하지 맙시다. 자, 자, 어서 나가시오!"

그러던 어느 날 암젤은 새로운 방법을 시도했다. 그 결과 암젤은 그와 거래를 시작하게 되었고, 친구 사이가 되면서 주문도 많이 받게 되었다.

암젤의 회사는 롱아일랜드의 퀸스 빌리지에 새로 지점을 내기 위한 계획을 세우고 있었다. 그곳은 그 배관업자가 잘 알고 있고, 또 사업도 많이 하고 있는 지역이었다. 그래서 배관업자를 다시 방문했을 때 암젤은 이렇게 말했다. "사장님, 오늘은 무엇을 팔려고 온 게 아닙니다. 괜찮으시면 부탁을 하나 드릴까 해서 들렀습니다. 잠시 시간 좀 내주실 수 있겠습니까?"

"음… 좋습니다." 배관업자가 시가를 옮겨 물며 대답했다. "무슨 일입니까? 말해보시오."

"저희 회사가 이번에 퀸스 빌리지에 새로 지점을 열 계획인데, 그 지역은 사장님께서 누구보다도 잘 아는 지역 아닙니까? 그래서 어떻게 생각하시는지 여쭤보러 왔습니다. 그쪽에 지점을 새로 내는 게 잘하는 일일까요?"

새로운 상황이었다! 수년간 이 배관업자는 세일즈맨에게 나가라고 소리치며 내쫓는 데서 자신의 존재감을 느꼈다.

하지만 이번에는 세일즈맨이 조언을 요청했다. 그것도 중요한 문제를 어떻게 해야 할지 자신에게 묻고 있는 것이다.

"앉아보시오." 그는 의자를 잡아당기며 말했다. 이후 그는 한 시간에 걸쳐 퀸스 빌리지의 배관 관련 시장에 관해 장단점을 세세히 설명해주었다. 그는 지점을 새로 여는 데 찬성했을 뿐 아니라 상품 구매에서부터 재고를 정리하는 방법, 그리고 사업을 시작할 때의 주의점 등 자기가 아는 내용을 총동원해 각 과정마다 필요한 행동 방침을 조언해주었다. 그는 배관 자재를 도매로 공급하는 회사를 상대로 장사 방법을 가르쳐주면서 자신의 존재감을 느낀 것이다. 마침내 그는 개인적 영역까지 화제를 넓혔다. 그렇게 점점 친해지더니 그는 결국 암젤에게 자신의 내밀한 집안 문제와 부부 사이의 다툼에 대해서까지 말하게 되었다.

"그날 저녁 저는 첫 번째 장비 주문서를 주머니에 넣고 그 사무실에서 나왔을 뿐 아니라, 사업상 친구와 단단한 우정의 초석도 깔아놓게 되었습니다." 암젤이 말했다. "전에는 소리를 지르며 나를 내쫓던 그 사람과 이제는 골프를 같이 치는 사이가 되었습니다. 그가 든든한 친구로 변한 건, 내가 그 친구에게 자신이 인정받고 있다는 느낌이 들게 하는 부탁을 했기 때문이었습니다."

켄 다이크의 편지를 한 통 더 살펴보면서 그가 '부탁하기' 심리 활용법을 얼마나 잘 사용하고 있는지 알아보기로 하자.

수년 전 그는 사업가, 거래 업체, 건축업자들에게 정보를 알려달라는 편지를 보내도 회신을 거의 받지 못해 속을 썩이고 있었다.

당시 건축가나 엔지니어들에게 편지를 보내 회신을 받는 경우는 1퍼센트를 좀처럼 넘지 못했다. 2퍼센트면 우수한 편이었고, 3퍼센트면 대단히 뛰어난 경우였다. 그럼 10퍼센트라면? 10퍼센트라면 기적이라고 할 만했다.

하지만 아래 소개하는 편지에 대한 회신은 50퍼센트에 달했다. 기적의 다섯 배나 되는 결과다. 그리고 그것도 간단한 회신이 아니었다. 우호적인 조언과 협력의 의사가 가득한 2~3페이지 분량의 장문 편지들이었다.

그 편지의 내용은 아래와 같다. 사용된 심리 활용법이라든가, 심지어 사용된 어법도 앞에서 소개한 편지와 비슷함을 알 수 있다.

편지를 읽으면서 행간의 의미를 파악하고 편지를 받은 사람의 심정을 헤아려보기 바란다. 이 편지가 왜 기적의 다섯 배나 되는 결과를 거둘 수 있었는지 생각해보라.

○○ 씨 귀하

다소 어려움에 처한 저를 귀하께서 도와주실 수 있는지 여쭙고자 이렇게 편지를 보냅니다.

1년 전쯤 저는 건축가들이 우리 회사에 가장 절실히 바라는 것, 즉 가옥을 수리하거나 리모델링하는 데 사용되는 우리 회사의 모든 건축 자재와 부품을 볼 수 있는 카탈로그를 제공해야 한다고 회사를 설득했습니다.

첨부하는 자료는 그 결과로 나온 카탈로그이며, 이런 종류로는 처음인 것으로 알고 있습니다.

하지만 이제 재고가 거의 떨어져가고 있어서 이런 사실을 사장님께 보고했더니, (어떤 사장님이든 이렇게 말씀하시겠지만) 카탈로그가 원래 계획했던 제 역할을 다했다는 충분한 증거를 제시하면 새로 제작에 들어가도 좋다고 말씀하셨습니다.

따라서 저는 귀하의 도움이 필요하게 되어, 실례를 무릅쓰고 귀하와 더불어 전국 각처에 있는 49개 업체분들께 배심원이 되어달라는 요청을 드리고자 합니다.

귀하의 수고를 덜어드리기 위해 이 편지 뒤에 간단한 질문지를 첨부했습니다. 답을 표시해주시고, 혹시 하고 싶은 말씀이 있으시면 덧붙여 적으신 다음 동봉하는 회신용 봉투에 넣어 보내주시면, 제 개인적으로도 대단히 감사하게 생각하겠습니다.

군이 말씀드리지 않더라도 회신을 꼭 하셔야 하는 것은 아님을 알고 계시리라 생각합니다만, 카탈로그가 여기에서 중지돼야 할지 아니면 여러분의 경험과 조언을 바탕으로 개선되어 계속 제작되어야 할지 여러분의 판단에 맡기고자 합니다.

어떤 경우이든 귀하의 협조에 매우 감사드리며, 이만 줄이겠습니다. 감사합니다!

켄 R. 다이크
판촉 활동 매니저

다시 한 번 당부의 말을 해야겠다. 내 경험으로 볼 때, 이 편지를 읽고 여기에 사용된 심리 활용법을 기계적으로 적용하려는 사람들이 있을 것이다. 그들은 진실하고 사실적인 칭찬이 아니라 아첨과 사탕발림으로 상대의 자존심을 세워주려 할 것이다. 하지만 그런 방법은 통하지 않는다.

물론 사람들은 누구나 칭찬과 인정을 받고 싶어 하고, 또 이를 위해서라면 어떤 일이든 마다하지 않으려 한다. 하지만 누구도 사탕발림이나 아첨은 원하지 않는다.

거듭 말하지만, 이 책에서 알려주는 원칙들은 가슴에서 우러나올 때에만 진정으로 효과가 있다. 나는 잔재주를 알려주려는 것이 아니다. 나는 새로운 방식의 삶에 대해 말하고 있다.

6

행복한 가정을 만드는
7가지 비결

How to

win friends

&

influence

people

결혼을 무덤으로 만드는
가장 빠른 방법

　75년 전, 나폴레옹 보나파르트의 조카인 프랑스의 나폴레옹 3세는 마리 유지니와 사랑에 빠졌다. 그리고 테바의 백작이자 세상에서 가장 아름다운 여인이었던 그녀와 결혼했다. 황제의 조언자들은 그녀가 스페인의 이름 없는 백작의 딸일 뿐이라는 사실을 지적했다. 그러자 나폴레옹은 이렇게 대답했다. "그래서 어떻단 말인가?" 그녀가 보여주는 위엄, 그녀의 젊음, 그녀의 매력, 그녀의 아름다움이 그에게 천상의 행복을 맛보게 해주었다. 황제는 권위를 담은 발표를 통해 모든 사람의 반대를 물리쳤다. 그는 이렇게 선언했다. "나는 내가 모르는 여인이 아니라 내가 사랑하고 존경하는 여인을 선택했노라."

　나폴레옹 3세 부부는 건강, 부, 권력, 명예, 미모, 사랑, 존경 등 완벽한 로맨스를 만드는 데 필요한 모든 요소를 갖추고 있었다. 결혼이라는 불꽃이 만들어내는 신성한 불빛이 전례 없이 환하게 비치고 있었다. 하지만 얼마 가지 못해 그 신성한 불빛이 흔들리고, 타오르던 불꽃도 사그라지더니 재가 되어 사라지고 말았다. 나폴레옹 3세는 유지니를 황후로 만들 수 있었지만, 프랑스 황제의 그 어떤 능력이나 사랑, 위엄으로도 그녀의 잔소리는 막을 수 없었다.

질투에 눈이 멀고 의심에서 헤어나오지 못하던 유지니는 황제의 명령도 쉽게 여기고, 황제의 프라이버시도 존중하지 않았다. 그녀는 황제가 국정을 보는 동안에도 집무실에 불쑥 들어갔고, 중요한 회의를 방해하기도 했다. 다른 여자와 놀아날 것을 두려워해 황제를 절대로 혼자 두는 법이 없었다.

언니에게 자주 찾아가 남편의 험담을 하고, 불평을 하고, 울고불고, 협박을 하기도 했다. 황제의 서재로 쳐들어가서는 온갖 잔소리를 하고 모욕을 주기도 했다. 호화로운 궁전을 수없이 갖고 있었지만, 나폴레옹 3세가 마음 놓고 쉴 수 있는 곳은 한군데도 없었다.

이 모든 행동으로 유지니가 얻은 것은 무엇이었을까?

그 답은 E. A. 라인하르트의 명저 《나폴레옹과 유지니: 제국의 희비극》에서 찾아볼 수 있다. "그리하여 나폴레옹은 밤이면 부드러운 모자를 깊숙이 눌러 써서 얼굴을 가린 다음, 작은 문을 통해 밖으로 몰래 빠져나오곤 했다. 그러고는 가까운 친구와 함께 자신을 기다리고 있는 어여쁜 여인에게 실제로 가기도 하고, 때로는 오래전 모습을 유지하고 있는 도시의 이곳저곳을 걷다가 동화 속에서나 봄직한 거리를 지나가며, 유지니가 잔소리를 하지 않았더라면 훨씬 더 좋을 것이라는 상념에 빠지곤 했다."

유지니가 잔소리를 한 결과는 바로 이런 것이었다. 그녀가 프랑스의 권좌에 앉았던 것도 사실이었고, 그녀가 세상에서 가장 아름다운 여인이었던 것도 사실이었다. 하지만 권세나 아름다움이 있어도 잔소리라는 치명적 결함 때문에 그녀는 사랑을 살아 있게 만들지 못했다. 유지니는 오래전 욥이 했던 것처럼 소리 높여 이렇게 울부짖었을지도 모른다. "내가 두려워하는 그것이 내게 임하고 내가 무서워하는 그것이 내 몸에 미쳤구나."(욥기 3장 25절) 과연 이런 일들이 그녀에게 닥쳐온 것일까? 아니면 그녀 스스로 초래한 결과일까? 그 가련한 여인은 질투와 잔소리를 통해 그런 결과를 자초했던 것이다.

사랑을 파괴하기 위해 지옥의 모든 악마가 만들어낸 가장 확실하고 악독한 수단이 바로 잔소리다. 잔소리는 실패하는 경우가 없다. 마치 킹코브라에게 물린 것처럼 잔소리는 언제나 파괴하고 소멸시킨다.

레오 톨스토이 백작의 부인은 이 사실을 너무 늦게 깨달았다. 그녀는 죽기 전 딸들에게 이렇게 고백했다. "너희 아버지를 죽게 만든 사람은 바로 나란다." 딸들은 아무런 대답도 하지 않고 울기만 했다. 그들은 어머니의 말이 사실임을 알고 있었다. 어머니가 끝도 없이 불평하고, 비난하고, 잔소리하는 바람에 아버지가 돌아가셨다는 것을 알고 있었다.

불화만 없었더라면 톨스토이 백작 부부는 행복했을 것이다. 톨스토이는 인류 역사상 최고의 소설가 중 한 명이었기 때문이다. 톨스토이가 쓴 두 편의 걸작《전쟁과 평화》와《안나 카레니나》는 인류의 문학적 보물로서 영원히 빛을 발할 것이다.

톨스토이는 너무 유명해서 추종자들이 밤낮으로 따라다니면서 그가 내뱉는 한마디 한마디를 모두 받아 적었다. 심지어 "이제 자러 가야 할 것 같군" 하는 일상적인 이야기조차 받아 적을 정도였다. 그리고 러시아 정부는 그가 쓴 문장들을 모조리 인쇄하고 있는데, 그의 글을 엮은 책만 해도 100권이 넘을 것이다.

명예와 더불어 톨스토이 부부에게는 부와 사회적 지위, 많은 자녀가 있었다. 그만큼 축복받은 결혼도 없었다. 처음에는 이런 행복이 지속되기에는 너무 완벽하고, 너무 강렬한 것처럼 보였다. 그래서 두 사람은 무릎을 꿇고 자신들의 이 같은 행복이 깨지지 않게 해달라고 전능하신 신께 기도를 올릴 정도였다.

그러다가 놀라운 일이 일어났다. 톨스토이가 조금씩 변했던 것이다. 그는 전혀 다른 사람이 되었다. 자신이 쓴 위대한 책에 대해 부끄러워하면서, 그 후로는 평화를 주장하는 선전문 쓰는 일과 전쟁과 굶주림을 몰아내는 일에 온 생애를 바치게 되었다.

젊은 시절에는 생각 가능한 모든 종류의 죄(심지어 살인까지)를 저질렀노라고 고백했던 사람이 이제는 글자 그대로 예수의 가르침을 따르고자 했다. 그는 자신의 모든 땅을 나눠주고 가난한 삶을 살았다. 그는 나무를 베고, 들판에 나가 건초 더미를 쌓는 일을 했다. 신발을 직접 만들어 신고, 자신의 방을 직접 치우고, 나무로 된 식기를 사용하며, 원수도 사랑하려고 노력했다.

레오 톨스토이의 삶은 비극이었으며, 비극의 원인은 결혼이었다. 그의 아내는 사치를 좋아했지만, 그는 사치를 경멸했다. 그녀는 명성과 사회적 갈채를 좋아했지만, 그는 이를 하찮게 여기고 아무런 의미도 찾지 못했다. 그녀는 돈과 부를 원했지만, 그는 부와 개인 재산을 죄라고 여겼다.

그가 자신의 책에 대한 인세를 받지 않고 누구나 자유롭게 출판할 수 있도록 하겠다고 하자, 그녀는 수년간 잔소리하고 야단치고 비명을 질러댔다. 그녀는 그 책들이 벌어주는 돈을 원했다.

그녀는 남편이 자신의 뜻에 반대하면 히스테리에 빠져서 입에 아편 병을 물고 마룻바닥을 구르면서 죽어버리겠다, 우물에 뛰어들겠다고 협박했다.

그들의 삶에서는 다음과 같은 장면도 있었는데, 나는 이 장면이야말로 역사상 가장 슬픈 장면 중 하나가 아닐까 생각한다. 앞서 말했듯이 결혼 초기에 그들은 너무도 행복했지만, 48년이 지나자 그는 아내를 쳐다보는 것조차 싫어졌다. 때때로 저녁이면 이 상심하고 애정에 굶주린 늙은 아내가 그의 발치에 무릎을 꿇고 앉아, 50년 전 남편이 자신에 대한 사랑을 멋지게 표현했던 문장들을 소리 내 읽어달라고 부탁하곤 했다. 그래서 이제는 사라져버린 그 아름답고 행복했던 시절에 대해 톨스토이가 읊조리면 부부는 함께 눈시울을 적셨다. 오래전 그들이 꿈꾸던 아름다운 사랑과 현실의 삶은 달라도 너무 달랐던 것이다.

결국 82세가 되었을 때, 톨스토이는 가정불화를 더 이상 견디지 못하고 1910년 10월 어느 눈 내리는 밤에 아내로부터 도망쳤다. 자신이 어디로 가는지도 모른 채 차가운 어둠 속으로 향했다.

11일 후 그는 어느 기차역에서 폐렴으로 죽었다. 그의 마지막 유언은 자신이 있는 곳에 아내가 오지 못하도록 하라는 것이었다. 톨스토이 부인이 잔소리하고 불평하고 히스테리를 부린 결과는 이런 것이었다.

잔소리를 할 만하니까 했을 거라고 생각하는 독자들도 있을 것이다. 물론 그럴 수도 있다. 하지만 그런 지적은 초점을 벗어난다. 문제는 잔소리를 해서 문제가 해결되었느냐, 아니면 문제가 극단적으로 악화되었느냐 하는 것이다.

"내가 제정신이 아니었다는 생각이 많이 드는구나." 후에 톨스토이 부인은 후회했지만 이미 너무 늦은 뒤였다.

에이브러햄 링컨의 생애를 비참하게 만든 것 역시 결혼이었다. 암살이 아니라 결혼이라는 사실에 주목하자. 부스가 저격했을 때, 링컨은 자신이 총에 맞았다는 사실조차 깨닫지 못했다. 하지만 그는 23년간 하루도 빠짐없이 그의 동료 변호사 헌든의 표현대로 '불운한 부부 관계'로 인해 신음했다. '불운한 부부 관계?' 이것도 완곡한 표현이라 할 수 있다. 링컨 부인은 거의 25년 동안이나 끊임없이 잔소리를 퍼부어 남편을 괴롭혔다.

그녀는 항상 불평하고 남편을 비난했다. 남편의 모든 것이 마음에 들지 않았다. 그의 등은 구부정했고, 걸음걸이도 이상해서 인디언처럼 발을 껑충대며 걸었다. 그녀는 그의 걸음걸이에 생기가 없고, 움직임에 우아함이 없다고 불평했다. 그녀는 그의 걸음걸이를 흉내 내며, 자신이 마담 렌텔이 운영하는 렉싱턴의 기숙학교에서 배운 것처럼 발 앞쪽 끝을 먼저 디디며 걸으라고 바가지를 긁었다.

그녀는 머리 양 끝으로 솟아 있는 그의 커다란 귀도 마음에 들지 않았다. 심지어는 코가 비뚤어졌다, 아랫입술이 튀어나왔다, 폐병 환자처럼 보인다, 손발이 너무 크다, 머리는 너무 작다고 불평하기도 했다.

에이브러햄 링컨과 부인 메리 토드 링컨은 교육, 환경, 기질, 취미, 사고방식 등 모든 면에서 서로 달랐다. 그들은 늘 서로에게 짜증이 났다.

동시대에 링컨에 관한 최고의 권위자로 인정받았던 앨버트 J. 베버리지 상원 의원은 이렇게 적었다. "링컨 부인의 크고 날카로운 목소리는 길 건너편까지 들릴 정도였다. 근처에 사는 사람들은 누구나 쉴 새 없이 화를 터뜨리는 그녀의 목소리를 들을 수 있었다. 그녀가 말로만 끝나지 않고 폭력을 휘두른 경우도 많다는 것은 의심의 여지가 없는 사실이다."

한 가지 예를 살펴보자. 결혼한 지 얼마 되지 않았을 때, 링컨 부부는 제이콥 얼리 여사의 집에 살게 되었다. 여사는 의사였던 남편이 죽은 뒤 하숙을 운영하고 있었다.

어느 날 아침, 링컨 부부가 아침 식사를 하는 도중에 링컨이 아내의 화를 돋우는 어떤 행동을 했다. 그게 어떤 행동이었는지는 알려지지 않았다. 그런데 화가 난 링컨 부인은 뜨거운 커피를 남편의 얼굴에 끼얹었었다. 더군다나 그 자리에는 다른 하숙생들도 있었다.

링컨은 아무 말 없이 모욕을 당한 채 앉아 있었고, 침묵 속에서 얼리 여사가 젖은 수건을 가져다 그의 얼굴과 옷을 닦아주었다.

링컨 부인이 보여주었던 질투가 얼마나 어처구니없고, 지독하고, 믿을 수 없는 정도였는지, 그녀가 사람들 앞에서 벌였던 슬프고도 볼썽사나운 장면들에 대해 75년이 지난 지금 읽어봐도 놀라 자빠질 지경이다. 그녀는 끝내 정신이상이 되고 말았다. 그녀에게 조금이라도 호의적인 언급을 하라면, 그녀가 정신이상 초기 단계였기 때문이었을 거라는 추측뿐이다.

그녀가 퍼부었던 잔소리와 비난, 호통이 링컨을 조금이라도 변화시켰을까? 한 가지 면에서는 그렇다고 할 수 있다. 그녀에 대한 링컨의 태도를 달라지게 했다. 그녀의 잔소리는 링컨이 자신의 불행한 결혼에 대해 후회하고, 될 수 있으면 아내와 마주치지 않도록 만들었다.

스프링필드에는 변호사가 11명 있었는데, 그들 모두가 그 지역에서 먹고 살 수는 없었다. 그래서 그들은 말 안장에 짐을 싣고 데이비드 데이비스 판사가 재판을 하는 곳마다 따라다니며 법정에 서곤 했다. 그들은 이런 식으로 제8순회법정이 열리는 시골 마을이면 전국 어디서나 일을 잡을 수 있었다.

그런데 다른 변호사들은 일요일이면 스프링필드에 있는 집으로 돌아와 가족과 함께 주말을 보냈지만, 링컨은 그렇게 하지 않았다. 그는 집으로 돌아가기를 두려워했다. 그는 봄철 3개월과 가을철 3개월 동안 순회법정을 따라 각지를 돌아다니면서 스프링필드 근처에는 절대 가지 않았다.

링컨 영부인이나 유지니 황후, 톨스토이 부인이 잔소리를 해서 얻은 결과는 이런 것이었다. 그들은 단지 자신의 인생을 비극으로 만들었을 뿐이다. 또한 자신들이 가장 아끼는 것들을 파괴했다.

뉴욕 시 가정법원에서 11년간 수천 건의 처자(妻子) 유기 사례를 다뤘던 베시 햄버거에 따르면, 남편들이 집을 나가는 가장 큰 이유는 아내의 잔소리 때문이라고 한다. 〈보스턴 포스트〉지는 이를 다음과 같이 표현했다. "이 세상 아내들은 잔소리라는 삽으로 결혼이라는 무덤을 조금씩 파고 있다."

그러므로 가정을 행복하게 만들고 싶다면, 첫 번째 규칙은 다음과 같다.

 행복한 가정을 만드는 비결 1

절대 잔소리하지 마라.

상대를 바꾸려 하지 마라

"살아가면서 바보 같은 짓을 많이 저지르겠지만, 결코 사랑 때문에 결혼하지는 않겠다." 영국의 재상 디즈레일리가 한 말이다.

그리고 그는 그렇게 했다. 그는 서른다섯이 될 때까지 독신으로 지내다가 자신보다 열다섯 살이나 많은 미망인에게 청혼했다. 50년의 세월을 살아온 그녀의 머리카락은 희끗희끗해지고 있었다. 그녀를 사랑해서일까? 아니다. 그녀도 그가 자신을 사랑하지 않는다는 것을 알고 있었다. 그가 돈 때문에 결혼하려 한다는 사실을 그녀도 알고 있었다! 그래서 그녀는 딱 한 가지 조건을 내걸었다. 그가 어떤 사람인지 알 수 있도록 1년만 시간을 달라는 것이었다. 그리고 약속된 시간이 지났을 때, 그녀는 그와 결혼했다.

너무 세속적이고 계산적이다. 그렇지 않은가? 하지만 역설적이게도 수많은 불화와 싸움으로 얼룩져 있는 결혼의 역사에서 디즈레일리의 결혼은 가장 빛나는 성공 사례 가운데 하나다.

디즈레일리가 선택한 부유한 미망인은 젊지 않았고, 아름답지도 않았으며, 똑똑하지도 않았다. 그런 것과는 거리가 멀었다. 그녀가 문학과 역사에 대해 무식함을 드러내는 바람에 사람들이 웃음을 터뜨리는 경우도 많았다. 예를 들면 그리스 시대가 먼저인지 로마 시대가 먼저인지도 몰랐다. 옷을 고르는 취향은 기이했고, 집 안 가구를 고르는 취향도 독특했다. 하지만 결혼생활을 하는 데 가장 중요한 부분에서는 그야말로 천재적이었다. 그것은 바로 남자를 다루는 기술이었다.

그녀는 지적인 면에서 디즈레일리와 대적하려 들지 않았다. 남편이 똑똑한 귀족 부인들과 오후 내내 고상한 대화를 주고받느라 지치고 기진맥진해서 집에 들어오면, 메리 앤은 가벼운 잡담으로 그가 편히 쉴 수 있도록 해주었다. 집은 그가 정신적 긴장을 풀고 아내의 따뜻한 애정을 느끼며 편히 쉴 수 있는 곳이었다. 시간이 흐를수록 그런 기쁨은 더해갔다. 나이 들어가는 아내와 함께 집에서 보내는 시간들이 그의 삶에서 가장 행복한 순간이었다. 그녀는 그를 도와주는 협력자였고, 비밀을 털어놓을 수 있는 믿음직한 친구였으며 조언자였다. 매일 저녁 그는 집으로 가면 하원에서 있었던 일을 아내에게 털어놓았다. 그리고 가장 중요하게도 그가 어떤 일을 맡건 메리 앤은 그가 실패하리라고는 전혀 생각하지 않았다.

30년이라는 세월 동안 메리 앤은 오로지 그만을 위해 살았다. 그녀는 자신의 재산조차도 남편을 편히 살게 해줄 수 있다는 이유로 가치를 느꼈다. 그 대가로 그녀는 디즈레일리의 우상이 되었다. 그는 아내가 죽은 후 백작이 되었지만, 그는 자신의 아내도 자신과 같은 작위를 받을 수 있게 해달라고 빅토리아 여왕에게 간청했다. 그리하여 그가 백작이 되던 해인 1868년 그녀 역시 비콘스필드 백작 부인으로 봉해졌다.

그녀가 사람들에게 아무리 바보처럼 보이고 산만하게 보이더라도, 그는 절대 그녀를 비난하지 않았다. 그녀를 나무라는 말은 한마디도 꺼내지 않았다. 누구든지 감히 그녀를 조롱하려 하면 그는 넘치는 충성심으로 그녀를 옹호하고 나섰다.

메리 앤은 완벽하지 않았지만 30년 동안 남편을 말로 지치게 하는 법이 없었고, 남편을 칭찬하고 존경했다. 그 결과는 무엇이었을까? 디즈레일리는 이렇게 말했다. "우리가 결혼한 30년간 나는 한 번도 권태로웠던 적이 없다(그럼에도 불구하고 역사에 대한 지식이 부족하다는 이유만으로 메리 앤이 멍청했을 거라고 말하는 사람이 있다는 사실이 놀라울 뿐이다)."

디즈레일리도 아내 메리 앤이 자신의 삶에서 가장 중요하다는 사실을 사람들에게 숨기지 않았다. 그 결과는 어땠을까? 메리 앤은 친구들에게 늘 이렇게 말했다. "남편이 잘해줘서 내 인생은 행복의 연속이야."

그들 사이에는 서로 주고받는 농담이 있었다. "내가 돈만 보고 당신과 결혼했다는 거 알지?" 디즈레일리가 이렇게 얘기하면, 메리 앤은 미소를 지으며 이렇게 대답했다. "물론이죠. 하지만 다시 결혼하게 된다면 그땐 사랑 때문에 저랑 결혼하실 거죠?" 그러면 그도 그렇다고 대답했다.

메리 앤은 결코 완벽하지 않았다. 하지만 디즈레일리는 그녀를 자신의 모습 그대로 놔두는 현명함이 있었다.

헨리 제임스는 이렇게 말했다. "다른 사람과 관계를 맺을 때 우선 알아야 할 것은, 상대의 독특한 행복 추구 방식에 간섭하지 말아야 한다는 사실이다. 상대가 나의 행복 추구 방식을 억지로 간섭하려 하지 않는다면 나 또한 그렇게 해야 한다."

이 말은 중요하므로 다시 한 번 반복해보겠다. "다른 사람과 관계를 맺을 때 우선 알아야 할 것은, 상대의 독특한 행복 추구 방식에 간섭하지 말아야 한다는 사실이다. 상대가 나의 행복 추구 방식을 억지로 간섭하려 하지 않는다면 나 또한 그렇게 해야 한다."

릴랜드 포스터 우드는 자신의 책《가족으로 함께 성장하기》에서 이렇게 말했다. "자신에게 맞는 사람을 고른다고 해서 성공적인 결혼 생활을 할 수 있는 건 아니다. 자신도 상대에게 맞는 사람이 돼야 한다."

그러므로 행복한 가정을 꾸미고 싶다면, 두 번째 규칙은 다음과 같다.

 행복한 가정을 만드는 비결 2

상대를 바꾸려 하지 마라.

이혼 법정으로 가는 지름길

　디즈레일리의 가장 강력한 정적은 글래드스턴이었다. 두 사람은 영국 정계에서 사사건건 충돌했지만, 그들에게는 한 가지 공통점이 있었다. 두 사람 다 가정에서는 더할 나위 없는 행복을 누렸다는 점이다.

　윌리엄 글래드스턴과 그의 아내 캐서린은 59년이라는 긴 세월 동안 서로에게 충실하며 함께 살았다. 나는 가끔 영국 총리 중에서도 가장 위엄 있는 글래드스턴이 아내의 손을 잡고 벽난로 부근에서 빙빙 돌며 아래와 같은 노래를 부르는 모습을 그려보곤 한다.

　　덥석 부리 남편과 말괄량이 아내,
　　우리는 좋을 때나 나쁠 때나 함께 헤쳐간다네.

　글래드스턴은 정적에게는 무서운 사람이었지만 집에서는

비판적이지 않았다. 아침을 먹으러 내려갔는데 집안 식구들이 여전히 자고 있으면, 그는 자기 방식으로 점잖게 대처했다. 그는 알 수 없는 노래를 소리 높여 부르면서 영국에서 가장 바쁜 사람이 혼자 식탁에 앉아 가족들을 기다리고 있음을 알렸다. 수완이 있고 사려 깊은 그는 집에서는 남을 비난하지 않도록 스스로 자제했다.

러시아의 예카테리나 여제도 그랬다. 그녀는 인류 역사상 가장 큰 제국 중 하나를 다스렸으며, 그녀가 생사여탈권을 쥐고 있던 국민의 수만 해도 수백만 명 이상이었다. 정치적으로 잔인한 폭군이었던 여제는 필요 없는 전쟁을 일으키거나 수많은 정적을 총살시키기도 했다. 하지만 요리사가 고기를 태웠을 때는 아무 말도 하지 않았다. 미소를 지으며 너그럽게 고기를 먹었는데, 이런 참을성은 미국의 대다수 남편들이 배울 만한 점이다.

가정불화의 원인을 연구하는 미국 최고의 권위자 도로시 딕스는 전체 결혼의 50퍼센트 이상이 실패라고 단언한다. 그녀는 수많은 로맨틱한 꿈이 이혼이라는 암초에 부서지는 이유 중 하나는 상대의 가슴에 상처를 주는, 아무 쓸모도 없는 비난 때문이라고 말한다.

부모들은 종종 자녀들을 비난하고 싶은 유혹에 빠지곤 한다. 내가 "그러지 마라"라고 말할 거라고 예상하겠지만, 아니다. 나는 단지 이렇게 말할 것이다. "아이들을 비난하기 전에 미국 저널리즘의 고전 중 하나인 '아빠가 잊었구나'를 읽어보라." 이

글은 원래 〈피플스 홈 저널〉에 사설로 실렸는데, 작가의 허락을 받고 〈리더스 다이제스트〉지에 실렸던 요약본을 여기에 다시 싣는다.

'아빠가 잊었구나'는 어느 순간 북받쳐 오른 진실한 감정을 담은 글로서, 독자들의 심금을 울리며 지금도 꾸준히 사랑받고 있는 글 중 하나다. 저자 W. 리빙스턴 라니드는 이렇게 말했다. "처음 글이 실린 이후로 '아빠가 잊었구나'는 전국 수백 개의 잡지와 사보, 신문에 거듭 실렸습니다. 많은 외국어로도 번역되었습니다. 저는 학교, 교회, 강연장에서 이 글을 읽고 싶어 하는 수천 명의 독자들에게 개인적으로 허락해주었습니다. 또 수많은 행사와 프로그램에 방송되었습니다. 특이하게도 대학 정기 간행물과 고등학교 잡지에도 실렸습니다. 때로는 짧은 글이 신기하게도 '가슴에 꽂힐' 때가 있습니다. 이 글이 바로 그랬던 것 같습니다."

아빠가 잊었구나

—W. 리빙스턴 라니드

아들아, 들어보렴. 나는 네가 잠들어 있는 동안 이야기하고 있단다. 네 조그만 손은 네 뺨을 받치고 있고, 금발의 곱슬머리 몇 가닥은 촉촉하게 젖은 이마에 붙어 있구나. 나는 혼자 네 방에 살며시 들어왔단다. 좀 전에 서재에서 글을 읽는데, 갑자기 숨이 막힐 듯한 후회스런 감정이 밀려왔단다. 그래서 미안한 마음으로 네 곁으로 왔단다.

이런 생각들이 떠오르는구나, 아들아. 내가 너한테 까다롭게 굴었던 것 같다. 네가 학교에 가려고 옷을 입고 있을 때, 제대로 세수하지도 않고 수건으로 얼굴을 한번 쓱 문지르고 말았다고 널 야단쳤지. 네가 신발을 깨끗이 닦지 않았다고 심하게 꾸짖기도 했어. 네가 물건들을 바닥에 던졌을 때는 화가 나서 소리를 지르기도 했지.

아침 식사 때도 잘못을 지적했어. 음식을 흘렸다고, 씹지도 않고 삼켜버린다고, 식탁 위에 팔꿈치를 올려놨다고, 빵에 버터를 너무 많이 발랐다고 말이다. 너는 놀러 나가고 나는 기차를 타러 갈 때, 뒤돌아 손을 흔들며 "아빠, 잘 다녀오세요!" 하고 외치는 너를 향해 나는 인상을 쓰며 "어깨 똑바로 펴고!"라고 대답했지.

저녁에도 똑같은 일을 한 것 같구나. 집 근처에 다다랐을 때, 나는 무릎을 꿇고 앉아 구슬치기 하는 너를 봤단다. 네 양말에 구멍이 나 있더구나. 나는 너를 앞세워 집으로 걸어가면서 네 친구들 앞에서 너에게 창피를 주고 말았구나. 무릎까지 오는 양말이 얼마나 비싼지 아느냐고, 좀 더 조심하라고.

그 후 아빠가 서재에서 글을 읽고 있을 때, 네가 상처받은 눈빛으로 소심하게 다가온 거 기억하니? 도대체 누가 방해하나 짜증이 나서 서류 너머로 흘겨보았을 때, 너는 문가에서 망설이고 있었지. 나는 "왜?" 하며 쏘아붙였지.

넌 아무 말 없이 뛰어 들어와서 내 목을 와락 끌어안으며 내게 입맞춤을 했지. 나를 안아주는 네 팔에서 신이 네 마음속에 꽃 피운 애정을 느낄 수 있었어. 그러고 나서 너는 후다닥 계단을 올라가

버렸지.

아들아, 네가 올라간 직후 아빠는 무시무시한 두려움이 몰려오는 바람에 서류를 그만 떨어뜨릴 정도였단다. 내가 왜 이런 나쁜 습관을 갖게 되었을까? 항상 잘못한 일은 없는지 찾아 혼내는 습관, 그게 네가 어린아이라는 이유로 내가 내린 보상이었다니! 내가 널 사랑하지 않기 때문에 그런 건 아니란다. 다만 아직은 어린 너에게 내가 너무 많은 것을 기대했던 거야. 나는 어른의 잣대로 너를 재고 있었던 거지.

너에게는 착하고 바르고 진실한 성품들이 많이 있단다. 조그만 네 몸 안에 언덕 너머로 밝아오는 새벽만큼이나 넓은 마음이 들어 있다는 게 느껴졌단다. 네가 갑작스럽게 나에게 달려와 잘 자라고 입맞춤을 해주고 간 것만 봐도 알 수 있단다. 오늘 밤 너보다 더 중요한 일은 없단다, 아들아. 나는 어두운 네 침대 밑에서 무릎을 꿇고 있다. 부끄럽구나!

이건 아주 작은 속죄란다. 네가 깨어 있을 때 이런 이야기를 해도 넌 이해하지 못할 거란 걸 안다. 하지만 내일 아빠는 진정한 아빠가 되어주마! 너와 친구가 되고, 네가 괴로울 때 함께 괴로워하고, 네가 웃을 때 함께 웃을게. 짜증스러운 말이 나오려 하면 꾹 참고 말하지 않으마. 마치 주문처럼 계속 되뇔 거야. "아직은 어린아이일 뿐이야. 어린아이!"

아빠는 너를 어른으로 보고 있었던 것 같구나. 하지만 아들아, 이렇게 작은 침대에서 피곤한 듯 웅크리며 자고 있는 너를 보니 네가 아직도 어린아이라는 걸 다시 느끼게 되는구나. 네가 엄마 어깨에 머리를 기대고 엄마의 품에 안겨 있던 게 바로 엊그제 일인데, 내가 너무 많이, 너무 많이 요구했구나.

그러므로 행복한 가정을 꾸리고 싶다면, 세 번째 규칙은 다음과 같다.

 행복한 가정을 만드는 비결 3

비난하지 마라.

모든 사람을 행복하게 만드는
빠른 비법

　로스앤젤레스 가족 관계 연구소의 소장인 폴 포피노는 이렇게 말한다. "아내를 찾고 있는 대부분의 남성들은 기업 임원을 찾고 있는 게 아닙니다. 자신들의 자만심을 채워주고, 우월감을 느끼게 해줄 의사가 있으며, 또 그럴 만한 매력이 있는 여자를 찾습니다. 사무실 매니저로 일하는 여성은 점심 식사 초대를 받으면 이렇게 행동할 겁니다. 그녀는 아마도 자신이 대학에서 배운 '현대 철학의 흐름'이라는, 이미 몇 번 써먹어 낡아빠진 메뉴를 접시에 담아 내놓고는 자기 밥값은 자기가 내겠다고 말하겠지요. 그 결과 그녀는 그 이후 혼자 식사를 하게 됩니다.

　이와는 반대로 대학을 나오지 못한 타이피스트는 점심 식사에 초대받으면, 자신을 에스코트하는 사람만 열심히 바라보면서 '당신에 대해 더 얘기해주세요'라고 말합니다. 이후 그는 다른 동료들에게 이렇게 말합니다. '그녀는 빼어난 미인은 아니지만, 전에 만나보지 못한 즐거운 대화 상대라네.'"

남자들은 여자들이 잘 차려입고 예쁘게 보이려고 하는 노력을 칭찬하고, 감사의 표현을 해야 한다. 남자들은 여자들이 의상에 얼마나 진지하게 관심을 갖는지 잘 모를뿐더러 알았더라도 곧 잊어버린다. 예를 들어 남자와 여자가 다른 남자와 여자를 길에서 만나는 경우 여자는 상대 남자를 쳐다보는 경우가 드물다. 하지만 상대 여자가 얼마나 잘 차려입었는지는 살핀다.

몇 년 전 우리 할머니는 98세로 하늘나라로 가셨다. 돌아가시기 얼마 전, 나는 30여 년 전에 찍은 할머니 사진을 보여드린 적이 있다. 눈이 안 좋으셨던 할머니는 사진을 잘 볼 수 없었다. 그래서 유일하게 한 질문이 "내가 무슨 옷을 입고 있었니?"였다. 생각해보라! 이제 침대에 누워 임종을 얼마 남기지 않은 나이 든 할머니가, 100년 가까운 세월의 흔적을 고스란히 몸에 지닌 채, 정신이 가물가물해 자신의 딸도 알아볼 수 없는 상태에서 30여 년 전에 자신이 어떤 옷을 입고 있었는지에 대해 관심을 갖다니! 할머니가 그 질문을 할 때 나는 할머니의 침대 곁에 있었는데, 그때의 인상은 앞으로도 영원히 잊히지 않을 것이다.

이 글을 읽는 남성 독자들은 자신이 5년 전에 어떤 옷을 입고 있었는지 기억하지 못하며, 기억하고 싶은 마음도 없을 것이다. 하지만 여자들이라면 그렇지 않다. 우리 미국 남성들은 그 점을 깨달아야 한다. 프랑스의 상류층 남자들은 어릴 때부터 자신이 만나는 여성의 옷과 모자를 칭찬하도록, 그것도 한 번이 아니라 저녁 내내 칭찬하도록 교육받는다. 5000만 명이나 되는 프랑스 남자들이 틀렸다고 할 수는 없지 않겠나!

내가 수집한 이야기 중에 실제 이야기는 아니지만, 진리를 담고 있는 우스갯소리가 있어 소개하고자 한다. 어떤 농부의 아내가 고된 하루 일을 끝내고 돌아온 남편에게 저녁 식사로 산더미만 한 건초 묶음을 내왔다. 남편이 화를 내며 미쳤냐고 소리 지르자 그녀는 이렇게 대답했다. "이런, 당신이 알아차릴 줄은 미처 몰랐네요. 지난 20년간 꼬박꼬박 요리를 해왔는데, 그간 당신이 건초를 먹고 있는지 맛있는 요리를 먹고 있는지 말하는 소리를 한 번도 들어본 적이 없었거든요."

모스크바와 상트페테르부르크에서 아쉬움을 모른 채 방자하게 살아온 러시아의 귀족들은 이런 면에서는 괜찮은 매너를 갖고 있었다. 제정러시아 상류층 사람들은 훌륭한 요리를 즐기고 나면 요리사를 식탁으로 불러내 요리에 대해 칭찬하는 관습이 있었다.

왜 당신의 아내에게는 이런 배려를 하지 않는가? 만약 아내가 맛있게 구운 닭고기 요리를 준비한다면, 아내에게 맛있다는 말을 건네라. 당신이 건초를 먹고 있지 않아 다행으로 생각한다고 말하라. 아니면 금주법 시대에 사교계 스타였던 텍사스 기넌이 늘 하던 것처럼 아내에게 '열렬한 박수'라도 보내기 바란다.

그리고 칭찬할 때는 아내가 당신에게 행복을 주는 소중한 존재라는 사실을 주저하지 말고 표현해야 한다. 앞서 살펴보았듯이 영국 역사상 최고의 정치가인 디즈레일리도 '아내가 얼마나 고마운' 사람인지 세상에 드러내는 것을 부끄러워하지 않았다.

어느 날 잡지를 보다가 다음과 같은 이야기를 읽게 되었다. 20세기 초 미국 최고의 유명 연예인인 에디 캔터와의 인터뷰 기사에 나오는 이야기다.

"나는 이 세상 누구보다 아내로부터 도움을 받았습니다. 아내는 내가 어렸을 때 가장 가까운 친구였고, 내가 바르게 살도록 도와주었습니다. 결혼하고 나서는 동전 한 닢까지 아끼고, 모은 돈을 굴리고 굴려서 나에게 상당한 재산을 만들어주었습니다. 사랑스런 아이들도 다섯이나 키워냈습니다. 제게 언제나 너무나 멋진 가정을 만들어주었습니다. 제가 만일 조금이라도 이룩한 게 있다면 그건 전부 아내 덕입니다."

할리우드는 런던의 로이드 보험사마저 모험을 하지 않을 만큼 결혼 생활이 위태로운 곳이다. 하지만 거기에서도 눈에 띄게 행복한 생활을 하는 부부들이 있는데, 워너 백스터 부부도 그중 하나다. 위니프레드 브리슨이라는 이름으로 영화계에서 활약하던 백스터 부인은 결혼과 동시에 화려했던 배우 생활을 접었다.

하지만 그녀의 희생이 그들의 행복을 가로막을 수는 없었다. 워너 백스터는 이렇게 말한다. "아내는 화려한 무대에서 관객의 갈채를 받지 못하는 것을 아쉬워했습니다. 대신 저는 제가 갈채를 보내고 있다는 사실을 아내가 알 수 있도록 노력했습니다. 아내가 남편에게서 행복을 발견할 때는, 남편이 자신에게 고마워하고 있고 헌신하고 있다고 느낄 때 아닐까요? 남편 역시 그런 감사와 헌신이 진심일 때 행복해지는 거죠."

바로 이것이다. 그러므로 행복한 가정을 꾸리고 싶다면, 가장 중요한 규칙 가운데 하나인 네 번째 규칙은 다음과 같다.

 행복한 가정을 만드는 비결 4

진심으로 칭찬하라.

작은 관심을 표현하라

꽃은 오랜 옛날부터 사랑의 언어라고 여겨져왔다. 꽃은 특히 제철이라면 비싸지 않고, 길모퉁이 꽃 가게에서는 종종 할인해서 팔기도 한다. 그런데도 보통의 남편들은 아내에게 수선화한 다발 사다 주는 법이 없다. 이런 사실만 보자면 꽃이 난초처럼 비싸거나, 구름 덮인 알프스의 절벽에서 피어나는 에델바이스만큼이나 구하기 힘든 것처럼 생각될 정도다.

왜 아내가 병원에 입원해야만 꽃을 사다 주는가? 왜 오늘 밤당장 아내에게 장미 몇 송이라도 사다 주지 않는가? 실험 정신을 발휘해 한번 해보라. 그리고 무슨 일이 일어나는지 한번 지켜보라.

조지 M. 코언은 '브로드웨이에 선 사나이'라는 별명에 걸맞게 매우 바빴다. 하지만 그는 어머니가 돌아가실 때까지 매일 하루에 두 번씩 전화했다. 전화할 때마다 뭔가 깜짝 놀랄 만한 소식을 전했을 것 같은가? 아니, 그렇지 않다. 작은 관심이란 바로 이런 것이다. 사랑하는 여인에게 당신을 늘 생각하고 있고, 기쁘게 만들어주고 싶고, 그녀의 행복과 안녕이 자신에게 매우 소중하며, 그녀를 항상 마음속 깊이 간직하고 있다는 마음을 표현하는 것이다.

여자들은 생일이나 기념일에 상당한 의미를 부여한다. 왜 그런지는 영원히 여성들만의 비밀로 남을 것이다. 보통의 남자들은 중요한 날을 기억하지 않더라도 그럭저럭 살아갈 수 있다. 하지만 잊어서는 안 될 날도 있다. 예를 들면 1492년(콜럼버스가 미 대륙을 발견한 해―옮긴이), 1776년(미국이 독립선언을 한 해―옮긴이), 그리고 아내의 생일과 결혼기념일이다. 설령 앞의 두 날은 잊더라도, 뒤의 두 날짜는 절대 잊어서는 안 된다.

시카고에서 4만 건의 이혼 분쟁을 다루고 2000쌍의 조정에 성공한 조셉 새버스 판사는 이렇게 말한다. "가정불화의 원인은 대부분 사소한 일이다. 아침에 남편이 출근할 때 아내가 손을 흔들어 배웅해주는 간단한 일만으로도 이혼을 피할 수 있는 경우가 얼마든지 있다."

로버트 브라우닝은 아내 엘리자베스 베럿 브라우닝과 이상적인 결혼 생활을 했는데, 그는 아무리 바쁘더라도 작은 칭찬이나 관심으로 끊임없이 애정을 북돋우는 것을 게을리하지 않았다. 그가 병든 아내를 얼마나 극진하게 배려했던지 아내는 자기 언니에게 보내는 편지에 이렇게 쓰기도 했다. "요즘 나는 정말 남편의 말처럼 진짜 천사가 아닐까 하는 생각이 들기 시작했어."

이처럼 일상적인 작은 관심의 가치를 제대로 이해하지 못하는 남자들이 너무 많다. 게이너 매딕스는 〈픽토리얼 리뷰〉에 실린 글에서 이렇게 말했다. "미국 가정은 좋지 못한 새로운 습관을 도입할 필요가 있다. 예를 들어 침대에서 아침 식사를 하는 것은 많은 아내들이 즐기고 싶어 하는 귀여운 기분풀이라 하겠다. 아내들에게 침대에서의 아침 식사는 남자들이 멋진 술집에 가는 것과 비슷한 역할을 한다."

결혼이란 결국 사소한 일들의 연속이다. 사소한 것의 가치를 무시하는 부부는 행복해지기 어렵다. 여류 시인 에드나 세인트 빈센트 밀레이는 언젠가 이에 관해 함축적인 시의 한 구절로 이렇게 표현했다.

> 나의 고통은 사랑 때문이 아니라,
> 사랑이 사소한 일들로 가버렸기 때문이다.

이 구절은 기억해둘 만하다. 부부 10쌍 중 한 쌍꼴로 이혼하며, 네바다 주의 리노에서는 토요일까지 이혼 소송이 연이어 진행된다. 여기서 이혼하는 부부 중 얼마나 많은 부부가 실제로 비극적인 큰 사건 때문에 이혼한다고 생각하는가? 장담컨대 정말 얼마 안 될 것이다. 만일 당신이 며칠간 그 법정에 앉아 불행한 부부들의 증언을 들어볼 수 있다면, 정말 사랑이 '사소한 일로 가버렸다'라는 사실을 알 수 있을 것이다.

지금 주머니칼을 가져다가 다음의 구절을 오려내 모자 안쪽에 붙여둬라. 아니면 거울에 붙여놓고 매일 아침 면도할 때마다 읽어보라.

"나는 이 길을 한 번만 지나갈 수 있다. 그러므로 내가 다른 사람에게 선행을 베풀거나 친절을 보여줄 수 있는 작은 기회라도 생긴다면, 지금 바로 해야 한다. 미루거나 소홀히 해서는 안 된다. 이 길을 다시는 지나갈 수 없기 때문이다."

그러므로 행복한 가정을 꾸리고 싶다면, 다섯 번째 규칙은 다음과 같다.

 행복한 가정을 만드는 비결 5

작은 관심을 표현하라.

행복하고 싶다면
이 점을 소홀히 하지 마라

월터 담로쉬는 미국 최고의 연설가이자 대통령 후보로 나서 기도 했던 제임스 G. 블레인의 딸과 결혼했다. 여러 해 전, 스코틀랜드에 있는 앤드류 카네기의 집에서 만난 두 사람은 오래도록 행복하게 살았다. 비결은 무엇이었을까?

담로쉬 부인은 이렇게 말한다. "배우자를 신중하게 선택하는 것 다음으로 중요한 것은 결혼 후 예의를 지키는 태도라고 생각합니다. 젊은 아내들이 다른 사람에게 하는 것처럼 남편에게도 정중하게 대한다면 얼마나 좋을까요? 어떤 남자든 바가지만 긁는 아내는 피하려 할 것입니다."

무례함은 사랑을 집어삼키는 암이다. 누구나 이를 알고 있지만, 대다수 사람들이 가까운 사람보다 모르는 사람에게 더 예의 바르게 행동한다는 것은 참으로 안타까운 일이다.

우리는 낯선 사람의 말을 가로막고 "세상에, 그런 낡아빠진 얘기를 다시 할 생각인가요?"라고 말하지는 않는다. 다른 친구의 편지를 허락도 없이 뜯어본다든가, 사적인 비밀을 훔쳐본다든가 하는 일도 좀처럼 하지 않는다. 이런 사소한 잘못을 저질러 기분 나쁘게 만드는 대상은 언제나 가장 가깝고 소중한 우리 가족이다.

다시 한 번 도로시 딕스의 말을 들어보자. "사실 우리에게 비열하고 모욕적이고 상처를 주는 말을 하는 사람은 결국 가족들이라는 것은 놀랍지만 분명한 사실이다."

헨리 클레이 리스너는 이렇게 말한다. "예의란, 부서진 문에 주목하기보다는 문 너머 마당에 있는 꽃에 관심을 갖는 마음씀씀이다."

결혼 생활에서 예의는 자동차의 윤활유와도 같다.

사랑받는 소설 《아침 식사 테이블의 독재자》의 저자로 유명한 올리버 웬델 홈스는 실제 자신의 집에서는 결코 독재자가 아니었다. 오히려 가족들에 대한 배려가 상당해 슬프거나 기운이 없을 때도 다른 가족들에게 그런 기분을 숨기기 위해 애쓸 정도였다. 그의 말에 따르면, 다른 가족들에게 자신의 감정을 전염시키지 않고 혼자서 견뎌내기란 힘든 일이었다고 한다.

올리버 웬델 홈스와는 달리 대다수의 사람들은 어떻게 하고 있는가? 회사에서 뭔가 안 좋은 일이 있었다고 하자. 실적이 부진하거나 상사로부터 질책을 받았다. 머리는 깨질 듯 아파오고, 5시 15분에 출발하는 통근 버스마저 놓쳤다. 그럴 경우 대부분 집에 돌아오자마자 가족들에게 분풀이를 하기 시작한다.

네덜란드에서는 집에 들어가기 전에 신발을 벗어 현관 밖에 놓고 들어간다. 네덜란드 사람들의 풍습으로부터 교훈을 얻자. 밖에서 생긴 고민은 집에 들어가기 전에 벗어놓고 들어가자.

윌리엄 제임스가 쓴 〈인간의 무지에 관하여〉라는 글이 있다. 가까운 도서관에 찾아 가서 읽어볼 만한 가치가 있는 글이다. 윌리엄 제임스는 이렇게 썼다. "이 담론에서 다루고자 하는 것은 우리가 타인이나 다른 존재의 감정을 상하게 하면서도 깨닫지 못하는 인간의 무지다."

고객이나 업무상 만나는 사람들에게는 감히 심한 말을 하지 않는 많은 남자들이 아내에게는 아무렇지도 않게 거친 말을 한다. 하지만 그들의 개인적 행복을 위해서는 업무보다는 결혼이 훨씬 더 중요하고, 훨씬 더 필요하다.

행복한 결혼 생활을 하는 평범한 남자가 독신으로 사는 천재보다 훨씬 더 행복하다. 러시아의 위대한 소설가 이반 투르게네프는 문명사회라면 어디서나 칭송받았다. 그럼에도 불구하고 그는 이렇게 말했다. "저녁 식사를 준비하고 나를 기다려주는 여인이 어딘가 있다면, 나는 내 모든 재능과 모든 책을 포기해도 아깝지 않을 것이다."

아무튼 오늘날 행복한 결혼 생활을 할 가능성은 어느 정도일까? 도로시 딕스는 절반 이상이 실패한다고 생각한다. 하지만 폴 포피노 박사의 생각은 다르다. 그는 이렇게 말한다. "결혼에서 성공할 가능성은 다른 어떤 사업에서 성공할 가능성보다 높다. 채소 가게를 시작하는 사람들 중 70퍼센트가 실패하지만, 결혼한 남녀의 70퍼센트는 성공한다."

도로시 딕스는 이 모든 논란을 이렇게 정리했다.

"결혼과 비교해보았을 때, 탄생은 단순한 에피소드에 불과하고 죽음도 사소한 사건일 뿐이다.

남자들이 왜 사업이나 일에서 성공하기 위해 노력하는 것만큼 가정을 지속하기 위해서는 노력하지 않는지 여자들은 이해하지 못한다.

아내를 만족시키고 평안하고 행복한 가정을 갖는 것이 100만 달러를 버는 것보다 남자에게 더 중요한 일이지만, 100명의 남편 중 단 한 명도 성공적인 결혼 생활을 위해 진지하게 고민하거나 진심으로 노력하지 않는다. 그는 자신의 인생에서 가장 중요한 일을 그저 운에 맡기고는 운에 따라 살아간다. 강압적인 방법 대신 부드러운 방법을 쓰기만 하면 모든 일이 술술 풀릴 텐데도, 왜 남편들은 하나같이 자신들을 부드럽게 대하지 않는지 아내들은 이해할 수 없다.

남편들은 자신이 아내의 기분을 조금만 맞춰주기만 하면, 아내가 군소리 없이 어떤 일이든 해주리라는 것을 알고 있다. 남편들은 아내에게 살림을 정말 잘한다, 내조를 정말 잘한다와 같은 사소한 칭찬만 건네도, 아내가 정성껏 자신을 대하리라는 것을 안다. 아내가 작년에 산 옷을 입었을 때 너무 멋지고 예뻐 보인다는 말을 하기만 하면, 아내가 파리에서 온 최신 유행의 옷도 거들떠보지 않으리라는 것을 남자들은 다 안다. 아내의 눈가에 입을 맞추기만 하면 아내는 모든 일을 눈감아주고, 아내의 입술에 가볍게 입술을 대기만 해도 입을 꼭 다물고 아무런 잔소리도 하지 않으리라는 것을 안다.

　모든 아내들은 자신의 남편이 이를 알고 있음을 알고 있다. 왜냐하면 자신에게 어떻게 해야 통하는지 자신이 직접 완벽한 도면을 제공해주었기 때문이다. 그렇기 때문에 남편이 아내의 기분을 약간 맞춰주며 아내의 바람대로 해주는 대신에, 아내와 다투고 나서 그 대가로 차가운 식사를 하고 아내에게 옷이며 차며 보석을 사주느라 돈을 낭비하는 모습을 보면, 아내는 화가 나기도 하고 넌더리가 나기도 한다."

　그러므로 행복한 가정을 꾸리고 싶다면, 여섯 번째 규칙은 다음과 같다.

 행복한 가정을 만드는 비결 6

　정중하게 대하라.

결혼에서의 성 문제에 대해
무지해서는 안 된다

　사회위생연구소의 총책임자인 캐서린 B. 데이비스 박사는 언젠가 기혼 여성 1000명을 대상으로 한 조사에서 은밀한 문제에 관한 솔직한 대답을 요구하는 조사를 한 적이 있다. 결과는 놀라웠다. 평균적인 미국 성인의 성적 불만족에 대해 믿을 수 없을 만큼 충격적인 사실이 드러났다. 기혼 여성 1000명으로부터 받은 답변을 검토한 데이비스 박사는 미국에서 일어나는 이혼의 중요한 사유 중 하나는 성생활의 부조화라고 단언했다.

　G. V. 해밀턴 박사의 연구도 이러한 발견을 뒷받침하고 있다. 해밀턴 박사는 4년에 걸쳐 남성과 여성 각각 100명을 대상으로 결혼 생활에 대한 조사를 실시했다. 박사는 조사 대상 남녀 개개인에게 결혼 생활에 관한 약 400개에 달하는 질문을 하고, 그들의 문제에 대해 상세히 검토했다. 총 4년에 걸친 상세한 연구였다. 이 조사는 사회학적으로 상당한 의의를 지닌 것으로 인정되었기 때문에 유명인들로부터 후원을 받을 수 있

었다. 그 결과로 나온 것이 G. V. 해밀턴 박사와 케네스 맥고완의 공동 저서인《결혼 생활의 문제》다.

그렇다면 결혼 생활의 문제는 과연 무엇일까? 해밀턴 박사는 이렇게 말한다. "성적 부조화는 흔히 가정불화의 주요한 원인이다. 그럼에도 이를 부정하는 견해는 편견이 심하고 신중하지 못한 판단이라고 할 수밖에 없다. 어찌 됐든 성생활 자체가 만족스럽다면, 다른 이유로 불화가 생기더라도 크게 문제가 되지 않는 경우가 많다."

가정생활에 관한 미국 최고의 권위자로 인정받고 있는 로스앤젤레스 가족 관계 연구소의 소장인 폴 포피노 박사는 수천 건의 결혼에 대해 조사했다. 그에 따르면 결혼 생활의 실패에는 대략 네 가지의 원인이 있는데, 그가 꼽은 순서를 그대로 따라 소개하면 다음과 같다.

1. 성적 부조화
2. 여가 활용에 관한 의견 불일치
3. 경제적 곤란
4. 심신의 이상

성 문제를 가장 먼저 꼽았고, 특이하게도 경제적 어려움은 세 번째로 꼽았음을 주목하기 바란다.

이혼 문제 전문가라면 누구나 결혼 생활에는 조화로운 성생활이 절대적으로 필요하다는 데 동의한다. 예를 들어 수천 건의 이혼 소송을 처리한 경험이 있는 신시내티 가정법원의 호프먼 박사는 이렇게 단언했다. "이혼의 10건 중 한 건은 성적 불만에서 비롯된다."

저명한 심리학자 존 B. 왓슨은 이렇게 말한다. "누구나 인정하듯이, 성은 인생에서 가장 중요한 주제다. 성은 분명히 남자와 여자의 행복을 침몰시키는 가장 중요한 원인이다." 그리고 나는 내 강좌에 참여했던 의사들이 사실 이와 똑같은 말을 하는 것을 많이 보았다. 그렇다면 이처럼 책과 교육이 넘치는 20세기에 들어서도 가장 원초적이면서도 자연스런 본능에 대해 무지하기 때문에 결혼 생활이 무너지고 인생이 좌초한다는 게 참 불쌍한 일 아닐까?

올리버 M. 버터필드 박사는 18년간 감리교 교단에서 목사로 재직한 후, 뉴욕 시 가정 상담 서비스 사무소에서 일하기 위해 교단을 떠났다. 그는 아마 생존한 사람 중 가장 많이 주례를 선 사람일 것이다. 그는 이렇게 말한다.

"목사로서 재직한 지 얼마 되지 않아 저는 결혼하러 오는 많은 젊은이들이 사랑도 있고 선의도 있지만, 결혼에서의 성 문제에 대해서는 무지하다는 걸 깨달았습니다."

결혼에서의 성 문제에 대해 무지하다니!

뒤이은 그의 말은 다음과 같다. "결혼해서 서로 맞춰 산다는 것이 얼마나 어려운 일인지 감안한다면, 이런 문제를 운에 맡기고서도 이혼율이 16퍼센트밖에 안 된다는 사실이 오히려 놀랍습니다. 사실 결혼한 상태라기보다는 단지 아직 이혼하지 않은 상태인 부부가 셀 수 없이 많습니다. 그들은 일종의 연옥(죽은 사람의 영혼이 천국에 들어가기 전에 남은 죄를 씻기 위해 불로써 단련받는 곳—옮긴이)에 살고 있는 셈이죠."

버터필드 박사는 이렇게 말했다. "행복한 결혼은 운으로 되는 법이 없다. 정교하고 신중하게 계획해야 한다는 점에서 행복한 결혼은 훌륭한 건축물과 같다."

버터필드 박사는 결혼하는 커플들이 장래 계획에 대해 자신과 솔직하게 의견을 나누면, 이런 계획에 도움을 받을 수 있다고 오래전부터 주장해왔다. 이렇게 의견을 나눈 결과, 그는 결혼을 앞둔 젊은이들이 "결혼에서의 성 문제에 대해 무지하다"라고 결론짓게 되었다.

그는 이렇게 말했다. "성은 결혼 생활에서 만족시켜야 하는 여러 가지 요소 중 하나지만, 이 관계가 제대로 이루어지지 않으면 다른 모든 것이 제대로 되지 않는다."

그렇다면 이 관계가 제대로 이루어지게 하려면 어떻게 해야 할까?

버터필드 박사는 계속해서 이렇게 말한다. "감정적으로 입을 다물고 있지 말고, 객관적이고도 초연하게 결혼 생활의 태도와 행동에 관해 이야기 나누는 능력을 길러야 한다. 이런 능력을 배양하는 데는 양식과 가치관을 갖춘 책을 읽는 것보다 더 나은 방법은 없다. 나는 늘 내가 쓴 《결혼과 성적 조화》라는 책과 더불어 괜찮은 책 서너 권을 나누어준다."

성에 관한 것을 책으로 배운다는 게 이상한가? 몇 년 전 칼럼

비아 대학은 미국 사회위생협회와 공동으로 교육계 전문가들을 초청해서 대학생의 성과 결혼 문제에 관해 토론을 벌였다. 이 토론에서 폴 포피노 박사는 이렇게 말했다. "이혼은 감소 추세에 있습니다. 그 이유 중 하나는 사람들이 성과 결혼에 관해 괜찮은 책들을 더 많이 읽고 있기 때문입니다."

그러므로 행복한 가정을 꾸리고 싶다면, 일곱 번째 규칙은 다음과 같다.

 행복한 가정을 만드는 비결 7

결혼 생활의 성 문제에 관해 좋은 책들을 읽어라.

행복한 가정을 만드는
7가지 비결

1. 잔소리하지 마라.

2. 상대를 바꾸려 하지 마라.

3. 비난하지 마라.

4. 진심으로 칭찬하라.

5. 작은 관심을 표현하라.

6. 정중하게 대하라.

7. 결혼 생활의 성 문제에 관해 좋은 책들을 읽어라.